经济管理与企业文化

尤天成　张亚瑛　刘　峰◎著

中国商务出版社
·北京·

图书在版编目（CIP）数据

经济管理与企业文化 / 尤天成，张亚瑛，刘峰著
. -- 北京：中国商务出版社，2023.5
ISBN 978-7-5103-4719-1

Ⅰ．①经… Ⅱ．①尤… ②张… ③刘… Ⅲ．①企业文化－研究 Ⅳ．①F272-05

中国国家版本馆CIP数据核字(2023)第098610号

经济管理与企业文化
JINGJI GUANLI YU QIYE WENHUA

尤天成　张亚瑛　刘峰　著

出　　版	中国商务出版社		
地　　址	北京市东城区安外东后巷28号	邮　编	100710
责任部门	外语事业部（010-64283818）		
责任编辑	李自满		
直销客服	010-64283818		
总 发 行	中国商务出版社发行部　（010-64208388　64515150）		
网购零售	中国商务出版社淘宝店　（010-64286917）		
网　　址	http://www.cctpress.com		
网　　店	https://shop595663922.taobao.com		
邮　　箱	347675974@qq.com		
印　　刷	北京四海锦诚印刷技术有限公司		
开　　本	787毫米×1092毫米　1/16		
印　　张	13.75	字　数	284千字
版　　次	2024年4月第1版	印　次	2024年4月第1次印刷
书　　号	ISBN 978-7-5103-4719-1		
定　　价	66.00元		

凡所购本版图书如有印装质量问题，请与本社印制部联系（电话：010-64248236）

版权所有　　盗版必究　（盗版侵权举报可发邮件到本社邮箱：cctp@cctpress.com）

前　言

　　企业作为一个经济组织，它要生产、销售、获取利润，这些生产经营活动始终是离不开管理的。企业管理不是孤立存在的，首先与它密切相关的就是企业文化。企业文化是企业的无形资产，是企业用之不竭的财富。树立具有自己特色的价值观体系是企业在激烈竞争中获胜的必备因素。企业文化建设研究是企业培养核心竞争力的需要，是人才竞争和市场竞争的需要。企业文化建设在企业发展中具有极为重要的意义。企业在实现经济发展中企业文化的建设显得越发重要，其面临的要求也更高，必须真正地将创新工作做好。

　　企业经济管理包括企业的内部审核、人力资源管理、生产等多方面的管理，对于目前我国的大部分企业来说，企业的经济管理必须转变现有的企业经济管理理念，树立品牌创新意识，从战略全局去创新企业的经济管理工作，在管理中，企业必须深化改革，加强企业内部的调控与管理，从而在市场经济竞争中获得利润，完成企业目标。在经济体系不确定性被逐渐放大的情况下，企业经济管理上的创新活动具有十分重大的意义，它不仅代表着过去的体制和工作方法的调整，更体现着企业上下以及各个部门在现今的大环境下，极高的应变能力以及强大的执行力和把控力，毕竟不论是哪个方面的一次创新都将涉及部门、员工、与外界的合作以及一些体制规章上的变化，创新活动从企划到实现将会是一个复杂且漫长的过程。只有企业中的各个部门、各个职能单位及员工之间同步和谐，才能均衡地实现企业目标，即企业经济管理的内涵。

　　本书围绕经济管理和企业文化本质，全面分析了经济管理和企业文化建设中的新问题，诠释了企业文化不断延展的体系，探讨了经济管理理论、宏观与微观，企业经济管理的信息化发展、互联网背景下企业经济管理模式的创新、经济管理体系下的企业创新发展、企业文化建设、企业形象与企业文化，并且前瞻性地提出了企业文化的设计及传播，为企业面向未来构建文化指明了路径、提供了方法。

目 录

第一章 经济管理理论基础 ·· 1

    第一节 经济管理的性质及原则 ·· 1

    第二节 现代管理的原理及职能 ·· 3

    第三节 经济管理的内容及方法 ·· 10

    第四节 经济管理者的素质和培养 ·· 14

    第五节 经济管理的效益及评价 ·· 17

第二章 经济管理的宏观与微观 ·· 21

    第一节 经济发展模式与宏观管理目标 ·· 21

    第二节 宏观经济管理中的市场环境 ·· 27

    第三节 消费者、生产者与市场 ·· 36

    第四节 市场需求及供给分析 ·· 44

    第五节 市场均衡与政府政策 ·· 49

第三章 企业经济管理的信息化发展 ·· 53

    第一节 企业信息化的理论概述 ·· 53

    第二节 企业经济管理的信息化成本 ·· 65

    第三节 企业经济管理的信息化能力 ·· 71

    第三节 企业经济管理信息化的发展策略 ·· 78

第四章　互联网背景下企业经济管理模式的创新 …… 88

第一节　互联网时代改变企业经济管理模式 …… 88
第二节　互联网时代推动企业经济管理模式持续创新 …… 93
第三节　互联网时代拓宽企业经济管理渠道 …… 103

第五章　经济管理体系下的企业创新发展 …… 109

第一节　经济管理体系下的企业观念创新 …… 109
第二节　经济管理体系下的企业组织创新 …… 115
第三节　经济管理体系下的企业制度创新 …… 123

第六章　企业文化建设 …… 128

第一节　企业文化建设的定义与目标 …… 128
第二节　企业文化建设的主体 …… 130
第三节　企业文化建设的原则 …… 134
第四节　企业文化建设的内容 …… 138
第五节　企业文化建设的程序 …… 146

第七章　企业形象与企业文化 …… 151

第一节　企业形象概述 …… 151
第二节　企业文化与企业形象的理念识别 …… 158
第三节　企业文化与企业形象的行为识别 …… 165
第四节　企业文化与企业形象的视觉识别 …… 172

第八章　企业文化的设计及传播 …… 183

第一节　企业文化设计的原则 …… 183
第二节　企业文化设计的主要方法 …… 185
第三节　企业文化设计的关键程序 …… 187
第四节　企业文化设计的基本技术 …… 193
第五节　企业文化传播模式的构建 …… 204

参考文献 …… 211

第一章 经济管理理论基础

第一节 经济管理的性质及原则

福利经济学和微观经济学构成公共部门经济学学科的理论和方法论基础。根据荷兰学者汉斯·范登·德尔（Hans Van Den Doel）和本·范·韦尔瑟芬（Ben Van Vclthoven）在《民主与福利经济学》一书中的说法，福利经济学的核心主题是一个团体中的个人的共同福利（共同福利包括由经济所决定的团体的幸福），它包含三种因素：各种条件的公式化约束；关于以上条件如何被团体中的机构加以实现的研究；对于现存的团体机构的贡献及现存的团体福利政策的批判性评价。福利经济学不仅关心公共政策（政治）对于社会价值的分配，而且关注由此带来的社会收益和社会成本问题，从稀缺性方面观察社会价值的分配。帕累托、巴罗、兰格、丁伯根和鲍莫尔等福利经济学家研究的重点：一是为实现社会福利最大化状态的条件下定义；二是关于一个经济（秩序）的组织如何影响全体社会成员的福利问题。

福利经济学是围绕"共同利益问题""公共分配问题"和"社会福利问题"构建起来的，在关注社会财富增长的同时，更关注在其基础上的财富分配即社会福利问题。尽管有阿罗的"不可能性定理"以及来自各方面的批评，但在公共部门经济学当中大量使用"效用""效用函数""帕累托改进""帕累托最优"及"社会福利函数"等福利经济学中的基本术语。福利经济学还是对公共部门经济活动进行规范分析的理论基础。

福利经济学从抽象的角度来说，主要讨论的是社会选择标准的界定、收入的再分配及资源的优化配置。从现实的角度来说，福利经济学利用这种标准来评价以不同制度（主要是政府和市场）为基础的经济，以便确认最理想经济的学科。福利经济学的框架建立在社会选择标准的基础之上，这包括配置效率和帕累托效率。满足这项原则的必要条件、公平理论及实施的原则、社会福利函数及各个学派的公式、社会最优选择等。

公共部门经济学运用福利经济学的有关理论分析了政府现实的政治、经济制度中，从微观经济层次角度，对垄断、外部性、公共产品、收入不公平等社会现象进行剖析，提高政策运行效率，由政府针对市场中存在的"市场失灵"等问题，制定微观经济政策，实现收入的公平分配；从宏观经济层次的角度，在封闭的经济中，制定货币政策、财政政策、收入政策和价格政策，保证经济的平稳运行。在开放的经济中，政府通过对货币及汇率制度进行国际标准化的管理，实现国际收支平衡。

微观经济学考察作为消费者的个人和公司在市场中的行为（而宏观经济学研究总体或集合经济并检查如通货膨胀和失业一类的政策问题）。微观经济学研究家庭和企业如何做出决策，以及他们在某个市场上的相互交易；宏观经济学研究整体经济现象。在经济分析中以单个经济主体（作为消费者的单个家庭、作为生产者的单个厂商、作为消费者和生产者完成交易的单个市场）的经济行为作为研究对象的，称为微观经济学。微观经济学将经济行为的基本主体分为两大类：个人和企业。个人一方面是消费者，另一方面是生产要素（劳动、资本、土地、才能）的所有者；企业即生产单位，一方面是商品的生产者，另一方面是生产要素的需求者。微观经济学研究这些经济行为主体，如何在一系列既定的假设条件下，在市场机制中，通过价格机制，最终实现自己利益的最大化和资源的最佳配置，并使经济达到一般均衡。

微观经济学框架即通过对微观个体经济单位的经济行为的研究，来说明现代西方经济市场机制的运行和作用，以及改善这种运行的政策途径。这一框架由以下理论构成：消费者行为理论、均衡价格理论、生产和成本理论、市场结构理论、生产要素收入分配理论、一般均衡理论等。这些理论为公共部门经济学的实证研究提供可以直接使用的分析工具。

借助于微观经济学理论和分析工具，公共部门经济学家根据最基本的前提条件，运用演绎法和数学模型，运用各种行政手段，解决在市场经济运行中存在的"市场失灵"问题，使各种资源得到最优化的配置，以社会效用最大化为目的来讨论政府的微观行为。其中包括估算政府制定政策的机会成本与沉淀成本和取得社会效益的最大化，以及指导其他微观主体的社会行为，等等。微观经济学是使公共问题的争论转化为实证分析的有效途径，目的在于提高公共决策的科学性和合理性程度。

经济管理是指管理者或管理机构为了达到一定的目的，对社会经济过程进行预测、决策、计划、控制和监督等各项实践活动的总称。经济管理是人们进行共同劳动的客观要求。经济管理是一个庞大而复杂的系统，是一个统一的有机整体。经济管理具有二重性，即自然属性和社会属性。前者是指经济管理反映协作劳动、社会化生产和生产力发展需要的性质；后者是指经济管理反映社会生产关系发展需要的性质。经济管理的二重性原理是由马克思首先提出的。管理的二重性是由生产的二重性决定的。经济管理的自然属性是经济管理的共性，经济管理的社会属性是经济管理的个性，经济管理的二重属性是同一管理过程的两个不同方面。学习和掌握经济管理的二重性原理，有助于我们探索和认识社会主义经济管理的客观规律，发展和完善中国特色社会主义经济管理学；有助于我们在社会主义现代化建设和社会主义市场经济的发展中坚持正确的方向；有助于我们加深理解"对外经济开放"的方针，正确对待资本主义的经济管理经验和方法。

经济管理的原则，是经济管理中观察和处理问题的规范和标准。经济管理的基本原则主要有：遵循客观规律的原则、物质利益原则、最佳效益的原则。

第二节　现代管理的原理及职能

一、现代管理的基本原理

企业管理的基本原理是人们在长期的企业管理实践中总结出来的，具有普遍意义的管理工作的基本规律。它是对企业管理工作客观必然性的揭示，对企业管理者的管理活动具有指导性和规范性。企业管理者如果违背了管理原理，就会受到客观规律的惩罚，就要承受严重损失。

（一）系统原理

所谓系统，就是由相互作用和相互依赖的若干部分（要素或子系统）结合而成的、具有特定功能的并处于一定环境中的有机集合体。系统是普遍存在的，从不同的角度划分，系统可分为不同的类型。

任何管理对象都是一个特定的系统。现代管理的每一个基本要素都不是孤立的，它既在自己的系统之内，又与其他系统发生各种形式的联系。为了达到现代科学管理的优化目的，必须对管理进行充分的系统分析。这就是现代管理的系统原理。

运用系统原理研究管理问题，必须明确：系统由哪些要素组成；系统内外部之间的作用方式和联系方式；系统及其要素具有的功能；系统的生产、发展过程对现存系统的影响，以及发展的趋势；维持、完善与发展系统的源泉和因素；完善系统功能的途径。

管理的决策和措施就是建立在上述的系统分析基础之上的，其中特别重要的是要把握好系统的四个特性，即目的性、整体性、层次性、环境适应性。

（二）人本原理

所谓人本原理，就是指一切管理活动均应以调动人的积极性，做好人的工作为根本。

在我国社会主义现代化建设中，必须遵循人本管理原理，从保护人的根本利益出发，尊重人的合理意愿，维护人的基本权益，促进人的全面发展，采取各种有效措施，把各级各类管理人员和所有劳动者的积极性、主动性和创造性充分调动起来，才能实现我们的奋斗目标。因此，一要建立适宜的体制，二要创造良好的环境，三要树立正确的人才观，积极促进人才流动。

（三）责任原理

在管理活动中，要在合理分工的基础上明确规定每个部门和个人必须完成的工作任务并承担相应的责任，同时要处理好责任、权力、利益之间的关系。管理过程就是追求责、权、利统一的过程。职责、权限、利益是三角形的三个边，是相等的。能力是等边三角形的高。在实际管理中，能力略小于职责，从而使工作富有挑战性。这样，管理者的能力与其所承担的职责相比，常有能力不够的感觉，会产生一种压力，从而促使管理者加强学习，不断学习新知识，并且可以发挥参谋、智囊的作用。使用权力时，会做到谨慎小心，工作本身就是工作的一种动力。当然，能力不能过小，以免承担不起职责所需要的能力。

（四）效益原理

管理活动的出发点和归宿，在于利用最小的投入或消耗，创造出更多更好的效益，对社会做出贡献。"效益"包括"效率"和"有用性"两方面，前者是"量"的概念，反映耗费与产出的数量比；后者属于"质"的概念，反映产出的实际意义。效益表现为量与质的综合，社会效益与经济效益的统一，其核心是价值。效益原理强调千方百计追求管理的更多价值。追求的方式不同，所创造的价值也不同，一般表现为下列情况：耗费不变而效益增加；耗费减少而效益不变；效益的增加大于耗费的增加；耗费大大减少而效益大大增加。显然，最后一种是最理想的目标。为了实现理想的管理效益，必须大力加强科学预测，提高决策的正确性，优化系统要素和结构，深化调控和评价，强化管理功能。

（五）创新原理

创新是组织要根据内、外环境发展的态势，在有效继承的前提下对传统的管理进行改革、改造和发展，使管理得以提高和完善的过程。创新原理是对现有事物构成要素进行新的组合或分解，是在现有事物基础上的进步或发展，是在现有事物基础上的发明或创造。创新原理是人们从事创新实践的理论基础和行动指南。创新虽有大小、高低层次之分，但无领域、范围之限。只要能科学地掌握和运用创新的原理、规律和方法，人人都能创新，事事都能创新，处处都能创新，时时都能创新。

（六）可持续发展原理

可持续发展既不是单指经济发展或社会发展，也不是单指生态持续，而是指以人为中心的自然—经济—社会复合系统的可持续。可持续发展是能动地调控自然—经济—社会复合系统，使人类在没有超越资源与环境承载能力的条件下，促进经济发展、保持资源永续和提高生活质量。可持续发展没有绝对的标准，因为人类社会的发展是没有止境的。它反映的是复合系统的动作状态和总体趋势。可持续发展包括生态持续、经济持续和社会持续，它们之间互相关联而不可分割。孤立追求经济持续必然导致经济崩溃；孤立追求生态持续不能遏制全球环境的衰退。生态持续是基础，经济持续是条件，社会持续是目的。人类共同追求的应该是自然—经济—社会复合系统的持续、稳定、健康发展。

（七）动力原理

所谓动力原理，就是指管理必须有很强大的动力，而且只有正确运用动力，才能使管理持续而有效地运行。

管理的动力，大致有三类，即物质动力、精神动力和信息动力。物质动力是管理中最根本、最重要的动力，是通过利用人们对物质利益的追求，对经济活动实施管理；精神动力，就是用精神的力量来激发人的积极性、主动性和创造性；信息动力，就是通过信息的交流所产生的动力。

现代管理中正确运用动力原理应注意把握三点：一要综合、协调运用各种动力；二要正确认识和处理个体动力和集体动力之间的辩证关系；三要在运用动力原理时，要重视"刺激量"这个概念。

（八）能级原理

现代管理中，机构、人员的能量有大小之分，当然也就可以分级。所谓分级，就是建立一定的秩序、一定的规范和一定的标准。现代管理的任务，就是建立一个合理的能级，使管理的内容动态地处于相应的能级之中。这就是现代管理的能级原理。

现代管理中科学运用能级原理，应注意把握三点：一是能级管理必须按层次进行，并且有稳定的组织形态；二是不同的能级应表现出不同的权力、责任、物质利益和精神荣誉；三是各类能级必须动态地对应。

（九）时空原理

所谓时空原理，是指现代管理是在一定的时间和空间内进行的，只有充分地把握时空变化情况，科学地、合理地、高效地利用时间和空间，才能取得管理的高效益。

由于时间空间的变化与运动着的物质状态密切联系，所以，在现代管理中观察任何事物运动的时候，就一定要注意其时空变化，时空的变化一般有以下几种情况：一是系统结构随时间的变化而变化；二是系统的结构随着空间的变化而变化；三是系统运动状态变化的速度与时间空间的变化是一致的；四是时空与空间可以变换。

二、经济管理的职能

我国已建立的社会主义市场经济体系，既具有市场经济的共性，又具有自己的独到之处——与社会主义连接在一起。当前，我国的经济在取得飞速发展的同时也面临着严峻的挑战：物质基础比较薄弱、总体的发展比较低等。如何平衡一个国家的宏观调控和市场调节对经济的作用是重中之重。从政府的角度出发，简要论述政府应如何履行经济管理的职能，如何做到"有所为，有所不为"，促进经济的发展。在社会主义市场经济的条件下，政府承担着保障人民民主和维护国家长治久安、组织社会主义经济建设、组织社会主义文化建设、提供社会公共服务四项主要职能，但并不意味着政府可以包办一切。政府在行使其职能过程中，不能出现"越位""错位"等行为。政府只能在法定的范围内切实履行自己的职权，把该管的能管的事情管好，做到依法行政，才会最广泛、最充分地调动一切积极因素，提高政府的效能。

我国现阶段的经济环境有以下两个特点：第一，生产力发展很快，物质基础较为雄厚。第二，生产力发展水平总体还不高。主要表现在生产社会化、现代化水平不高，总体能力差，劳动生产效率低下，人均产值低于世界平均水平；农业仍是国民经济的薄弱环节，不能满足经济发展和人民生活水平提高的要求。因此，政府如何履行经济管理职能，做到"有所为，有所不为"，以促进经济的发展。

（一）要明确政府的经济管理职能有哪些

只有明确了政府经济管理职能的范围，政府在管理经济时才能明确"哪些可为，哪些不可为"。经济职能是行政管理最重要的职能，经济职能作为上层建筑必然要为经济基础服务。政府的大量工作是对国家经济进行管理，包括合理配置资源、保持经济均衡发展提高国力、促进社会进步、改善民生等。政府管理经济的职能，主要是制定和执行宏观调控政策，搞好基础设施建设，创造良好的经济发展环境。同时，要培育市场体系，监督市场运行和维护平等竞争，调节社会分配和组织社会保障，控制人口增长，保护自然资源和生态环境。管理国有资产经营，实现国家的经济和社会发展目标。政府运用经济、法律和必要的行政手段管理国民经济，不直接干预企业的生产经营活动。明确政府管理经济职能的范围是政府高效能管理经济、促进经济发展的前提条件。

1. 预测职能

经济预测，就是对客观经济过程的变化趋势所做出的预料、估计和推测。经济预测是经济决策和经济计划的科学前提，是正确认识经济环境及其变化的必要条件，是提高经济效益的必要保证。经济预测应遵循的原则：系统性原则、连续性原则、类推原则。经济预测的一般程序和步骤：确定预测的目的和任务；收集和分析有关资料；选择预测方法，进行预测计算；对预测结果进行评定和鉴别。经济预测的方法有两类：一是定性分析预测法；二是定量分析预测法。

2. 决策职能

经济决策，是指人们在经济管理活动中，对未来经济和社会发展目标、发展规划、行动方案、改革策略和重大措施等所做出的选择和决定。经济决策的程序：调查研究，提出问题；确定目标，拟订方案；方案评估，择优决断；实施决策，追踪反馈。经济决策具有重要的意义和作用：经济决策是经济管理的核心内容，它决定着不同层次、不同范畴的经济活动的发展方向；经济决策贯穿了经济管理的整个过程；决策的正确与否，决定着经济建设的成败和经济效益的高低；经济决策对社会政治和人们的心理也产生重大影响。

3. 计划职能

经济计划，是指人们按照经济的内在联系，对未来经济活动的发展过程所做的具体安排与部署。经济计划在我国的经济管理活动中仍具有重要的作用。我国的社会主义计划体系是由经济发展计划、社会发展计划和科学技术发展计划等多种计划系列所组成的。计划职能是指根据组织的内外部环境并结合自身的实际情况，制定合理的总体战略和发展目标，通过工作计划将组织战略和目标逐层展开，形成分工明确、协调有序的战略实施和资源分配方案。其步骤：选定目标；确定前提条件；发掘可行方案；评估方案；选定方案；拟订辅助计划；进行相应的预算，用预算使计划数字化；执行计划。经济计划的原则：长期计划、中期计划与短期计划相结合；稳定性与灵活性相结合；可行性与创造性相结合；量力而行与留有余地相结合。

4. 控制职能

经济控制，是指为了保证决策目标的实现和计划的完成，而对经济活动过程进行检查、监督和调节的管理活动。经济控制必须具备三个前提条件，即控制要围绕目标、控制要按标准进行、控制要有组织机构。经济控制，按控制的系统关系可分为自力控制和他力控制；按控制的实施方式可分为直接控制和间接控制；按控制活动和经济运行过程中实施的时间不同，可分为预防控制、现场控制和反馈控制。以上三种控制方式的具体内容不同，因而实施控制的效果和要求也是不同的。经济控制的方法有会计控制、预算控制、审计控制、人员行为控制等。

5. 监督职能

经济监督，是指对经济活动的监察或督导。监察就是监督和检查经济活动参与者的经济行为是否符合各种法律、政策、制度等有关规定；考察经济活动是否符合原定目标的要求，如不符合，则需要查明出现偏差和导致失误的原因。督导就是对经济活动的督促和引导，纠正偏差，确保经济活动的有效运行。

对社会经济活动实行经济监督，有其客观的必要性。这种必要性可以主要从生产力和生产关系两个方面来考察。在我国市场经济发展的现阶段，要保持正常的经济活动的进行，仍需要进行经济监督。因为在我国目前还存在着多种所有制形式，而不同的所有制经济组织之间，必然存在着不同的经济利益；在分配方面我国贯彻的是"各尽所能，按劳分配"的原则；从我国的现实情况看，在发展社会主义市场经济的整个过程中，还会有各种破坏社会主义经济秩序的违法犯罪活动发生，等等。

经济监督的内容是多方面的，就当前我国的实际情况来看，经济监督的主要内容有计划监督、财政监督、银行监督、市场监督、安全监督、财务监督、审计监督等。

经济监督的实施过程中需要注意以下问题：要加强经济监督的组织建设、制度建设和思想建设；要严格按照经济监督的过程进行监督；要在经济监督过程中，搞好计划、核算、分析和检查四个环节。

6. 激励职能

激励职能，就是管理者运用各种刺激手段，唤起人的需要，激发人的动机，调动人的内在积极因素，使其将储存的潜能发挥出来的管理活动。

激励职能的特点：作用的普遍性和持续性；变化性和差异性；不可测定性。激励职能的类型有：目标激励；奖罚激励；支持激励；关怀激励；榜样激励。激励理论主要有：ERG 理论；期望理论；公平理论。

（二）要正确定位政府在经济活动中的地位

在以市场经济为主要资源配置方式的社会经济中，政府的重要责任是以弥补市场失灵而确定的配置、稳定和分配等的责任。政府的资源配置职责是由政府介入或干预所产生的。它的特点和作用是通过本身的收支活动为政府供给公共产品提供财力，引导资源的流向，弥补市场失灵的缺陷，最终实现社会资源的最优效率状态。政府的宏观调控与市场调节都是调节经济的手段，在一般情况下，社会主义市场经济体系中是以市场调节为主，国家宏观调控为辅的，国家的宏观调控是为了弥补市场调节的不足，政府对经济的干预不能被认为是调节经济的唯一手段。但是在市场失灵的情况下，政府宏观调控的作用就处于主导地位。因为有些在市场经济运行中出现的问题，如市场垄断等是不可能凭借市场调节就能解决的，要使市场正常运转，就必须有政府的干预，此时政府就要发挥国家对市场经济的宏观调控的作用。政府宏观调控的手段主要有经济手段、法律手段和必要的行政手段，在市场失灵的情况下，就要综合运用政府宏观调控的各项手段，稳定经济，促进经济的发展。正确定位政府在经济活动中的地位是政府对经济管理"有所为，有所不为"的必要条件。

（三）完善监督制度，充分发挥行政体系内部的监督和行政体系外部的监督的作用

通过监督可以及时反映政府"越位"或"错位"等的行为，使相关部门能早发现、早纠正。通过完善监督制度，使政府相关部门在干预经济时始终保持警惕心理，牢牢把握其经济管理的权限，在经济发展过程中，把该管的管好，不该管的就不要管，不至于造成政府干预经济发展过多的局面；同时也能促使政府工作人员提高工作效率，在处理经济问题时保持高效。这是政府在经济管理时做到"有所为，有所不为"的重要保证。

（四）政府在进行宏观调控时要抓好软硬两个环境的优化

一方面，抓好行政环境建设。通过建设良好的服务环境、法治环境、市场环境、政策环境、社会诚信度等软环境，着力营造"亲商、安商、尊商、富商"氛围。为行政相对人提供满意的服务是党的宗旨决定的，是参与全球经济竞争和市场经济发展的客观需要。随着改革开放的深入、民主建设进程的加快，行政相对人的民主意识、法治意识、竞争意识和参政意识不断增强，对政府提供公共产品的要求也越来越高。政府要切实负担提供治安、教育、交通、国防外交、医疗、环保、民政社保等公共服务职责，保证为行政相对人提供全程配套到位的服务。提高政府办事效率，搞好勤政廉政建设，要做到不只批条子，不认条子，一切按规矩去办，提高办事透明度，反对权钱交易，以良好的形象树立县级政府领导经济建设的权威。政府的实体管理和程序管理都必须公开、透明，特别是与人民群众利益密切相关的行政事项，除涉及国本、国家机密、经济安全和社会稳定的以外，都应向社会公开，给行政相对人以更多的知情权和监督权，增强透明度和公众参与度。特别是要加强政策法规的透明度，包括对政策法规的宣传力度，建立统一有效的政策信息网络，

做到政策法规信息的及时发布、及时宣传、及时更新。行政管理的手段要以便捷、多元化为标准，充分利用现代科技和联络方式，如邮寄、电话、传真、网络等，实现具体行政行为，如行政审批、许可、确认、给付的管理高效。在行政审批制度改革中，要遵循低成本、高效率的原则，把多级审批改为一级审批，把多部门分别审批改为整体联动审批，把数次审批改为一次审批，并提供规范的标准化流程。另外，要抓好基础设施硬环境的改善。本着"规划超前、布局合理、功能完善"的原则，加快城区建设，提升城市品位，完善城市功能，增强对外吸引力。搞好水、电、路和通信等基础设施建设，高标准、高起点地建设行政区、文体活动区、商住区、工业区、商贸区，把县城建设成一个具有现代气息的新型城市格局，为招商引资创造良好条件。这是政府在经济管理中发挥高效能的重要途径。

第三节　经济管理的内容及方法

一、经济管理的内容

管理经济学是应用经济学的一个分支，管理经济学为经营决策提供了一种系统而又有逻辑的分析方法，这些经营决策关注于既影响日常决策，也影响长期计划决策的经济力，是微观经济学在管理实践中的应用，是沟通经济学理论与企业管理决策的桥梁，它为企业决策和管理提供分析工具和方法，其理论主要是围绕需求、生产、成本、市场等几个因素提出的。

（一）对人力的管理

人力资源的概念：人力资源有狭义和广义之分，从狭义上讲，人力资源是指一个国家或地区在一定时期内所拥有的处在劳动年龄阶段、具有劳动能力的人口。从广义上讲，人力资源是指一个国家或地区在一定时期内的客观上所存在的人口，包括在该时期内有劳动能力的人口和无劳动能力的人口。研究人力资源要防止表面化和简单化，要对人力资源进行全面的动态的研究。

人力资源的特点：能动性和创造性；时效性和连续性；动态性和消费性；再生性和适度性。

（二）对财力的管理

财力及其运动：财力是指在一定时期内的一个国家或地区所拥有的社会总产品的货币

表现。财力的运动过程可以概括为：财力的开发（生财）、财力的集聚（聚财）和财力的分配使用（用财）三个环节。财力运动的这三个基本环节，相互联系，相互制约，相互促进。生财是运动的起点和归宿，是聚财和用财的前提；聚财是运动的中间环节，是生财和用财的制约因素；用财是为了生财，用财和生财互为目的。

财力的集聚与使用：财力集聚的对象，就是国内社会总产品的价值和国外资金市场中的游资，其中国内社会总产品价值中"M"部分是国家财力集聚的重要对象。财力集聚的主要渠道有财政集资、金融机构集资和利用外资。在我国目前的市场经济发展中，除了搞好财政集资外，尤应重视金融机构集资和利用外资。财政集资的主要特点是强制性和无偿性，金融集资的主要特点是有偿性和周转性。财力使用应坚持的原则：统筹兼顾，全面安排；集中资金，保证重点；量力而行，留有余地；搞好财力平衡。

（三）对物力的管理

物力的概念和物力管理的内容：物力是能够满足人类生产、生活需要的物质的总称，包括物质资料和自然资源两大部分。物力管理的内容有两方面：一是物力的开发、供应和利用；二是自然资源的保护。

物力管理的基本任务：遵循自然规律和经济规律，按照建设资源节约型、环境友好型社会的要求，结合经济发展和人民生活的需要，开发、供应、利用和保护好物力资源，形成节约能源资源和保护环境的增长方式、消费模式，以合理地、永续地利用物力，促进经济和社会事业的不断发展，推动人类文明和进步。

对自然资源开发利用与管理工作的要求：根据国家主体功能区的划分，制定自然资源开发利用与管理规划；按照可持续发展要求，适度开发利用；发展循环经济，综合利用资源，提高资源利用效率；建设生态文明，有效保护自然资源，搞好环境保护工作。

（四）对科学技术的管理

科学技术的概念：科学是人类实践经验的概括和总结，是关于自然、社会和思维发展的知识体系。技术是人类利用科学知识改造自然的物质手段和精神手段的总和，它一般表现为各种不同的生产手段、工艺方法和操作技能，以及体现这些方法和技能的其他物质设施。

科学技术管理的主要内容：制订科学技术发展规划，着力突破制约经济社会发展的关键技术；组织科技协作与科技攻关，积极推广应用科研成果；注重提高自主创新能力，抓好技术改造与技术引进；加强创新型科技人才队伍建设。

（五）对时间资源的管理

时间资源的特性：时间是一切运动着的物质的一种存在形式。时间资源具有不可逆性；具有供给的刚性和不可替代性；具有均等性和不平衡性；具有无限性和瞬间性。

时间资源管理的内容：时间资源的管理，是指在同样的时间消耗的情况下，为提高时间利用率和有效性而进行的一系列控制工作。时间资源管理的内容，概括地说包括对生产时间（即从生产资料和劳动力投入生产领域到产品完成的时间）的管理和对流通时间（即产品在流通领域停留的时间）的管理。

时间资源管理的基本途径：规定明确的经济活动目标，以目标限制时间的使用；制订详细的计划，严格控制时间的使用；优化工作程序，提高工作效率，充分挖掘时间潜力；保持生产、生活的整体合理安排休息和娱乐时间。

（六）对经济信息的管理

经济信息的概念与特征：经济信息是指反映经济活动特征及其发展变化情况的各种消息、情报、资料的统称。经济信息的特征：社会性、有效性、连续性和流动性。

经济信息的分类，按照经济信息的来源，可以分为原始信息和加工信息，按照经济信息所反映的内容，可以分为内部信息与外部信息，又分为有关过去的信息和有关未来的信息，按照经济信息取得的方式，可以分为常规性信息和偶然性信息。

经济信息管理的基本程序和要求：经济信息管理的基本程序：广泛收集、认真加工、及时传递、分类储存。经济信息管理的要求：准确、及时、适用。

二、经济管理的方法

组织的经济管理方法和行政管理方法本身有其自身特点，组织具有综合效应，这种综合效应是组织中的成员共同作用的结果。组织管理就是通过建立组织结构，规定职务或职位，明确责权关系，以使组织中的成员互相协作配合、共同劳动，有效实现组织目标的过程。

（一）经济方法

经济方法的含义及特点。经济方法是指依靠经济组织，运用经济手段，按照客观经济规律的要求来组织和管理经济活动的一种方法。正确理解经济方法的含义，需要把握以下要点：经济方法的前提是按客观经济规律办事；经济方法的实质和核心是贯彻物质利益原则；经济方法的基础是搞好经济核算；经济方法的具体运用，主要依靠各种经济杠杆；运用经济方法，主要依靠经济组织。经济方法的特点是利益诱导性或引导性、平等性、有偿性、作用范围广有效性强。

经济方法的科学运用。在很大程度上也就是经济杠杆的科学运用。为了科学有效地运用各种经济杠杆，加强对经济活动的管理，要注意解决好以下几个重要问题：必须充分认识和认真研究各种经济杠杆的不同作用领域和具体调节目标。税收杠杆的调节触角可以深入到社会经济生活的各个方面，实现多种调节目标；信贷杠杆是在资金分配过程中发挥作用的，其调节目标从宏观上看可以促进社会总需求与总供给的平衡，从微观上看可以促进企业发展，减少资金占用，加速资金周转，提高生产经营活动的经济效益，等等。必须使各种经济杠杆有机地结合起来，配套运用。要注重科学地选择经济杠杆和掌握经济杠杆的运用时机与限度。

（二）法律方法

法律方法的含义及特点。经济管理的法律方法，是指依靠国家政权的力量，通过经济立法和经济司法的形式来管理经济活动一种手段。法律方法的特点：权威性、强制性、规范性、稳定性。

经济管理中使用法律方法的必要性，法律方法是国家管理和领导经济活动的重要工具，在经济管理中之所以要使用法律方法。从根本上说，是为了保证整个社会经济活动的内在统一，保证各种社会经济活动朝着同一方向、在统一的范围内进行，落实依法治国基本方略。具体讲：为了保护、巩固和发展以公有制为主体的多种经济成分的合法利益；为了保证国家经济建设方针政策的贯彻执行，保证社会经济发展计划的实现；为了推动科学技术的发展，保证科技成果的有效应用；为了推动和发展我国对外经济关系，加强国家间的经济技术合作；为了维护经济秩序，保证经济体制改革的顺利进行。

（三）行政方法

行政方法的含义及特点。经济管理的行政方法，是指依靠行政组织，运用行政手段，按照行政方式来管理经济活动的一种方法。行政方法的特点：强制性、直接性、无偿性、单一性、时效性。

行政方法的作用和局限性。行政方法的作用表现在：科学的行政方法是动员广大劳动群众和经济组织完成统一任务的重要手段；科学的行政方法，有利于国家从宏观上控制国民经济的发展方向和发展过程；科学的行政方法，有助于完善社会主义市场体系。

行政方法的局限性表现在：容易造成经济活动的动力不足；容易割断经济的内在联

系；容易造成无偿调拨、无偿供应、无偿支付的现象。

行政方法的科学运用。深入调查研究，一切从实际出发，把行政方法建立在符合客观经济规律的基础之上；要严格规定各级组织和领导人的职责和权力范围，正确处理各级组织的关系；要精简机构，建立健全行政工作责任制，提高办事效率；要依靠群众，发扬民主，一切从人民群众的利益出发。

（四）建立合理的经济管理组织的基本原则

合理的经济管理组织是管理者履行各种管理职能，顺利开展各项管理活动的必要的前提条件。建立合理的经济管理组织应坚持的基本原则：坚持有效性原则，即管理组织结构的建立，包括它的结构形态，机构设置和人员配备等，都必须讲效果、讲效率；坚持权力与责任相对称的原则，即各级经济管理机构和管理人员，根据所管辖范围和工作任务，在管理经济活动方面，都应拥有一定的职权，与此相对应，还要规定相应的责任；坚持管理层级及幅度适当的原则，一般来说，管理层级与管理幅度呈反比例关系，即幅度宽对应层较少，幅度窄则对应层较多；坚持统一领导、分级管理的原则；坚持稳定性和适应性相结合的原则；坚持执行与监督的分设原则。

第四节　经济管理者的素质和培养

所有直接参与经济管理活动的人员都可称为经济管理者。经济管理者应具备的基本素质，主要有五个方面的内容，即思想素质、知识素质、心理素质、业务素质和身体素质。根据我国的实际情况，培养经济管理者应从以下几方面考虑：努力发展教育事业，为经济管理者的培养打下良好的基础；动员社会各方面的力量培养经济管理者；从我国实际出发，在实践中培养经济管理者。选拔经济管理者，是正确使用经济管理者的前奏。能否选拔出合格的经济管理者，关系着一个国家、部门和企业经济发展的成败。选拔经济管理者，要坚持正确的选拔标准；破除论资排辈观念；不论文凭，要论才能。经济管理者的培养、选拔和使用，是一个有机的整体，三者缺一不可，培养和选拔是手段，只有使用才是目的。使用经济管理者应做到：知人善任；拟唯贤；大胆使用；追踪考评。作为新经济核心的创新，不仅包括技术创新、观念创新、制度创新、组织创新和营销创新等方面的内容，更重要的还应该有企业经营管理者的创新。

新经济时代必须有众多的新型经济管理人才，全面树立新观念、掌握新知识、运用新方法，才能提高我们企业的整体素质，从而面对新经济和日益复杂多变的全球化竞争的挑战。

管理者的创新意识：新经济是以高科技为主导，以网络和信息为主要载体的经济与传统经济的主要差别是，知识在经济发展中的作用大大增强，科技成果产业化、市场化的速度加快，传统产业必须运用高新技术的成果进行技术改造，提高效率，开发新产品，提高产品质量。

管理者的人格魅力：电子商务、网络经济给企业带来了新的运作模式，通过电子化管理和技术，企业各个部门，企业与上下家的合作伙伴不再是条块分割、各自为政，而是形成了环环相扣的链条。这种新的运作模式对业务员、业务经理提出了更高的要求，如在谈判中必须确信自己的观点清晰、准确、有效；自信靠自己的交际能力和技巧能够战胜对手，只有具备这样的心理素质和人格魅力，才能展现有别于他人的风采，就会给对手传递一种感知感觉的信息。人在感官上的互相交流是十分重要而又极其微妙的。

同样，新型经济管理人才作为企业领导者，无论是从企业员工队伍的管理，从目标设定到业绩考核，还是从激励措施到行为规范，都必须贯穿独特的、充分展示自己人格魅力的领导方法和手段。才能将全体员工凝聚在一起，共同为提高自己企业的产品实力和服务质量奉献光和热。

新经济时代要求每一位企业领导和全体职工，具有不断学习的精神，只有不断地更新自己的知识，才能完成企业整体知识、素质的动态积累。一个合格的新型经济管理人才，应思考利用EC整合自己的知识和经验，将点织成线，连成面，并立体化，将分散的知识系统化，从而才能在复杂的经济环境和激烈的市场竞争中，解决众多难题。

管理者的团队精神：从无数著名企业的成败案例中，我们可以发现这样一个真理，即在新经济条件下，企业管理者必须发扬团队精神，群策群力，才能"众人拾柴火焰高"。兼听则明，偏信则暗。管理是一门科学，新经济时代的企业管理者。更需要在打破传统企业的管理模式下，创造自己全新的能够解决在创办和经营过程中，从容面对各种障碍与问题的全新方式，从管理的基本技能，如策划、授权等，到人力资源管理、团队建设又运用高科技手段研发产品，占领市场份额的过程中，紧紧依靠企业领导一班人，靠车间科室、班组的中层干部和骨干力量，充分发扬团队精神，利用大家的智慧。去为企业的发展壮大出力，从而掌握经营现代企业的技巧，认真借鉴和汲取西方现代企业的有益经验，采用他们的管理技术、方法和手段，把自己企业经营管理和竞争能力提高到新水平。

经济管理重在提高企业的竞争实力：新经济是以高科技为主导，网络和信息为主要载体的经济，与其传统经济的主要差别是，知识在经济发展中的作用大大增强，科技成果产业化、市场化的速度加快，科技从潜在生产力向现实生产力转化的速度加快，使企业提高竞争实力。调整产业结构，开拓市场，起着相当重要的作用，正如企业家们形象地比喻，科学技术是企业保持健康发展、步入良性循环的火车头，而企业的全体员工特别是经营管理者,更像是驾驶火车头的司机。企业整体素质的高低,决定着企业的兴衰成败,决定着能否在日趋白热化的国际市场竞争中,始终占有自己的一席之地。因此,新型经济管理人才必须在产品开发、企业计划、咨询、管理、投资、商务谈判、市场营销、客户服务以及网络经营、企业文化等一系列问题上通晓新经济,掌握新知识,努力提高企业的竞争实力,才能满足现代企业发展的需要,把我国企业经营管理和竞争能力提高到新水平。

要全面促进企业的技术创新:在新经济条件下,企业必须面向市场进行研究开发,把市场需求,社会需求特别是广大消费者的需求,作为技术新的基本出发点,而且在创新全过程中的各个环节都要贯彻营销观念即技术创新必须为市场竞争所需要,必须能给企业和市场购买者、广大消费者带来实实在在的利益。

要全面推动营销观念创新:所谓营销观念也就是企业在开发市场营销管理的过程中,在处理企业、顾客和社会三者利益方面所持的各种思想和经营哲学,顾客对企业的取舍会在瞬间完成,决定作用是企业的市场营销绩效,包括市场份额、品牌美誉度、顾客满意度和顾客忠诚度等;企业经营管理者必须清醒地认识到,市场营销是当今商务活动中最重要的事情,因为市场营销是以各种各样的方式存在着,包括吸引顾客、使他去放心购买、买得舒心、用的称心、再购买或通过他们的嘴去向其他顾客宣传,形成良性循环,做生意还有比这些更重要的吗?难道企业家还能做没有顾客的生意不成?

要全面实施新型配合资源共享的企业发展战略,国家信息产业部有关专家指出,我国的企业经营管理者认识到新产品的研究开发只是技术和产品成功的一个环节,一个创新技术要真正获得市场意义上的成功和客户的认可,必须将生产市场销售服务这些有机的环节,通过管理形成一个成功的链接关系,才能保证其真正的成功。因此,企业的发展战略应是新型经济型人才充分调动全体员工的工作热情,实现新型配合、资源共享,从而将其才干、知识、技术得以发挥最大化。

要让用户更实惠、更满意:面对以用户需求为中心的新经济时代的来临,新型经济管理人才必须在充分了解市场需求的前提下、以务实的精神积极为用户提供更实惠、更满意的服务,因为实用、时尚、个性等销售需求,已悄然成为当今时代市场经营的中心点,让用户真正成为交易的最大受益者,将是市场营销活动中一种全新的经营理念,必将现代规范化的企业管理理念融于产品之中,根据用户的实际信息应用能力,充分挖掘各种有效的企业管理资源,如在计算机软件的延伸服务方面,根据用户特定的业务应用环境,如相应的网络应用环节、计算机操作平台、业务系统管理、账务系统管理、操作人员素质等多方面因素,为用户提供诸如企业计算机化管理方案、人员培训、技术支持、顾问服务和在线咨询等多种人文化的企业财务业务管理解决方案,最大限度地满足用户的实际应用需求。

新经济时代的到来和发展，突破了传统经济学的若干原理和规律。新经济条件下出现的许多经济现象，用传统经济学难以圆满解释，新经济呼吁着新的经济学的出现，更呼唤着众多的通晓新经济、掌握新知识的新型经济管理人才涌现，肩负起我国大中型各类企业管理的重任，从容面对国际一流竞争对手的挑战，从而进一步加快我国经济现代化的步伐。

第五节 经济管理的效益及评价

经济效益是指经济活动投入和产出的比较。投入是指经济活动中的劳动消耗和劳动占用，产出是指劳动的成果。经济效益的大小，与劳动成果成正比，与劳动消耗和劳动占用成反比。经济效益有三种表示方法：比率表示法、差额表示法、百分率表示法。评价经济效益的依据主要有三个方面，即宏观经济效益、中观经济效益与微观经济效益的统一；近期效益与长期效益的统一；经济效益、社会效益与环境效益的统一。

企业的经营活动都是为了获得经济效益而进行的，经济管理是企业管理制度中的重要一环，采取有效对策对企业经济运行进行管理，能够促进企业的健康发展。在论述企业经营效益的基础上，分析了有关改善经济管理的对策，旨在为企业强化自身的管理水平，为实现更高的盈利做好准备。

一、把经济管理当作企业经营管理的中心

加强资金管理：资金管理是企业经济管理最重要的内容，资金经济标准是衡量企业经营水准的重要参数，因此，科学有效地利用资金、减少所用花费、提高资金应用效率、优化资金配置等方式可以加强企业的经济管理，增加其经营效益，为企业能够立足于竞争日益激烈的市场环境提供强大的物质条件。

坚持着重资金运转管理的思想：企业经济管理目标就是策划资金的运转、力求减少所用资金费用、促使资金使用的科学化、增加资金的运转速度，进而提高企业经营效益。把经济管理作为企业管理的核心，并不是将相关的管理部门作为中心，而是企业上下全体员工都应坚持着重资金运转管理的思想，将资金规划作为企业发展的重大决定因素，强调对企业生存发展的重要影响。

定期开展经济预算：按时开展有关的经济预算活动是经济管理常用的重要的管理措施，这就需要企业在日常经营中应该根据自身的资金情况与实际状况，对企业经济以及所得盈利规划经济管理设计方案，合理做出相关的有效经济预算，为企业中重大发展决策指

明方向。

强化收支管理机制：做好经济资金的收支管理工作，企业仅设置一个基础账户，禁止建立多个账户、分散资源、掩藏资金等行为。企业所有开支以及收入应该共用一个账目，严禁有关部门或者个人对资金进行运转中断操作或者无理由使用资金。企业资金的开支应由负责人来管理审批，其他职工并没有相关权力进行支配。

做好成本控制：成本控制一直是经济管理的重要内容之一，加强成本费用的控制工作就是调节各部门间的费用信息，将竞争力很强的产品指标经有效拆分，在各个部门中间进行严格贯彻，设立为全体职工努力达到的目标，采用最为先进的技术管理手段力求减少企业经营每个流程所用成本，尽可能地节省资金，增强企业商品的竞争力度。

策划经济方案：在经济管理时，相关管理人员要对全年或者是未来某个阶段做好对应的经济规划工作，设计资金应用方案，预算经济效益，实施资金管理措施，解决经营中的多重难题，有利于管理经济。

研究经济管理的结果：对经济管理的结果进行深入的分析研究，总结其中的先进经验，从中找到改进的措施，不断完善经济管理，进而可以达到掌握资金、利用经济、做好预算、固定企业的经济效益，最终提高企业各个方面的发展。

二、增强经济管理的力度，有效提高企业的经营效益

经济管理要与企业日常经营活动相结合：经济管理在企业管理制度中一直占有重要地位，在企业日常经营的各个环节都能体现经济管理的作用。对经营活动的不足要加强资金预算，科学合理地应用资金对缺陷环节进行补救，保证企业经营的正常运行，有效减缓资金供应的压力。引起企业资金周转不畅的因素较为复杂，主要有以下几个方面：

一是所支持的账目资金一直处于较高的水平；二是相关工作人员经济管理意识不足，在工作时疏忽大意；三是客户拖款欠款现象严重。因此，根据这些因素，采取相应的处理对策，建立专项管理团队，定期开展收回欠款的活动。经济管理的工作不只是企业财务的经营任务，还需要各个部门提供帮助，从而能够更好地控制成本预算，调节企业产品的价格定位，降低所花费的成本，提高企业经营效益。

做好经济规划，指明投资方向：经济规划在企业经济管理中的作用不言而喻，其对企业的发展方向有着巨大的指导意义。如果经济规划方案不切实际，盲目设计，就可能让企业经营活动陷入泥潭，以致倒闭。因此，要想做好企业经济规划，为企业谋取利益，企业经营管理人员必须做到以下几点：

首先，掌握企业资金大体流通规律。要全面了解市场行情，深入调查商品的价值与使

用价值波动现象，指明投资方向，调节产品价格范围，不要只顾当今政治和人情世故，冒险地进行投资，以致自酿苦酒，悔恨不已，应当按照客观的市场经济规律，做出翔实的经济规划。

其次，应该进行充分科学调研，依法经营。经济方案的规划离不开企业实践运营的情况，要实事求是，开展全方位的调查分析，要求做到无漏点、无盲点，充分了解投资一方的诚信、资金、管理等多个方面的内容，依法签订投资相关手续文件，切不可留下投资风险。

再次，厘清投资过程，科学民主地进行经济管理。投资的形式不同，其获得的经营效率也有很大的差别，要厘清投资的流程，经相关机构批准之后方可进行投资理财。

最后，建立风险预警机制。企业投资的最终目标就是为企业带来更多的盈利，所以，企业在规划经济方案时，应该强化对成本费用的控制工作，注意每一个投资细节，尽可能降低投资理财过程中的风险隐患。

强化资金管理，优化经济配置：在日常的企业经营活动中，资金是怎样运转流通的？企业经营中，货币形态的资金流通从预算开始，经收集、生产、完工、结账环节，再到回收利用，进而以"滚雪球"的形式形成一个良性循环，达到可持续发展的目的，提高了企业的经营效益。

体现经济监督，促使资金增值：建立健全企业法人制度体系，全面体现经济监督管理的影响作用，确保资金能够升值。企业要想在经济市场中站稳脚跟，应该建立健全绩效管理体系，组设一个团结友爱、开拓创新、严肃活泼的领导小组，强化资金使用的监督管理工作，反对腐败，制约相关人员的行为，体现经济监督的重大意义。经济管理人员必须具备高度的责任感，对违反企业规章制度的行为，要严加制止，并及时向上级领导反映，对整个企业资产管理负责，坚守自己的职业道德，保障职工的合法利益。

科学分配企业盈利，体现杠杆原理：在经济管理中，如何科学合理地对企业所得的盈利进行规划配置，影响着企业多个方面的关系。盈利分配能够体现杠杆作用，它能够有效协调企业各部门的利益，激发全体职工工作的积极性，对企业整体发展有着重要的现实意义。目前，大部分企业都会受到自身经济规划方案的影响，实施"按劳分配"的原则，而事实上都是平均分配，降低了员工的工作积极性，使他们产生得过且过的思想，导致很多国有企业陷入泥潭，经营不善，难以运行。

根据经济管理的内容，企业决策人员可以设置分红、股票期权激励、年薪制等形式来改善盈利分配方式，体现杠杆的控制调节作用，使得企业各方面保持一个微妙的平衡状态，从而实现科学分配盈利，让企业更好更快发展的目的。

要想全面体现企业经济管理的引导效果，如果只是依赖相关工作人员对经济成本进行核算、设计资金计划方案来控制支出,就不能达到增加企业经营效益的目的。因此,建立一个超前、科学、合理、可行以及有效的经济管理体系,企业财务部门就应该与其他部门一起分析研究论证,实施管理对策,全面提升企业员工的整体素质,采用先进的计算机信息管理系统来进行经济成本分析、资金核算、经济控制、投资规划等,提高经济管理工作效率,还要加强对经管人员各方面的培训工作,最终提高企业的管理水平,增加企业的经营效益,为企业的发展做出贡献。

第二章　经济管理的宏观与微观

第一节　经济发展模式与宏观管理目标

一、传统经济发展模式的基本特征及其运行轨迹

与经济体制模式相联系，我国的经济发展模式也经历了一个从传统模式向新模式的转变。为了把握新发展模式的基本内容和特征，我们需要从历史演变的角度，回顾传统经济发展模式及其转变。

（一）传统经济发展模式的基本特征

1. 以高速度增长为主要目标

在这样一个发展模式中，经济增长速度一直是处于最重要的中心地位。然而，这又是以赶超先进国家为中心而展开的。在这样一种以高速度增长为主要目标的赶超发展方针指引下，追求产量、产值的增长成为宏观经济管理的首要任务。

2. 以超经济的强制力量为手段

从战略指导思想来说，主张从建立和优先发展重工业入手，用重工业生产的生产资料逐步装备农业、轻工业和其他产业部门，随后逐步建立独立、完整的工业体系和国民经济体系，并逐步改善人们的生活。在这一战略思想的引导下，我们一直把重工业，特别是重加工业作为固定的经济建设重心，实行倾斜的超前发展。然而，在一个基本上是封闭自守的经济系统中，这种倾斜的超前发展基本上或者完全依靠国内积累的建设资金。由于重工业的优先发展需要大量资金，国家只好采取超经济的强制力量，以保证这种倾斜的超前发

展。因此，这种倾斜的超前发展实质上是以农业、轻工业等产业部门的相对停滞为代价的。

3. 以高积累、高投入为背景

为了通过倾斜的超前发展，迅速建立和形成一个独立、完整的工业体系和国民经济体系，就需要有高积累、高投入，以便大批地建设新的项目。因此，经济发展是以外延扩大作为基本方式的。在这样的发展模式下，大铺摊子，拉长基建战线，一哄而上，竞相扩展等现象，已成为必然的反映。

4. 一种封闭式的内向型经济发展模式

虽然，在这一发展模式下也存在着一定的对外经济技术交流关系，但通过出口一部分初级产品和轻工业产品换回发展重工业所需的生产资料，最终是为了实现经济上自给自足的目标，而且这种对外经济关系被限制在一个极小的范围内。因此，从本质上说，这是一种封闭式的内向型经济发展模式。在这一发展模式下，经济的自给自足程度就成为衡量经济发展程度的重要标志。这种传统的经济发展模式是一定历史条件下的特定产物，有其深刻的历史背景。传统经济发展模式受其历史局限性和主观判断错误的影响，存在着自身固有的缺陷。

（二）传统发展模式下经济的超常规发展轨迹

为了全面考察传统发展模式，并对其做出科学的评价，我们需要进一步分析传统发展模式下经济发展的轨迹。从总体上说，在传统发展模式下，我国的经济发展经历了一个偏离世界性标准的进程，留下了超常规的发展轨迹，其主要表现在以下几个方面：

1. 总量增长与结构转换不同步

我国的结构转换严重滞后于总量增长，近年来，短缺与过剩并存已成为普遍现象，这种滞后严重制约了总量的均衡与增长。

2. 产业配置顺序超前发展

我国在产业配置顺序上的超前发展，比一般后发展国家更为显著。重加工工业的超前发展，导致了农业、轻工业和基础工业先天发育不足以及产业之间产生的严重矛盾。因为，重加工工业的超前发展是基于超经济强制地约束农业经济的发展。农业劳动生产率增长缓慢的同时，重加工业的超前发展严重损害了轻工业的发展。轻工业发展不足，使积累的主要来源的转换没有顺利实现，这不仅直接影响了农业承担积累主要来源的重大压力，而且未能完成满足资金密集型基础工业发展需要的历史任务。在资金积累不足的情况下，基础工业发展严重滞后，成为国民经济的关键性限制因素。

3. 高积累、高投入与低效益、低产出相联系

在我国工业化体系初步建立以后，那些曾经塑造了我国工业化体系的条件，如低收入、高积累和重型产品结构等，却反过来成为束缚自身继续发展的因素，从而造成高积累、高投入与高效益、高产出的错位，使国民经济难以走上良性循环的轨道。

4. 农、轻、重之间的互相制约超乎寻常

在我国经济结构变动中，却出现了农、轻、重之间形成强大的相互制约力，三者产值平分天下的僵持局面。不仅农业与工业之间的结构变动呈拉锯状，而且轻工业与重工业之间的结构变动也是反反复复。这种农、轻、重大结构的势均力敌状态，造成较多的摩擦，使各种经济关系难以协调。

除以上几个主要方面之外，我国经济发展的超常规轨迹还表现在许多方面，如产业组织结构失衡，区域经济发展结构失衡，资源与生产能力错位；技术结构发展迟缓，中低技术繁衍等。这些都从不同的侧面反映了传统发展模式下我国经济发展非同寻常的特殊性。

二、新的经济发展模式的选择

传统的经济发展模式虽然在特定的历史条件下起过积极的作用，但由于其本身的缺陷以及条件的变化，已造成了不少严重问题。因此，要对经济发展模式做出新的选择。新的经济发展模式的选择，既要遵循经济发展的一般规律，又要充分考虑到我国经济发展进程中的基本特征，同时还要正视我们正面临的压力和挑战。

（一）我国经济发展进程的基本特征

从传统经济向现代经济转化，是一个世界性的历史过程任何一个国家的经济发展都会受到支配这个进程的共同规律的影响，从而表现出具有统计意义的经济高速增长和变动的状态。但是，由于各国经济发展的历史背景和内外条件不同，在其经济发展进程中会出现差异，有时甚至是极大的偏差。因此，在把握经济发展共同规律的基础上，必须研究各国从传统经济向现代经济转化中的特殊性。

与其他国家相比，我国经济发展的历史背景和内外条件更为特殊，不仅与发达国家有明显的差别，而且与一般发展中国家也不相同。这就不可避免地使我国经济发展走出了一条与众不同的道路。我国经济发展进程中的基本特征，可以归纳为"三超"，即超后发展国家、超大国经济和超多劳动就业人口。这三个基本特征，不仅构造了我国经济发展的基

本性状，而且也界定了我们选择经济发展战略的可能性空间，决定了我国经济发展非同一般的超常规轨迹。

（二）向新的经济发展模式转变

尽管新的经济发展模式不是对传统经济发展模式的彻底否定，而是对其的扬弃，但两者之间存在着本质的区别。

1. 经济模式转变

传统经济发展模式向新经济发展模式的转变，是一种革命性的转变，历史性的转变。具体来说，有以下几个方面的本质性转变：①发展目标的转变，即由以单纯赶超发达国家生产力水平为目标转变为以不断改善人们的生活，由温饱型向小康型过渡为目标；②发展重心的转变，即由追求产值产量的增长转变为注重经济效益，增长要服从经济效益的提高；③发展策略的转变，即由超前的倾斜发展转变为有重点的协调发展，在理顺关系的基础上突出重点；④发展手段的转变，即由以外延型生产为主转变为以内涵型生产为主，提高产品质量，讲究产品适销对路；⑤发展方式的转变，即由波动性增长转变为稳定增长，稳中求进，尽量避免大起大落，反复无常。

2. 经济体制改革

这种经济发展模式转变的实现，从根本上说，有赖于经济体制改革的成功。传统的经济体制不可能保证新的经济发展模式的实现，所以经济体制模式的转变是实现新经济发展模式的根本保证。在此基础上，建立新的经济发展模式要着力于以下几个方面：①对国民经济进行较大的调整；②要确立新的经济理论、思想观念和政策主张；③要端正政府和企业的经济行为。

三、新经济发展模式下的宏观管理目标

从一般意义上说，宏观管理目标是由充分就业、经济增长、经济稳定、国际收支平衡、资源合理配置、收入公平分配等目标构成的完整体系。但在不同的经济发展模式下，宏观管理目标的组合、重点以及协调方式是不同的。因此，随着传统经济发展模式向新的发展模式的转变，宏观管理目标的性质也会发生重大变化。

（一）宏观管理目标之间的交替关系

宏观管理目标之间存在着固定的关联。这种关联有两种类型：一种是互补关系，即一

种目标的实现能促进另一种目标的实现；另一种是交替关系，即一种目标的实现对另一种目标的实现起排斥作用。在宏观经济管理中，许多矛盾与困难往往就是由这种目标之间的交替关系所引起的。这种目标之间的交替关系主要有以下几种：

1. **经济增长和物价稳定之间的交替关系**

为了使经济增长，就要鼓励投资，而为了鼓励投资，一是维持较低的利息率水平；二是实际工资率下降，使投资者有较高的预期利润率。前者会引起信贷膨胀，货币流通量增大；后者需要刺激物价上涨。

在供给变动缓慢的条件下，经济增长又会扩大对投资品和消费品的总需求，由此带动物价上涨。在各部门经济增长不平衡的情况下，即使总供求关系基本平衡，个别市场的供不应求也会产生连锁反应，带动物价上涨。

2. **经济效率与经济平等之间的交替关系**

经济效率目标要求个人收入的多少依经济效率高低为转移、从而要求拉开收入差别。同样，它也要求投资的收益多少依经济效率高低为转移，以此来刺激投资与提高投资效益。然而，经济平等目标要求缩小贫富收入差距，这样社会的经济效率就会下降。同样，忽视投资收益的差别，使利润率降低，就会削弱投资意向，难以实现资源配置的优化。

因此，经济效率与经济平等（收入均等化）不可能兼而有之。在一定限度内，强调平等，就要牺牲一些效率；强调效率，就要拉开收入的差距。

3. **国内均衡与国际均衡之间的交替关系**

这里的国内均衡主要是指充分就业和物价稳定，而国际均衡主要是指国际收支平衡。充分就业意味着工资率的提高和国内收入水平的上升，其结果是一方面较高的工资成本不利于本国产品在国际市场上的竞争，从而不利于国际收支平衡；另一方面对商品的需求增加，在稳定物价的条件下，不仅使商品进口增加，而且要减少出口，把原来准备满足国外市场需求的产品转用于满足国内扩大了的需求，于是国际收支趋于恶化。

如果要实现国际收支平衡目标，那么一方面意味着外汇储备增加，外汇储备增加意味着国内货币量增加，这会造成通货膨胀的压力，从而不利于物价稳定；另一方面，消除国际收支赤字需要实行紧缩，抑制国内的有效需求，从而不利于充分就业目标的实现。

宏观管理目标之间的交替关系决定了决策者必须对各种目标进行价值判断，权衡其轻重缓急，斟酌其利弊得失，确定各个目标的数值的大小，确定各种目标的实施顺序，并尽量协调各个目标之间的关系，使所确定的宏观管理目标体系成为一个协调的有机整体。

（二）新发展模式下宏观管理目标的转变

决策者是依据什么来对各种具有交替关系的目标进行价值判断，权衡轻重缓急，斟酌利弊得失，使其形成一个有机整体的呢？其中最重要的依据，就是经济发展模式。

从这个意义上来说，经济发展模式决定了宏观管理目标的性质。有什么样的经济发展模式，就有什么样的宏观管理目标。宏观管理目标体系中各个目标数值的大小，各种目标实施的先后顺序，都是服从于经济发展模式需要的。

在传统经济发展模式下，宏观管理目标所突出的是经济增长与收入分配均等化，并以其为核心构建了一个宏观管理目标体系。在这个宏观管理目标体系中，经济增长目标优先于结构调整目标；收入分配均等化目标优先于经济效率目标，其他一些管理目标都是围绕着这两个目标而展开的。

按照西方经济学的观点，经济增长和收入分配均等化之间也是一种交替关系。因为充分就业条件下的经济增长会造成通货膨胀，而通货膨胀又会使货币收入者的实际收入下降，使资产所有者的非货币资产的实际价值上升，结果发生了有利于后者而不利于前者的财富和收入的再分配。

当传统经济发展模式向新的经济发展模式转变之后，这种宏观管理目标体系已很难适应新经济发展模式的需要。以协调为中心的从效益到数量增长的发展模式要求用新的价值判断准则对各项管理目标进行重新判断，在主次位置、先后顺序上实行新的组合。

按照新的经济发展模式的要求，宏观经济管理目标首先应该突出一个效益问题，以效益为中心构建宏观管理目标体系。具体地说，围绕着经济效益目标，讲求经济稳定和经济增长，在"稳中求进"的过程中，实现充分就业、收入分配公平、国际收支平衡等目标。当然，这种宏观管理目标体系，诸目标之间仍然存在着矛盾与摩擦，需要根据各个时期的具体情况加以协调。

（三）新发展模式下宏观管理目标的协调

从我国现阶段的实际情况来看，新的发展模式下的宏观管理目标的协调，主要有以下几个方面：

1. 实行技术先导

靠消耗大量资源来发展经济，是没有出路的。况且我国的人均资源占有量并不高。因此，发展科学技术，改善有限资源的使用方式，是建立新发展模式的基本要求。

然而，我国大规模的劳动大军和就业压力，无疑是对科技进步的一种强大制约。我们面临着一个两难问题，即扩大非农就业与加快科技进步的矛盾。对于这两者都不可偏废。我们不能脱离中国劳动力过剩的现实来提高科技水平，发展技术密集型经济，而要在合理分工的基础上加快技术进步。

除此之外，我们要把科技工作的重点放在推进传统产业的技术改造上。因为在今后相当长的时间内，传统产业仍将是我国经济的主体。传统产业在我国经济增长中仍起着重要作用。但是，传统产业的技术装备和工艺水平又是落后的。因此，要着重推进大规模生产的产业技术和装备的现代化；积极推广普遍运用的科技成果，加速中小企业的技术进步。与此同时，要不失时机地追踪世界高技术发展动向，开拓新兴技术领域，把高技术渗透到传统产业中、并逐步形成若干新兴产业，从而提高我国经济发展水平，使国民经济在科技进步的基础上不断发展。

2. 优化产业结构

合理的产业结构是提高经济效益的基本条件，也是国民经济持续、稳定地协调发展的重要保证。目前我国产业结构的深刻矛盾，已成为经济发展的严重羁绊，因此优化产业结构是新发展模式的一项重要任务。

所谓优化产业结构，首先要使其合理化，然后才是相对地使其高级化。产业结构合理化就是要解决由于某些产业发展不足而影响整体结构协调的问题。长期以来，我国加工工业发展过快，而农业、轻工业、基础工业和基础产业则均发展不足，所以结构合理化的任务是较重的。

3. 改善消费结构

适当的消费水平和合理的消费结构，也是提高经济效益的一个重要条件。我们要根据人们生活的需要来组织生产。但同时也要根据生产发展的可能来确定消费水平，并对消费结构进行正确的引导和调节，不能盲目追随外国的消费结构和消费方式。根据我国人口众多而资源相对不足的国情，我们应该选择适合我国国情的消费模式。

第二节　宏观经济管理中的市场环境

一、完整的市场体系

一个完整的市场体系是由各种生活资料和生产要素的专业市场构成的。因为人们之间的经济关系是贯穿于整个社会再生产过程中的，既包括消费也包括生产，所以市场关系是通过各种与社会再生产过程有关的要素的交换表现出来的,完整的市场关系应该是一个由各种要素市场构成的体系。一般来说,它包括商品(消费品和生产资料)市场、技术市场、劳动力市场和资金市场。

(一) 商品市场

商品市场是由以实物形态出现的消费资料和生产资料市场构成的,它是完整的市场体系的基础。

作为基础产品和中间产品的生产资料市场与社会生产有着重大的直接联系。生产资料市场既反映生产资料的生产规模和产品结构,又对整个固定资产规模及投资效果起制约作用,同时也为新的社会扩大再生产提供必要条件和发挥机制调节作用。因此,生产资料市场实际上是经济运行主体的轴心。

作为最终产品的消费品市场与广大居民生活有着极为密切的关系。该市场的参与者是由生产者和消费者共同构成的,小宗买卖与现货交易较为普遍,交易的技术性要求较低,市场选择性较强。消费品市场不仅集中反映了整个国民经济发展状况,而且涉及广大居民物质和文化生活的所有需求,是保证劳动力简单再生产和扩大再生产的重要条件。因此,消费品市场对整个国民经济发展有重要影响。

生产资料市场与消费品市场虽然有重大的区别,但两者都是以实物形态商品为交换客体的,具有同一性、并以此区别于其他专业市场。

(二) 技术市场

技术市场按其经济用途可细分为初级技术市场、配套技术市场和服务性技术市场。这些市场促使技术商品的普遍推广和及时应用,推动技术成果更快地转化为生产力。

由于技术商品是一种知识形态的特殊商品,所以技术市场的运行具有不同于其他专业市场的特点。

1. 技术市场存在着双重序列的供求关系

技术市场存在着双重序列的供求关系,即技术卖方寻求买方的序列和技术买方寻求卖方的序列。这是因为技术商品有其特殊的生产规律:一方面是先有了技术成果,然后设法在生产过程中推广应用;另一方面是生产发展先提出开发新技术的客观要求,然后才有技术成果的供给。这两种相反的供求关系序列,都有一个时滞问题,从而难以从某个时点上确定市场的供求性状。在技术市场上,供不应求与供过于求,总是同时存在的。

2. 市场的卖方垄断地位具有常态性

由于技术商品具有主体知识载体软件等特征,再生产比第一次生产容易得多,所以为保护技术商品生产者的利益，鼓励技术商品生产，在一定时期内技术商品要有垄断权。它不允许别人重复生产以前已经取得的技术成果，否则就将受到法律制裁。在一般情况下，每一技术商品都应具有独创性，同一技术商品不允许批量生产。因此，在技术市场上，同一技术商品的卖方是独一无二的，不存在同一技术商品卖方之间的竞争，相反同一技术商品的买方则是众多的，存在着买方之间的竞争，从而在总体上是卖方垄断市场。

3. 市场的交易具有较大的随意性

由于技术商品的使用价值是不确定的，客观上并不能全部转化为生产力；技术商品的价值也不具有社会同一尺度，不存在同一技术商品的劳动比较的可能性，只能转借技术商品使用后的效果来评价，所以在市场交易时主要由供求关系决定其价格。

4. 市场的交易形式较多的是使用权让渡

由于技术商品作为知识信息具有不守恒性，即它从一个人传递到另一个人，一般都不使前者丧失所传递的信息，因而技术商品的生产者往往在一定时期内，只让渡技术的使用权，而不出卖其所有权。这样，根据技术商品的传递特点，生产者就可以向多个需求者让渡其技术使用权，这是其他专业市场所不具有的交易方式。

（三）劳动力市场

劳动力市场在商品经济发展中起着重要作用。它使劳动力按照供求关系的要求进行流动，有利于劳动力资源的开发和利用，以满足各地区、各部门和各企业对劳动力的合理需求，实现劳动力与生产资料在质和量两方面的有机结合。同时，劳动力市场的供求竞争也有利于消除工资刚性和收入攀比的弊端，调整收入分配关系，促使劳动者不断提高自身素质，发展社会所需要的技能。

（四）资金市场

在发达的商品经济中，资金市场是市场体系的轴心。资金市场按期限长短可细分为货币市场和资本市场。前者主要用来调节短期资金。它通过银行之间的拆放、商业票据的贴现、短期国库券的出售等方式，融通短期资金，调剂资金余缺，加快资金周转，提高资金利用率。后者主要是用来进行货币资金的商品化交易，把实际储蓄转变为中长期的实际投资。它通过储蓄手段吸收社会多余的货币收入，通过发行公债、股票、债券等形式筹集长期资金，通过证券交易流通创造虚拟信贷资金，从而加速资金积累与集中，为社会再生产规模的扩大创造条件。

在资金市场上，信贷资金作为商品，既不是被付出，也不是被卖出，而只是被贷出，并且这种贷出是以一定时期后本金和利息的回流为条件的,从而资金商品具有二重价值,即资金本身的价值和增值的价值。此外,资金商品的贷出和流回,只表现为借贷双方之间法律契约的结果,而不表现为现实再生产过程的归宿和结果。

(五) 市场体系的结构均衡性

作为一个市场体系,不仅是全方位开放的市场,而且各个市场之间存在着结构均衡的客观要求。这是市场主体之间经济关系得以完整反映的前提,也是宏观间接控制的必要条件。

1. 市场门类的完整性

在商品经济条件下,市场是人们经济活动的主要可能性空间。在这个活动空间中,人们不仅要实现商品的价值,更为重要的是,人们为价值创造而进行生产要素配置。价值实现与价值创造的一致性,要求市场必须全方位开放,具有完整性。残缺的市场体系不仅使现有的市场不能充分发挥作用,而且会妨碍整个经济运行一体化。

2. 市场规模的协调性

一个市场体系的功能优化不在于某类市场规模的大小,而在于各类市场规模的协调效应。所以,各类市场的活动量必须彼此适应,协调有序。任何一类市场的"规模剩余"和"规模不足"都将导致市场体系结构失衡及其功能的衰减。

3. 市场信号的协同性

各类市场之间的联系程度取决于市场信号之间的协同能力。只有当某一市场信号能及时转换成其他市场的变化信号,产生市场信号和谐联动时,市场体系才具有整体效应,从而才能对经济进行有效调节。

总之,市场体系的结构完整和均衡,是市场活动正常进行的基本条件,也是间接控制的必要条件之一。否则,间接控制就无法从总体上把握经济运行的状况,也无法综合运用各种经济杠杆进行宏观调控。

二、买方的市场主权

在市场竞争关系中,商品供给等于某种商品的卖者或生产者的总和,商品需求等于某种商品的买者或消费者的总和。这两个总和作为两种力量集合互相发生作用,决定着市场主权的位置:以买方集团占优势的"消费者主权"或者以卖方集团占优势的"生产者主权"。这两种不同的竞争态势,对整个经济活动有不同的影响。宏观间接控制所要求的是

"消费者主权"的买方市场。

（一）市场主权归属的决定机制

在买方与卖方的竞争中，其优势的归属是通过各自集团内部的竞争实现的。因为竞争关系是一种复合关系，即由买方之间争夺同一卖方的竞争和卖方之间争夺同一买方的竞争复合而成。买方之间的竞争，主要表现为竞相购买自己所需的商品；卖方之间的竞争，主要表现为竞相推销自己所生产的商品。在这一过程中，究竟哪一方能占据优势，掌握市场主权，取决于双方的内部竞争强度。如果买方之间的竞争强度大，消费者竞相愿出更高的价钱来购买商品，必然会抬高商品的售价，使卖方处于优势地位。如果卖方之间的竞争强度大，生产者彼此削价出售商品，则必然会降低商品的售价，使买方处于优势地位。

（二）市场主权不同归属的比较

市场主权归属于买方还是卖方，其结果是截然不同的。生产者之间竞争强度的增大，会促使生产专业化的发展，有利于商品经济的发展；而消费者之间竞争强度的增大，则迫使大家自给自足地生产，不利于商品经济的发展。因此，"消费者主权"的买方市场较之"生产者主权"的卖方市场有更多的优越性，具体表现在以下几点：

1. 消费者控制生产者有利于实现生产目的

在生产适度过剩的情况下，消费者就能扩大对所需商品进行充分挑选的余地。随着消费者选择的多样化，消费对生产的可控性日益提高，生产就不断地按照消费者的需要进行。与此相反，卖方市场是生产者控制消费者的市场。在有支付能力的需求过剩的情况下，生产者生产什么，消费者就只能消费什么；生产者生产多少，消费者就只能消费多少。消费者被迫接受质次价高、品种单调的商品，其正当的权益经常受到损害。

2. 买方宽松的市场环境有利于发挥市场机制的作用

在平等多极竞争中，产品供给适度过剩，可以提高市场信息效率，使价格信号较为准确地反映供求关系，引导资金的合理投向，使短线产品的生产受到刺激，长线产品的生产受到抑制。在产品供给短缺时，强大的购买力不仅会推动短线产品价格上涨，而且也可能带动长线产品价格上涨，市场信息效率低下，给投资决策带来盲目性。

3. 消费者主权有利于建立良性经济环境

产品供给适度过剩将转化为生产者提高效率的压力，生产效率的提高将使产品价格下降，从而创造出新的大量需求，使供给过剩程度减轻或消失。随着生产效率的进一步提高，又会形成新的生产过剩，这又将造成效率进一步提高的压力，结果仍是以创造新需求来减缓生产过剩。因此，在这一循环中，始终伴随着生产效率的不断提高和新需求的不断创造。在卖方市场中，质次价高的商品仍有销路，效率低下的企业照样生存，缺乏提高效率、降低价格和创造新需求的压力，总是保持着供不应求的恶性循环。

4. 消费者主权有利于资源利用的充分选择

生产者集团内部竞争的强化，将推动生产者采用新技术和先进设备，改进工艺，提高质量，降低成本，并促使企业按需生产、使产品适销对路。消费者集团内部竞争的强化，将使企业安于现状，不仅阻碍新技术和新设备的采用，还会把已经淘汰的落后技术和陈旧设备动员起来进行生产，这势必造成资源浪费，产品质量低下。同时，强大的购买力也会助长生产的盲目性，造成大量的滞存积压产品。可见，消费者主权的买方市场在运行过程中具有更大的优越性。

（三）买方市场的形成

形成买方市场有一个必要前提条件，就是在生产稳定发展的基础上控制消费需求，使之有计划地增长。也就是说，生产消费的需求必须在生产能力所能承受的范围之内，否则生产建设规模过度扩张，就会造成生产资料短缺；生活消费的增长必须以生产力的增长为前提，否则生活消费超前，就会造成生活资料短缺。

在市场信息效率既定的条件下，总体意义上的买方市场可以用总供给大于总需求来表示。由于总供给与总需求的关系受多种因素影响，其变化相当复杂，所以判断总体意义上的买方市场是比较困难的。一般来说，总量关系的短期变化可能与政策调整有关，总量关系的长期趋势则与体制因素相联系。要形成总体意义上的买方市场，必须从体制上和政策上同时入手，通过政策调整使总需求有计划地增长，为体制改革奠定一个良好的基础，通过体制改革消除需求膨胀机制，提高社会总供给能力，最终形成产品绝对供应量大于市场需求量的买方市场。

总体意义上的买方市场虽然在某种意义上反映了消费者主权，但它并没有反映产品的结构性矛盾。如果大部分有支付能力的需求所对应的是供给短缺的商品，而大量供给的商品所对应的是有效需求不足的购买力，那么即使存在总体意义上的买方市场，也无法保证消费者市场的主体地位。因为从结构意义上考察，有相当部分的供给都是无效供给，真正的有效供给相对于市场需求仍然是短缺的，实质上还是卖方市场。所以，完整的买方市场是总量与结构相统一的供大于求的市场。结构意义上的买方市场的形成，主要在于产业结构与需求结构的协调性。一般来说，当一个国家的经济发展达到一定的程度，基本解决生活温饱问题后，需求结构将产生较大变化，如果产业结构不能随之调整，就会导致严重的结构性矛盾。因此，关键在于产业结构转换。但由于生产要受到各种物质技术条件的约束，产业结构的转换具有较大刚性，所以也要调整需求结构，使之有计划地变化，不能过度迅速和超前。

个体意义上的买方市场形成，在很大程度上取决于具体商品的供需弹性。一般来说，供给弹性小的商品，容易形成短期的买方市场。需求弹性小的商品，如果需求量有限，只要生产能力跟得上，还是容易形成买方市场的。需求弹性大的商品，一般有利于形成买方市场，但如果受生产能力的制约、尽管需求量有限，也不易形成买方市场。需求弹性大，供给弹性小的商品，因销售者不愿库存商品，宁愿削价出售，在一定程度上有利于买方市场的形成。需求弹性大，供给弹性也较大的商品，如服装等，则主要取决于需求量与生产量的关系，只要社会购买力有一定限量，生产能力跟得上，就有可能形成买方市场。

三、多样化的市场交换方式

多样化的市场交换方式是较发达市场的基本标志之一、是市场有效运行的必要条件。它反映了市场主体之间复杂的经济关系和联结方式。各种不同功效的市场交换方式的组合，使交换过程的连续性与间断性有机地统一起来，有利于宏观间接控制的有效实施。多样化的市场交换方式包括现货交易、期货交易和贷款交易三种基本类型。

（一）现货交易市场

现货交易是买卖双方成交后即时或在极短期限内进行交割的交易方式。

1. 现货交易的基本特性

现货交易的基本特性表现为：①它是单纯的买卖关系，交换双方一旦成交，便"银货两清"，不存在其他条件的约束；②买卖事宜的当即性，交换双方只是直接依据当时的商品供求状况确定商品价格和数量，既不能预先确定，也不能事后了结；③买卖关系的实在性，成交契约当即付诸实施，不会出现因延期执行所造成的某种虚假性。现货交易方式，无论从逻辑上，还是历史上来说，都是最古老、最简单、最基本的交换方式。因为大部分商品按其自身属性来说，适宜于这种交换方式。

2. 现货交易对商品经济的调节

现货交易市场是建立在由生产和消费直接决定的供求关系基础上的，其最大的特点是随机波动性。市场价格和数量都不能预先确定，而要根据即时供求关系确定。人们对未来商品交易价格和数量的预期,也只是以当前的价格和数量以及其他可利用的资料为基础。这一特点使现货交易市场对商品经济运行具有灵活的调节作用,具体表现在:①有利于竞争选择,释放潜在的经济能量。市场的波动性是实行竞争选择的前提条件之一。市场的波动越大,竞争选择的范围越广,竞争选择的强度越大,所以现货交易市场的竞争选择机制作用较为明显。②有利于掌握真实的供求关系,对经济活动进行及时的反馈控制。除了投机商人囤货哄价,在一般情况下,现货交易价格信号能比较直接地反映实际供求状况,并且反应较为灵敏。这有助于企业对自身的经营做出及时调整,也便于政府及时采取相应的经济手段调控市场。③有助于及时改善供求关系,防止不良的扩散效应和联动效应。由于现货交易关系比较单一和明朗,该市场的价格波动往往具有暂时性和局部性,至多波及某些替代商品和相关商品的供求关系,不会引起强烈的连锁反应。

当然,现货交易方式也有其消极作用。在现货交易市场上,当前供求的均衡是通过无数次偶然性的交换达到的,市场价格的涨落幅度较大,价格信号较为短促,市场风险较大。这些容易引起企业行为短期化,投资个量微型化,投资方向轻型化等倾向,不利于经济的稳定发展。

(二) 期货交易市场

期货交易是先达成交易契约,然后在将来某一日期进行银货交割的交易方式。

1. 期货交易的基本特性

期货交易的基本特性表现为:①它不仅是买卖关系,而且还是一种履行义务的关系,即买进期货者到期有接受所买货物的义务,卖出期货者到期有支付所卖货物的义务;②对于期货交易来说,成交仅仅意味着远期交易合同的建立,只有到了未来某一时点的银货交割完毕,交易关系才算终结,从成交到交割要延续一段时间;③期货买卖成交时,并不要求买卖双方手头有现货,不仅如此,在未到交割期以前,买卖双方还可以转卖或买回。所以期货交易具有投机性,会出现买进卖出均无实物和货款过手的"买空卖空"。

2. 期货交易市场的组成

套期保值者和投机者都是期货交易市场的主要人群,前者参与期货交易是为了减少业务上的风险,后者参与期货交易是为了谋取利润而自愿承担一定的风险。在该市场上,投机者是必不可少的。首先,由于商品的出售是"惊险的一跃",套期保值者更愿意销售期货,如果期货市场全由套期保值者组成,则购买期货的需求一方总是相对微弱的,所以需要通过投机者的活动来调整期货供求之间的不平衡。其次,由于套期保值者不愿承担风险,单由他们的交易而达成的期货价格通常是不合理的,要大大低于一般预期价格。当投机者参与市场活动后，只要期货价格低于他们的预期价格，他们就会买进期货以谋取利润，这种敢于承担风险的行为会把期货价格提高到一个更为合理的水平。因此期货市场必须由这两部分人组成，才具有合理性、流动性和灵活性。

3. 预期确定性

期货交易市场是建立在未来供求关系预先确定基础上的，其最大特点是预期确定性。期货市场的特点决定了它对经济运行的稳定性具有积极作用，具体表现在：①有利于生产者转移风险、套期保值，保证再生产过程的正常进行。生产者通过出售或购进期货，就可以避免市场价格波动带来的损失，例如就销售者来说，如果期内价格下跌，并反映在期货价格上，期货合同的收益将有助于弥补实际销售因价格下跌带来的损失。如果期内价格上涨，期货头寸的损失同样会由实际销售因价格上涨带来的收益所抵补。这样，生产者就能免受市场风险干扰而安心生产。②有利于市场价格的稳定，减轻市场波动。在该市场上，投机者利用专门知识对商品期货价格做出预测，并承担价格风险进行"多头"和"空头"的投机活动。当供给的增加会引起价格大幅度下降时，他们就买进存货并囤积起来，以便在以后以有利的价格抛出，这样就维持了现期价格。当供给短缺时，他们抛出存货，因而防止了价格猛涨。③有利于提高市场预测的准确度，产生对将来某一时点上的收益曲线形状和价格水平的较为合理的预期。期货价格反映了许多买方与卖方对今后一段时间内供求关系和价格状况的综合看法。这种通过把形形色色的个别分散的见解组合成一个易识别的预测量，虽然不能说是完全正确的，但总比个别的一次性的价格预测更准确和更有用。④有利于完善信息交流，促进市场全面竞争。期货市场作为买卖双方为未来实际交易而预先签订契约的中心，不仅使买卖双方互相了解其对方的情况，减少了互相寻找的盲目性，而且使各种短期与长期的信息大量汇集，扩大了可利用的市场信息范围。

期货交易市场虽然有利于消除因人们对商品价格和数量预期不一致所引起的不均衡，但它仍然不可能消除由于社会需求心理或资源不可预料的变化而产生的不均衡，以致人们经常发现自己不愿意或不能够购销他们曾经计划购销的商品，而不得不另行增加现货交易，或用现货交易抵销合同。另外，期货市场也具有某种负效应的调节作用，如对期货价格的投机也许会成为支配价格的真实力量，从而价格就会因投机者操纵而剧烈波动，对经济产生危害。

（三）贷款交易市场

贷款交易是通过信贷关系所进行的商品交易，它反映了银货交割在时间上的异步性，即市场主体之间成交后，或者是以现在的商品交付来换取将来收款的约定；或者是以现在的货币交付来换取将来取货的约定。前者称为延期付款交易，后者称为预先付款交易。

延期付款交易有助于刺激有效需求，适宜于商品供大于求状况；预先付款交易有助于刺激有效供给，适宜于商品供不应求状况。这两种交易方式都是一笔货币贷款加上一宗商品交换，所不同的是：前者是卖方贷款给买方所进行的现货交易，属于抵押贷款，以卖方保留商品所有权为基础；后者是买方贷款给卖方所进行的期货交易，属于信用贷款，以卖方的信用为基础。

可见，贷款交易无非是在现货和期货交易基础上又增加了借贷关系的交易方式。这是一种更为复杂的交易方式，它具有以下基本特性：①在商品交换关系中渗透着借贷的债权债务关系，现期交付货物或货款的一方是债权人，远期交付货款或货物的一方则是债务人，他们在商品交换中也就实现了资金融通；②贷款交易在完成一般商品交换的同时提供了信贷，从而使受贷者在商品交换中获得提前实现商品使用价值或价值的优惠，即买方受贷者能提前实现商品使用价值的消费，卖方受贷者能提前实现商品的价值；③贷款交易虽然是成交后其中一方的货物或货款当即交付，但另一方的货款或货物交付总是要延续到以后某一日期才完成。

贷款交易市场是建立在再生产过程中直接信用基础上的，其最大的特点是信用关系连锁性。在该市场的商品交换中，借贷关系随着商品生产序列和流通序列不断发生，从而会使彼此有关的部门和行业连接起来。

第三节　消费者、生产者与市场

一、消费者理论

（一）消费者行为理论模型

1. 彼得模型

彼得模型俗称轮状模型图，是在消费者行为概念的基础上提出来的。它认为消费者行为和感知与认知，行为和环境与营销策略之间是互动和互相作用的。彼得模型可以在一定程度感知与认知上解释消费者行为，帮助企业制定营销策略。消费者行为分析轮状模型图，包括感知与认知、行为、环境、营销策略四部分内容，如下所示：

（1）感知与认知是指消费者对于外部环境的事物与行为刺激可能产生的人心理上的两种反应，感知是人对直接作用于感觉器官（如眼睛、耳朵、鼻子、嘴、手指等）的客观事物的个别属性的反映。认知是人脑对外部环境做出反应的各种思想和知识结构。

（2）行为，即消费者在做什么。

（3）环境是指消费者的外部世界中各种自然的、社会的刺激因素的综合体。例如，政治环境、法律环境、文化环境、自然环境、人口环境等。

（4）营销策略指的是企业进行的一系列的营销活动，包括战略和营销组合的使用，消费者会采取一种什么样的购买行为，与企业的营销策略有密切的关系。感知与认知、行为、营销策略和环境四个因素有着本质的联系。

感知与认知是消费者的心理活动，心理活动在一定程度上会决定消费者的行为。通常来讲，有什么样的心理就会有什么样的行为。相对应地，消费者行为对感知也会产生重要影响。营销刺激和外在环境也是相互作用的。营销刺激会直接地形成外在环境的一部分、而外面的大环境也会对营销策略产生影响。感知与认知、行为与环境、营销策略是随着时间的推移不断地产生交互作用的。消费者的感知与认知对环境的把握是营销成功的基础，而企业的营销活动又可以改变消费者行为、消费者的感知与认知等。但不可否认，营销策略也会被其他因素所改变。

2. 霍金斯模型

霍金斯模型是由美国心理与行为学家 D. I. 霍金斯（Del I. Hawkins）提出的，是一个关于消费者心理与行为和营销策略的模型，此模型是将心理学与营销策略整合的最佳典范。

霍金斯模型，即消费者决策过程的模型，是关于消费者心理与行为的模型，该模型被称为将心理学与营销策略整合的最佳典范。

霍金斯认为，消费者在内外因素影响下形成自我概念（形象）和生活方式，然后消费者的自我概念和生活方式导致一致的需要与欲望产生，这些需要与欲望大部分要求以消费行为获得满足与体验。同时这些也会影响今后的消费心理与行为，特别是对自我概念和生活方式起调节作用。

自我概念是一个人对自身一切的知觉、了解和感受的总和。生活方式是指人如何生活。一般而言，消费者在外部因素和内部因素的作用下首先形成自我概念和自我意识，自我概念再进一步折射为人的生活方式。人的自我概念与生活方式对消费者的消费行为和选择会产生双向的影响：人们的选择对其自身的生活方式会产生莫大的影响，同时人们的自我概念与现在的生活方式或追求的生活方式也决定了人的消费方式、消费决策与消费行为。

另外，自我概念与生活方式固然重要，但如果消费者处处根据其生活方式而思考，这也未免过于主观，消费者有时在做一些与生活方式相一致的消费决策时，自身却浑然不觉，这与参与程度有一定的关系。

3. 刺激—反应模型

（1）刺激—中介—反应模型

这一模型是人的行为在一定的刺激下通过活动，最后产生反应。它是人类行为的一般模式，简称 SOR 模型。SOR 模型早在 1974 年由梅拉比安和拉塞尔提出，最初用来解释、分析环境对人类行为的影响，后作为环境心理学理论被引入零售环境中。

任何一位消费者的购买行为，均是来自消费者自身内部的生理、心理因素或是在外部环境的影响下而产生的刺激带来的行为活动。消费者的购买行为，其过程可归结为消费者在各种因素刺激下，产生购买动机，在动机的驱使下，做出购买某商品的决策，实施购买行为，再形成购后评价。消费者购买行为的一般模式是营销部门计划扩大商品销售的依据。营销部门要认真研究和把握购买者的内心世界。

消费者购买行为模式是对消费者实际购买过程进行形象说明的模式。所谓模式，是指某种事物的标准形式。消费者购买行为模式是指用于表述消费者购买行为过程中的全部或局部变量之间因果关系的图式理论描述。

（2）科特勒的刺激—反应模型

美国著名市场营销学家菲利普·科特勒（Philip Kotler）教授认为，消费者购买行为模式一般由前后相继的三个部分构成，科特勒的刺激—反应模式清晰地说明了消费者购买行为的一般模式：刺激作用于消费者，经消费者本人内部过程的加工和中介作用，最后使消费者产生各种外部的与产品购买有关的行为。因此，该模式易于掌握和应用。

（二）消费者购买决策理论

1. 习惯建立理论

该理论认为，消费者的购买行为实质上是一种习惯建立的过程。习惯建立理论的主要内容如下：

（1）消费者对商品的反复使用形成兴趣与喜好。

（2）消费者对购买某一种商品的"刺激—反应"的巩固程度。

（3）强化物可以促进习惯性购买行为的形成。任何新行为的建立和形成都必须使用强化物，而且，只有通过强化物的反复作用，才能使一种新的行为产生、发展、完善和巩固。

习惯建立理论提出，消费者的购买行为，与其对某种商品有关信息的了解程度关联不大，消费者在内在需要激发和外在商品的刺激下，购买了该商品并在使用过程中感觉不错（正强化），那么他可能会再次购买并使用。消费者多次购买某商品，带来的都是正面的反映，购买、使用都是愉快的经历，那么在多种因素的影响下，消费者逐渐形成了一种固定化反应模式，即消费习惯。具有消费习惯的消费者在每次产生消费需要时，首先想到的就是习惯购买的商品，相应的购买行为也就此产生。因此，消费者的购买行为实际上是重复购买并形成习惯的过程，是通过学习逐步建立稳固的条件反射的过程。以习惯建立理论的角度来看存在于现实生活中的许多消费行为，可以得到消费行为的解释，消费者通过习惯理论来购入商品，不仅可以最大限度地节省选择商品的精力，还可以避免产生一些不必要的风险。当然，习惯建立理论并不能解释所有的消费者购买行为。

2. 效用理论

效用概念最早出现于心理学著作中，用来说明人类的行为可由追求快乐、避免痛苦来解释，后来这一概念成为西方经济学中的一个基本概念，偏好和收入的相互作用导致人们做出消费选择，而效用则是人们从这种消费选择中获得的愉快或者需要满足。通俗地说就是一种商品能够给人带来多大的快乐和满足。

效用理论把市场中的消费者描绘成"经济人"或理性的决策者，从而给行为学家很多启示：首先，在商品经济条件下，在有限货币与完全竞争的市场中，"效用"是决定消费者追求心理满足和享受欲望最大化的心理活动过程；其次，将消费者的心理活动公式化、数量化，使人们便于理解。但需要指出的是，作为一个消费者，他有自己的习惯、价值观和知识经验等，受这些因素的限制，他很难按照效用最大的模式去追求最大效益。

3. 象征性社会行为理论

象征性社会行为理论认为任何商品都是社会商品，都具有某种特定的社会含义，特别是某些专业性强的商品，其社会含义更明显。消费者选择某一商标的商品，主要依赖于这种商标的商品与自我概念的一致（相似）性，也就是所谓商品的象征意义。商品作为一种象征，表达了消费者本人或别人的想法，有利于消费者与他人沟通的商品是最可能成为消费者自我象征的商品。

4. 认知理论

心理学中认知的概念是指过去感知的事物重现面前的确认过程，认知理论是20世纪90年代以来较为流行的消费行为理论，认知理论把顾客的消费行为看成一个信息处理过程，顾客从接受商品信息开始直到最后做出购买行为，始终与对信息的加工和处理直接相关。这个对商品信息的处理过程就是消费者接收、存储、加工、使用信息的过程，它包括注意、知觉、表象、记忆、思维等一系列认知过程。顾客认知的形成，是由引起刺激的情景和自己内心的思维过程造成的，同样的刺激，同样的情景，对不同的人往往产生不同的效果。认知理论指导企业必须尽最大努力确保其商品和服务在顾客心中形成良好的认知。

（三）消费者行为的影响因素

影响消费者行为的因素主要有两种，分别是个人内在因素与外部环境因素，在此基础上，还可以继续进行细分，将个人内在因素划分为生理因素与心理因素；将外部环境因素划分为自然环境因素和社会环境因素。可以说消费者行为的产生，是消费者个人与环境交互作用的结果。消费者个人内在因素与外部环境因素，直接影响着和制约着消费者行为的行为方式、指向及强度。

（四）消费者购买决策的影响因素

1. 他人态度

他人态度是影响购买决策的重要因素之一。他人态度对消费者购买决策的影响程度，取决于他人反对态度的强度及对他人劝告的可接受程度。

2. 预期环境因素

消费者购买决策要受到产品价格、产品的预期收益、本人的收入等因素的影响，这些因素是消费者可以预测到的，被称为预期环境因素。

3. 非预期环境因素

消费者在做出购买决策过程中除了受到以上因素影响外，还要受到营销人员态度、广告促销、购买条件等因素的影响，这些因素难以预测到，被称为非预期环境因素，它往往与企业营销手段有关。因此，在消费者的购买决策阶段，营销人员一方面要向消费者提供更多的、详细的有关产品的信息，便于消费者比较优缺点；另一方面，则应通过各种销售服务，促成方便顾客购买的条件，加深其对企业及商品的良好印象，促使消费者做出购买本企业商品的决策。

二、生产者理论

生产者理论主要研究生产者的行为规律，即在资源稀缺的条件下，生产者如何通过合理的资源配置，实现利润最大化。广义的生产者理论涉及这样三个主要问题：第一，投入要素与产量之间的关系；第二，成本与收益的关系；第三，垄断与竞争的关系。以下重点分析第一个问题，即生产者如何通过生产要素与产品的合理组合实现利润最大化。生产是对各种生产要素进行组合以制成产品的行为。在生产中要投入各种生产要素并生产出产品，所以，生产也就是把投入变为产出的过程。

（一）生产者

生产是厂商对各种生产要素进行合理组合，以最大限度地生产出产品产量的行为过程。生产要素的数量、组合与产量之间的关系可以用生产函数来表现。因此，在具体分析生产者行为规律之前，有必要先介绍厂商生产要素、生产函数等相关概念。厂商在西方经济学中，乃生产者，即企业，是指能够独立做出生产决策的经济单位。在市场经济条件下，厂商作为理性的"经济人"所追求的生产目标一般是利润最大化。厂商可以采取个人性质、合伙性质和公司性质的经营组织形式。在生产者行为的分析中，经济学家经常假设厂商总是试图谋求最大的利润（或最小的亏损）。基于这种假设，就可以对厂商所要生产的数量和为其产品制定的价格做出预测。当然，经济学家实际上并不认为追求利润最大化是人们从事生产和交易活动的唯一动机。企业家还有其他的目标，比如，企业的生存、安逸的生活，以及优厚的薪水等况且要计算出正确的最大利润化也缺乏资料。尽管如此，从长期来看，厂商的活动看起来很接近于追求最大利润。特别是，如果要建立一个简化的模型，就更有理由认为厂商在制定产量时的支配性动机是追求最大利润。即使在实际生活中企业没有追求或不愿追求利润最大化，利润最大化至少可以作为一个参考指标去衡量其他目标的实现情况。

（二）生产函数

厂商是通过生产活动来实现最大利润的目标的。生产是将投入的生产要素转换成有效产品和服务的活动。以数学语言来说，生产某种商品时所使用的投入数量与产出数量之间的关系，即为生产函数。厂商根据生产函数具体规定的技术约束，把投入要素转变为产出。在某一时刻，生产函数是代表给定的投入量所能产出的最大产量，反过来也可以说，它表示支持一定水平的产出量所需要的最小投入量。因此，在经济分析中，严格地说，生产函数是表示生产要素的数量及其某种数量组合与它所能生产出来的最大产量之间的依存关系，其理论本质在于刻画厂商所面对的技术约束。

在形式化分析的许多方面，厂商是与消费者相似的。消费者购买商品，用以"生产"满足；企业家购买投入要素，用以生产商品。消费者有一种效用函数，厂商有一种生产函数。但实际上，消费者和厂商的分析之间存在着某些实质性的差异。效用函数是主观的，效用并没有一种明确的基数计量方法；生产函数却是客观的，投入和产出是很容易计量的。理性的消费者在既定的收入条件下使效用最大化;企业家类似的行为是在既定的投入下使产出数量最大化,但产出最大化并非其目标。要实现利润最大化,厂商还必须考虑到成本随产量变化而发生的变动,即必须考虑到成本函数。也就是说,厂商的利润最大化问题既涉及生产的技术方面,也涉及生产的经济方面。生产函数只说明:投入要素的各种组合情况都具有技术效率。这就是说,如果减少任何一种要素的投入量就要增加另一种要素的投入量,没有其他生产方式能够得到同样的产量。而技术上无效率的要素组合脱离了生产函数,因为这类组合至少多用了一种投入要素,其他要素投入量则同以前一样,其所生产出的产量却同其他方式一样多。

(三) 生产要素

生产要素是指生产活动中所使用的各种经济资源。这些经济资源在物质形态上千差万别,但它们可以归类为四种基本形式:劳动、资本、土地和企业家才能。

劳动是指劳动者所提供的服务,可以分为脑力劳动和体力劳动。

资本是指用来生产产品的产品。它有多种表现形式,其基本表现形式为物质资本如厂房、设备、原材料和库存等。此外,它还包括货币资本(流动资金、票据和有价证券)、无形资本(商标、专利和专有技术)和人力资本(经教育、培育和保健获得的体力智力、能力和文化)。

土地是指生产中所使用的,以土地为主要代表的各种自然资源,它是自然界中本来就存在的。例如,土地、水、原始森林、各类矿藏等。

企业家才能是指企业所有者或经营者所具有的管理、组织和协调生产活动的能力。劳动、资本和土地的配置需要企业家进行组织。企业家的基本职责是:组织生产、销售产品和承担风险。生产任何一种产品或劳务,都必须利用各种生产要素。

三、市场理论

(一) 市场

市场是商品经济的范畴。哪里有商品,哪里就有市场。但对于什么是市场,却有多种理解,开始,人们把市场看作商品交换的场所,如农贸市场、小商品市场等。它是指买方和卖方聚集在一起进行交换商品和劳务的地点。但随着商品经济的发展,市场范围的扩大,人们认识到,市场不一定是商品交换的场所,哪里存在商品交换关系哪里就存在市场。可见,市场的含义,不单指商品和劳务集散的场所,而且指由商品交换联结起来的人与人之间的各种经济关系的总和。

作为市场，它由三个要素构成：一是市场主体，即自主经营、自负盈亏的独立的经济法人。它包括从事商品和劳务交易的企业、集团和个人。二是市场客体，指通过市场进行交换的有形或无形的产品、现实存在的产品或未来才存在的产品。三是市场中介，指联结市场各主体之间的有形或无形的媒介与桥梁。市场中介包括联系生产者之间、消费者之间、生产者与消费者、同类生产者和不同类生产者、同类消费者与不同类消费者之间的媒介体系模式。在市场经济中，价格、竞争、市场信息、交易中介人、交易裁判和仲裁机关等都是市场中介。市场的规模和发育程度集中反映了市场经济的发展水平和发育程度。因此，在发展市场经济过程中，必须积极培育市场。

（二）市场经济

1. 市场经济概述

简而言之，市场经济就是通过市场机制来配置资源的经济运行方式。它不是社会制度。众所周知，在任何社会制度下，人们都必须从事以产品和劳务为核心的经济活动。而当人们进行经济活动时，首先要解决以何种方式配置资源的问题。这种资源配置方式，就是通常所说的经济运行方式。由于运用调节的主要手段不同，人们把经济运行方式分为计划与市场两种形式。前者指采用计划方式来配置资源，被称为计划经济；后者指以市场方式来配置资源，被称为市场经济。可见，市场经济作为经济活动的资源配置方式，不论资本主义还是社会主义都可以使用。它与社会制度没有必然的联系。虽然，市场经济是随着现代化大生产和资本主义生产方式的产生而产生的，但它并不是由资本主义制度所决定的。因为市场经济的形成与发展直接决定于商品经济的发达程度。迄今为止，商品经济发展经历了简单商品经济、扩大的商品经济和发达的商品经济三个阶段。只有当商品经济进入扩大发展阶段以后，市场经济的形成与发展才具备条件。因为在这个阶段不仅大部分产品已经实现了商品化，而且这种商品化还扩大到生产要素领域。这时，市场机制成为社会资源配置的主要手段。也就是说，这个阶段经济活动中四个基本问题，即生产什么、如何生产、为谁生产和由谁决策，都是依靠市场的力量来解决的。由此可见，市场经济是一种区别于社会制度的资源配置方式，即经济运行方式。

2. 市场经济的运转条件

（1）要有一定数量的产权明晰的、组织结构完整的企业。

（2）要有完备的市场体系，成为社会经济活动和交往的枢纽。

（3）要有完整的价格信号体系，能够迅速、准确、明晰地反映市场供求的变化。

（4）要有完善的规章制度，既要有规范各种基本经济关系的法规，又要有确定市场运作规则的法规，还要有规范特定方面经济行为的单行法规。

（5）要有发达的市场中介服务组织，如信息咨询服务机构行业协会、同业公会、会计师事务所、律师事务所等市场经济作为经济运行方式。

3. 市场经济的特征

市场经济的特征可以归结为以下几个方面：

（1）市场对资源配置起基础性作用。这里的资源包括人力、物力、财力等经济资源。

（2）市场体系得到充分发展，不仅有众多的买者和卖者，还有一个完整的市场体系，并形成全国统一开放的市场。

（3）从事经营活动的企业，是独立自主、自负盈亏的经济实体，是市场主体。

（4）社会经济运行主要利用市场所提供的各种经济信号和市场信息调节资源的流动和社会生产的比例。

（5）在统一的市场规则下，形成一定的市场秩序，社会生产、流通、分配和消费在市场中枢的联系和调节下，形成有序的社会再生产网络。

（6）政府依据市场经济运行规律，对经济实行必要的宏观调控，运用经济政策、经济法规、计划指导和必要的行政手段引导市场经济的发展。

第四节 市场需求及供给分析

一、市场需求分析

（一）需求的含义

需求与供给这两个词汇不仅是经济学最常用的两个词，还是经济领域最常见的两个术语。需求与供给作为市场经济运行的力量，直接影响着每种物品的产量及出售的价格。市场价格在资源配置的过程中发挥着重要作用，既决定着商品的分配，又引导着资源的流向。如果你想知道，任何一种事件或政策将如何影响经济并且产生什么样的效应，就应该先考虑它将如何影响需求和供给。

需求是指买方在某一特定时期内，在"每一价格"水平时，愿意而且能够购买的商品量。消费者购买愿望和支付能力，共同构成了需求，缺少任何一个条件都不能成为有效需求。这也就是说，需求是买方根据其欲望和购买能力所决定想要购买的数量。

（二）需求表与需求曲线

对需求的最基本表示是需求表和需求曲线，直接表示价格与需求量之间的基本关系。

1. 需求表

需求表是表示在不影响购买的情况下，一种物品在每一价格水平下与之相对应的需求量之间关系的表格。需求表是以数字表格的形式来说明需求这个概念的，它反映出在不同价格水平下购买者对该商品或货物的需求量。

2. 需求曲线

需求曲线是表示一种商品价格和需求数量之间关系的图形，它的横坐标表示的是数量，纵坐标表示的是价格。通常，需求曲线是向右下方倾斜的，即需求曲线的斜率为负，这反映出商品的价格和需求之间是负相关关系。

（三）影响需求的因素

除了价格因素以外，还有许多因素会影响需求使之发生变化。其中，以下几方面是比较重要的影响因素：

1. 收入

假如经济危机出现了，公司为了应对危机，会相应地减少员工收入。当收入减少时，个人或家庭的需求一般会相应地减少。就是说，当收入减少时，消费支出的数额会相应地减少，因此，个人或家庭不得不在大多数物品上相应减少消费。在经济学中，当收入减少时，对一种物品的需求也相应减少，这种物品就是正常物品。一般把正常物品定义为：在其他条件相同时，收入增加会引起需求量相应增加的物品。

在人们的日常生活中，消费者购买的物品，并不都是正常物品，随着人们收入水平的提高，人们会对某种物品的需求减少，这种物品就是所谓的低档物品。从经济学的角度看低档物品，将其定义为：在其他条件相同时，随着收入的增加，引起需求量相应减少的物品。

2. 相关商品的价格

相关商品是指与所讨论的商品具有替代或者互补关系的商品。

在其他条件不变时，当一种商品价格下降时，减少了另一种商品的需求量，这两种物品被称为替代品。两种替代商品之间的关系是：价格与需求呈现出同方向变动，即一种商品价格上升，将引起另一种商品需求增加。

在其他条件不变时，当一种商品价格下降时，增加了另一种商品的需求量，这两种物品被称为互补品。两种互补商品之间的关系是：价格与需求呈反方向变动，即一种商品的价格上升，将引起另一种商品需求减少。

3. 偏好

决定需求的另一明显因素是消费者偏好。人们一般更乐于购买具有个人偏好的商品。人们的偏好，受很多因素的影响，如广告、从众心理等。当人们的消费偏好发生变动时，相应地对不同商品的需求也会发生变化。

4. 预期

人们对未来的预期也会影响人们现期对物品与劳务的需求。对于某一产品来说，人们通过预期认为该产品的价格会发生变化，若预期结果是涨价，人们会增加购入数量；若预期结果是降价，那么人们会减少当前的购入数量。

5. 购买者的数量

购买者数量的多少是影响需求的因素之一，如人口增加将会使商品需求数量增加；反之，购买者数量的减少会使商品需求数量减少。

6. 其他因素

在影响需求变动的因素中，如民族、风俗习惯、地理区域、社会制度及一国政府采取的不同政策等，都会对需求产生影响。

（四）需求量变动与需求变动

1. 需求量的变动

需求量的变动是指其他条件不变的情况下，商品本身价格变动所引起的商品需求量的变动。需求量的变动表现为同一条需求曲线上点的移动。在影响消费者购买决策的许多其他因素不变的情况下，价格的变化直接影响着消费者的消费需求，在经济学中，这就是"需求量的变动"。

2. 需求的变动

在经济分析中，除了要明确"需求量的变动"，还要注意区分"需求的变动"。需求的变动是指商品本身价格不变的情况下，其他因素变动所引起的商品需求的变动。需求的变动表现为需求曲线的左右平行移动。

在需求曲线中，当出现影响消费者的商品需求因素，也就是需求的变动，在某种既定价格时，当人们对商品需求减少时，表现在需求曲线中就是曲线向左移；当人们对商品需求增加时，在需求曲线中就表现为需求曲线向右移。总而言之，需求曲线向右移动被称为需求的增加，需求曲线向左移动被称为需求的减少。

引起需求量变动和需求变动的原因不同，其不仅受到商品价格、收入、相关商品价格的影响，还受到偏好、预期、购买者数量的影响。

二、市场供给分析

（一）供给的含义

供给是指卖方在某一特定时期内，在每一价格水平时，生产者愿意而且能够提供的商品量。供给是生产愿望和生产能力的统一，缺少任何一个条件都不能成为有效供给。这也就是说，供给是卖方根据其生产愿望和生产能力决定想要提供的商品数量。通常用供给表、供给曲线和供给函数三种形式来表述供给。

（二）供给表

供给表是表示在影响卖方提供某种商品供给的所有条件中，仅有价格因素变动的情况下，商品价格与供给量之间关系的表格。

（三）供给曲线

如果供给表用图形表示，根据供给表描出的曲线就是供给曲线。供给曲线是表示一种商品价格和供给数量之间关系的图形。横坐标轴表示的是供给数量，纵坐标轴表示的是价格。若是供给曲线是向右上方倾斜的，这反映出商品的价格和供给量之间是正相关的关系。

（四）供给定理

从供给表和供给曲线中可以得出，某种商品的供给量与其价格是呈现出相同方向变动的。价格与供给量之间的这种关系对经济中大部分物品都是适用的，而且，实际上这种关系非常普遍，因此，经济学家称之为供给定理。

供给定理的基本内容是：在其他条件相同时，某种商品的供给量与价格呈现出同方向变动，即供给量随着商品本身价格的上升而增加，随着商品本身价格的下降而减少。

（五）影响供给的因素

有许多变量会影响供给，使供给曲线发生移动，以下因素尤为重要：

1. 生产要素价格

为了生产某种商品，生产者要购买和使用各种生产要素：工人、设备、厂房、原材料、管理人员等。当这些投入要素中的一种或几种价格上升时，生产某种商品的成本就会上升，厂商利用原有投入的资金，将会提供相对减少的商品。如若要素价格大幅度上涨，厂商则会停止生产，不再生产和供给该商品。由此可见，一种商品的供给量与生产该商品的投入要素价格呈负相关。

2. 技术

在资源既定的条件下，生产技术的提高会使资源得到更充分的利用，从而引起供给增加。生产加工过程的机械化、自动化将减少生产原有商品所必需的劳动量，进而减少厂商的生产成本，增加商品的供给量。

3. 相关商品的价格

两种互补商品中，一种商品价格上升，对另一种商品的需求减少，供给将随之减少。互补商品中一种商品的价格和另一种商品的供给呈负相关。

两种替代商品中，一种商品价格上升，对另一种商品的需求增加，供给将随之增加。替代商品中一种商品的价格和另一种商品的供给呈正相关。

4. 预期

企业现在的商品供给量还取决于对未来的预期。若是预期未来某种商品的价格会上升，企业就将把现在生产的商品储存起来，而减少当前的市场供给。

5. 生产者的数量

生产者的数量一般和商品的供给呈正相关关系，即如果新的生产者进入该种商品市场，那么，市场上同类产品的供给就会增加。

（六）供给量的变动与供给的变动

1. 供给量的变动

供给量的变动是指其他条件不变的情况下，商品本身价格变动所引起的商品供给量的变动。供给量的变动表现为沿着同一条供给曲线上的点移动。

影响生产者生产决策的许多其他因素不变的情况下，在任何一种既定的价格水平时，生产者提供相对应的商品数量。价格变化会直接导致商品供给数量的变化，在经济学中被称为"供给量的变动"。

2. 供给的变动

与需求相同，在经济分析中，除了要明确"供给量的变动"，还要注意区分"供给的变动"。供给的变动是指商品本身价格不变的情况下，其他因素变动所引起的商品供给的变动。供给的变动表现为供给曲线左右平行移动。

供给的变动，在某种既定价格时，当某种商品价格上涨时，厂商对该商品的供给减少，此时供给曲线向左移；在某种既定价格时，通过科技手段来使该商品的生产能力变强时，此时供给曲线向右移。供给曲线向右移动被称为供给的增加，供给曲线向左移动被称为供给的减少。

第五节　市场均衡与政府政策

一、市场与均衡

市场上，需求和供给主要是通过价格调节的，围绕着这一主题首先分析需求曲线和供给曲线如何共同决定均衡价格和均衡产量（均衡价格下的需求量和供给量），为什么市场处于均衡状态时社会总剩余达到最大，买者和卖者之间的竞价如何使得非均衡状态向均衡调整。最后，简要介绍一下一般均衡理论，并讨论市场中的非价格机制。

市场将消费决策和生产决策分开，消费者不生产自己消费的产品，生产者也不消费自己生产的产品。但市场又通过交换将消费者和生产者联系起来。市场通常被理解为买卖双方交易的场所，比如传统的庙会、集市，现代的购物中心、百货商店等都是市场。但市场又不仅仅是这些看得见、摸得着的实体场所。市场的本质是一种交易关系，它是一个超越了物理空间的概念。随着信息时代的到来，电商已经成为交易的一种新的形式，很多交易是在互联网上依托电商服务器完成的，在这里我们看不到具体的交易场所，但是这些网络虚拟的交易场所仍然是在我们经济学研究的市场中进行的。市场的类型多种多样，不仅有物质产品和服务产品的交易市场，也有作为投入品的要素市场。还有很多无形的标的物也可以成为市场的交易对象，比如专利市场、思想市场等。

无论什么市场，都存在买者和卖者两方。市场交易是一个竞争的过程，不仅有买者和卖者之间的竞争，而且有买者之间的竞争和卖者之间的竞争。比如，生产者之间为获得客户、销售产品而竞争，消费者之间为获得产品而竞争。竞争，意味着每个人都有自由选择的权利，即向谁买、买什么和卖给谁、卖什么的自由。只有在各方都有自由选择权利的制度下，才可以谈得上交易，才能够称之为市场。

二、政府干预的效率损失

（一）价格管制及其后果

在市场经济国家，政府有时会对价格和工资实行限制。与计划经济的政府定价不同的是，市场经济国家的价格管制一般只规定最高限价或最低限价，而不是直接定价。最高限价，即规定交易价格不能高于某个特定的水平，也就是卖出商品的标价不能超过规定的最高价格。最高价格一定低于均衡价格，否则是没有意义的。

最高限价会带来什么后果呢？从效率上来看，本来一些不是非常需要这个商品的人也进入了市场，该商品对这些消费者的效用并不高，但他们也很可能获得该商品，这对于社会资源是一种浪费。而该商品对另外一些人的价值较大，但在限价后他们可能买不到这种商品，这又是一种损失。政府会有什么对策呢？既然需求大于供给，政府可以选择的一个办法是强制企业生产市场需要的产量。这就是为什么价格管制经常会伴随计划性生产的主要原因。强制生产的结果是什么？假如政府的生产计划确实能够实现，此时生产的边际成本远远大于商品给消费者带来的边际价值，这是一种资源的浪费。

有时候政府制定了最高限价并强制企业生产，如果企业亏损则给予财政补贴。但这会弱化企业降低成本的积极性，甚至诱导企业故意增加成本、制造亏损，因为亏损越多，得到的补贴越多，不亏损就没有补贴。这又是一种效率损失。

为了解决供过于求的问题，政府就不得不实行配额生产。即便政府能够保证把配额分配给成本最低的企业，但由于与需求量对应的产量小于均衡价格下的产量，也存在效率损失。当然，政府也可以强制消费者购买过剩的产量，但这样做不仅损害了效率，而且限制了消费者的选择自由。如果政府既不能成功地实行生产配额，也不能成功地强制消费，最低限价也就没有办法维持。解决问题的办法是把生产者价格和消费者价格分开，这就需要对生产者给予价格补贴，每单位产品的补贴额等于生产者价格和消费者价格的差额。对生产者来说，这种补贴是一种收益，但对整个社会来讲，则是总剩余的减少。

（二）税收如何影响价格

政府干预市场的另一个方式是征税。政府需要征税获得财政收入，税收的结构和额度将会改变市场的均衡状态。政府征税类似在供求之间加入一个楔子,对价格和交易量都会产生影响。税负最终是由谁来承担?这依赖于需求曲线和供给曲线的特征。但是无论如何,税负通常会降低交易效率。

1. 从量税

现在我们引入政府征税。税收中有一种税叫作从量税,是对生产者销售的每一单位产品进行征税。征收这种从量税以后,成交价格上涨了,均衡数量下降了。

下面我们来分析税收是由谁来承担的。表面上看消费者没有直接交税,但并非如此,实际上消费者与生产者共同承担起了税收。政府征走的税收可以作为转移支付,不会降低总剩余。但是征税后交易量的下降却降低了总剩余。可见,从量税会导致一定的效率损失。另外一种从量税是对消费者征税,与政府对生产者征税时相同。

现在我们来看一种特殊的情况。假如供给曲线价格没有关系,而需求曲线向下倾斜,垂直的供给曲线并不发生变化,均衡价格、量产也不变化,在这种情况下,税收全部由生产者承担。如果从量税是对消费者征收的,消费量没变,实际支出与没有税收时是一样的。税收仍然全部由生产者承担。再看另外一种情况,假如供给是有弹性的,而需求是无弹性的,也就是我们通常所说的"刚需"。生产者没有承担税收,此时税负全部由消费者承担。假设供求曲线不变,税负这时仍全部由消费者承担。只要需求和供给都有一定的弹性,税收就会造成生产效率的下降。

由此,我们可以得出这样的结论:如果供给是无限弹性的,需求是有弹性的,税收将全部由生产者承担;如果需求是无限弹性的,供给是有弹性的、税收将全部由消费者承担。

一般情况下,无论向哪一方征税,供给弹性和需求弹性的比值直接决定着税负的分担比例,简单来讲,就是供给与需求哪一方弹性小,相应的负担的税收就大,一方面,需求弹性相对小,则消费者承担的税负比重高;另一方面,供给弹性相对小,则生产者承担的税负比重高。政府的税收政策一般会带来效率损失。只有在需求或供给无弹性的时候,税收才不造成效率损失,此时税负全部由消费者或生产者承担,没有导致交易数量的变化。只要需求和供给都有一定的弹性,税收就会造成生产效率下降。

生活必需品的需求弹性是比较小的,比如粮食价格上涨50%,人们的消费量不会减少50%。所以对生活必需品的征税大部分转嫁给消费者。奢侈品通常需求弹性比较大,承担税负的主要是生产者。

2. 从价税

从量税是根据销售数量定额征收,从价税是根据销售价格按一定比例征收。无论哪种情况，只要供给和需求都是有弹性的，税收就会产生效率损失。

3. 所得税

除了对交易征税，政府还会对个人和企业的收入征税，称为所得税。它是以所得额为课税对象的税收的总称。很多地方征收公司所得税，同时还有个人所得税。所得税收影响生产者的积极性，因而会影响产品价格。

总体来讲，税负不可能最终只由纳税人来承担，也会有效率损失。因为税负影响生产者的积极性，所以生产者会提高价格；假如所得税税率过高，没人愿意生产了，行业的供给量将会减少，导致市场价格上升，因此消费者就要承担部分税收。设想一个极端的情况，假如我们征收100%的利润税，企业赚的钱都纳税了，没人愿意办企业了，最后损害的将是我们社会上的每一个人。

第三章 企业经济管理的信息化发展

第一节 企业信息化的理论概述

一、信息经济学理论

(一) 信息经济的内涵与特征

1. 信息经济的内涵

"信息经济"是随着经济信息化和信息经济化的发展提出并不断完善的一个新概念。信息经济的内涵,可以分为两个方面来理解:一是广义的信息经济,主要是指信息社会的经济形态。信息技术在整个社会过程中充分发挥作用,成为社会物质生产的主要支撑基础,信息经济成为经济活动的中心内容,信息产业与非信息产业之间良好的协调融合,从而使信息产业在国民经济中居主导地位的一种经济形态。二是狭义的信息经济,指信息部门的经济。只包括与信息的生产、加工、处理和流通有关的经济活动,是指这些活动的综合。狭义的信息经济是与国民经济中的农业经济、工业经济等相对应的。

2. 信息经济的主要特征

(1) 信息成为人类社会的主要经济资源

在信息经济社会,信息成了一种主要的经济资源,在社会经济生活中发挥着巨大的增值作用,人们在各种经济活动中不仅注重信息资源的开发利用,更注重用信息资源来代替和改善其他经济资源,实现社会经济结构中资源结构的优化。

(2) 信息技术成为经济活动中的重要基础

信息技术是以微电子技术为基础，以计算机技术为核心，以光纤和卫星通信为先导的。现代的信息技术水平突飞猛进，与传统的技术相比，更能适合用户的特定需求，更能发挥企业自身特点，更符合生态平衡的高新技术、集约化的生产。在信息经济时代，信息作用的发挥与实现是以信息技术的应用为其支撑手段。任何经济活动必须有相应的技术手段和设备才能进行下去，尤其是生产活动。信息技术的不断提高与实际应用，已经成为社会经济生活的重要基础。

(3) 信息资源的管理成为信息经济管理的主要方面

现代社会里，信息资源是一种经济资源。它和其他自然资源一样具有稀缺性、有用性和可选择性。同时，它还具有依附性、信息资源与载体的不可分性、共用性、非对称性、时效性等。信息资源如此重要的作用，使信息资源的管理成为信息经济管理的主要方面。

(4) 信息产业在国民经济中占有较大的比重，信息产业的增长与发展成为经济发展的主要因素

在就业结构上，从事知识产业、信息产业的人数在大幅度地提高。产业部门中信息劳动者人数占总从业人数的比例大于物质劳动者所占比例。这可以采用两种不同的标准：一是产业部门中信息劳动者人数占从业总人数的比例大于其他各产业部门全部物质劳动者的比例；二是产业部门中信息劳动者人数占总从业人数的比例大于农业、工业、服务业中任何一个部门物质劳动者所占的比例。另一方面，从信息经济的产出来看，信息部门的产值占国民生产总值的比重大于物质部门产值所占的比重。同样，信息部门产值占国民生产总值的比例大小也有两个标准：一是信息部门产值占国民生产总值的比重大于农业、工业、服务业任何一个部门产值所占比重；二是信息部门产值占国民生产总值的比重大于其他产业产值综合所占比重。

（二）信息资源的含义、类型与特征

1. 信息资源的含义

信息资源是随着信息数量的增加、信息作用的扩展而出现的一个新概念，是人们对信息的认识水平提高的结果。资源指自然界和人类社会中一切可以用以创造物质财富和精神财富的客观存在形态。根据这一概念，信息的特征显然符合要求，特别在信息经济时代的今天，信息资源创造物资财富和精神财富的作用日益增强。

信息资源作为一个发展的概念，其内涵是不断丰富的。从它的产生到现在，许多学者

都有着不同的看法。目前，我们可以从广义、狭义两个角度认识信息资源。狭义地说，信息资源指人类社会经济活动中经过加工处理有序化并大量积累的有用信息的集合。广义地说，信息资源是人类社会信息活动中积累起来的信息、信息工作者、信息技术等信息活动要素的集合。

2. 信息资源的类型

（1）从信息资源所描述的对象来考察

从信息资源所描述的对象来看，信息资源由自然信息资源、机器信息资源和社会信息资源组成。自然信息是指自然界存在的天然信息，是非人为的信息。机器信息是指反映和描述机器本身运动状态及变化特征的信息。社会信息是人类生产与生活中不断产生和交流的信息的综合，是信息资源的重要组成部分。

（2）从信息资源的载体和存贮方式来考察

从信息资源的载体和存贮方式来看，信息资源由天然型信息资源、智力型信息资源、实物型信息资源和文献型信息资源等构成。天然型信息资源是以天然物质为载体的信息资源，是信息的初始形态。智力型信息资源是指以人脑为载体的信息资源。实物型信息资源是以实物为载体信息资源。文献型信息资源是指以纸张等传统介质和磁盘、光盘、胶卷等现代介质为载体的信息资源。

（3）从信息资源的内容考察

从信息资源的内容来看，信息资源由政治、法律、军事、经济、管理、科技等信息资源组成。政治信息资源主要由政治制度、国内外政治态势、国家方针政策信息等构成。法律信息资源主要由法律制度、法律体系、立法、司法和各种法规信息构成。经济信息资源是指经济活动中形成的信息综合，它随经济活动而产生、发展，其内容繁多，有国家经济政策信息、社会生产力发展信息、国民经济水平、比例与结构信息、新技术开发与应用信息、生产信息、劳动人事信息、商业贸易信息、金融信息、经营信息、市场信息、需求信息等。管理信息资源是各行业各层次管理与决策活动中形成并反映管理过程、效果等的信息。科技信息资源是与科学、技术的研究、开发、推广、应用等有关信息。

（4）从信息资源的反映面考察

从信息资源的反映面来看，信息资源由宏观信息资源、微观信息资源组成。宏观信息资源反映的是一个地区或国家的整体情况的信息，并以反映总体为主要特征。微观信息资源只反映企业或单位内部的部分特征，是关于生产、流通等环节的部分特征的描述。另外，从信息资源的作用层次来看，信息资源由战略信息资源、战术信息资源组成。从信息资源的开发程度来看，信息资源由未开发的信息资源和已开发的信息资源组成。

3. 信息资源的特征

（1）分布的广泛性与不均匀性共存

作为资源的信息无处不在。信息资源的分布十分广泛，存在于自然界的各个角落，人们的日常生活处处离不开信息。然而，信息资源的分布又不是均匀的。一般来说，分布在社会机构中的信息资源多于分布在自然界和个人中的信息资源，分布在城市的信息资源多于分布在乡村的信息资源。分布在专职信息机构的信息资源多于分布在非信息机构的信息资源，分布在发达国家的信息资源多于分布在发展中国家的信息资源。信息资源的不均匀分布，一方面受政治、经济、历史的影响，另一方面也反过来影响着社会经济的发展。

（2）共享性与排他性共存

信息具有共享性的特征，人们随处可以获得信息。随着信息技术的发展，信息的共享性表现得更为明显。各种媒体、现代通信手段以及电脑网络的发展，使人们获得信息的途径越来越多，并使人们收集信息的成本大大降低，这样，信息可以在全社会内迅速传播，其共享性越来越突出。另外，信息也具有排他性。现今社会，信息的价值不断提高，许多信息能够创造出巨大的财富。这使信息的拥有者极力地加强信息保密工作，以防止自己丧失竞争优势。这也是造成信息不对称的重要因素之一。信息创造价值的能力，使信息具有了排他性的特征。

（3）无限性与有限性的并存

信息的"储量"是无限的，取之不尽，用之不竭。信息资源主要产生于人类的社会经济活动之中，而人类的社会经济活动是一个永不停歇的运动过程，其内容不断地丰富，不断地进步，信息也就随着经济活动等进行处在不断丰富、不断积累的过程之中。然而，信息资源在一定条件下相对于人们的特定需求来说又是有限的、稀缺的。由于信息具有着排他性，高价值的信息总是掌握在少数人手里，这就使很多人无法得到需要的信息。另外，人们对信息资源的需求越来越大，要求信息资源内容综合度越来越高，针对性越来越强。而另一方面，信息资源又呈散布状态，单一的信息资源不能单独发挥创造财富的作用，因而，满足人们某种特定信息需求的信息资源在质和量上表现出有限性和稀缺性。

（4）非消耗性与时效性并存

信息资源可以多次开发，反复使用。在开发与使用过程中，信息不仅不会被消耗掉，反而会随着情况的变化，不断形成新的信息资源。但是，同一信息资源并不可以永久的被利用下去，随着时间的推移，信息资源会很快失去其开发利用价值，即信息资源具有时效性。不同的信息资源，其时效性程度是不一样的。一般来说，知识性信息资源的时效性较弱，消息性信息资源的时效性较强。

（5）不可分性与不同一性并存

信息在生产中是不可分的。信息生产者为一个用户生产一组信息与为许多用户生产一组信息所花的成本几乎没有什么差别。信息在使用中也具有不可分性，只有整个的信息集合都付诸使用，才能发挥其使用价值。而另一方面，信息还具有不同一性。利用信息资源时，不断增加同一信息的投入毫无意义，作为一种资源的信息必定是完全不相同的。因此，对于既定的信息资源来说，它必定是不同内容的信息集合，集合中的每一信息都具有独特的性质。

（三）信息经济系统

1. 信息经济源系统

信息源就是产生信息的根源。信息经济源根据生产信息和发送信息的物体不同，可以分为如下几大类：

（1）自然信息源

自然信息是指自然界各种未经人为因素影响的自然物体产生的信息。自然物体产生的信息源，就是由这些信息、发生体组成的源系统。

（2）人工自然信息源

是指那些经过人为因素影响的人工自然体所组成的信息源系统。了解这类信息，对人类经济活动可以进行自我优化控制，在改善自然环境中具有重要的作用。

（3）科技、文化、教育信息源

科技、文化、教育信息源是指由生产、负载与发送科技知识、文化知识相教育情况的单位、机构和物体所组成的信息源系统。其中，科技信息源对经济活动的影响更加直接和紧密。

（4）经济信息源

经济信息源是由一切经济性单位构成的信息源系统。经济信息源中，主要是市场经济信息、金融信息、经济管理及法律法规信息等。

2. 信息经济流系统

信息流是指信息传播。这包括两个方面：一是信息的传播形式；二是信息传播所依赖的载体。所有实现信息传播的形式和提供载体的部门和单位以某种确定的关系联系起来的集合，就是信息流系统。那些直接或间接为经济活动传播信息的系统客观上就构成了信息经济流系统。信息流系统主要包括教育部门、邮电通信部门、广播电视部门和印刷出版部门。

信息传播的基本形式分为两种：一种是时间传播；一种是空间传播。信息的时间传播是指信息依靠在某种载体上贮存，随着时间的流逝而不断地传播下去；信息的空间传播是指信息在空间上流动传输。时间信息流包括文献、书籍、文件、照相、唱片、磁带、实物等；空间信息流可以划分为三大类：人与人之间的通信、人与机器间的信息传播和机器与机器之间的通信。

3. 信息经济汇系统

信息汇，也就是信息汇集的地方。它包括接收信息、整理和加工信息的意思。信息经济汇系统，是指由从事信息收集、整理和加工，使之转化为对经济活动有直接效用的信息部门或单位所组成的系统。信息汇系统的主要功能是收集信息和整理、加工信息。

信息汇系统的组织，根据其职能区别，可以大致划分为政府行政管理信息汇系统、政治与思想工作信息汇系统、自然科学与工程技术信息、汇系统、社会信息汇系统和经济信息汇系统。

二、信息化的内涵、特征与内容

（一）信息化的含义

信息化是技术革命和产业革命的结果，它的概念是从社会产业结构演进的角度提出来的。按照当时日本学者的理解，信息化指的就是从物质生产占主导地位的社会向信息产业占主导地位的社会发展的过程。随着信息化研究的不断发展，人们对信息化的概念有了更加深入的认识，并从不同的角度提出了新的信息化概念。主要有以下几种：

第一，信息化是指信息技术和信息产业在经济与社会发展中的作用日益加强，并发挥主导作用的过程。

第二，信息化是利用现代电子信息技术，实现信息资源高度共享，挖掘社会智能潜力，推动经济和社会优质发展。

第三，信息化一是利用信息技术改造国民经济各个领域，加快农业的工业化和工业的信息化；二是利用信息技术提高国民经济活动中信息采集、传输和利用的能力，提高整个国民经济系统运行的生产率和效率，加强国民经济的国际竞争能力。

（二）信息化的特征

1. 创新性

信息化是多种技术综合的产物。它整合了半导体技术、信息传输技术、多媒体技术、数据库技术和数据压缩技术等,将这些技术融合,形成自身的特色。信息化程度的不断提高,自然就要求技术要不断地创新,只有不断创新才能满足更高更新的需求,而技术创新又引起了产业的升级,这便使信息化带有了很强的创新色彩。

2. 竞争性

信息化是通过市场和竞争推动的,从企业到国家,都是为了不断提高自身的竞争力,才使信息化诞生并不断升级。在实际中,政府引导、企业投资、市场竞争成为信息化发展的基本路径。信息化发展到今天,其作用不断地凸现,现在已经不仅是企业快速发展的主要途径,更加是一个国家提升竞争力的重要手段。信息化正是在激烈的竞争中产生并不断发展的。

3. 渗透性

信息化还具有极强的渗透性,它深刻影响物质文明和精神文明。具体来讲,信息技术的发展带动了新的交叉学科的产生和新兴产业的兴起,特别是文化信息产业,已经成为经济发展的主要牵引力。此外,信息化还使各国经济和文化的相互交流与渗透日益广泛和加强了。信息技术的渗透途径有信息技术与其他技术的结合、信息技术与管理方法的结合以及信息技术直接在产品上应用等等。

4. 开放性

开放性是信息化的一个明显特征,信息化概念本身就蕴含着开放的要求。没有开放,就无法实现信息交流,也就没有信息化。目前,信息和信息交换已经遍及各个地方,包括信息在企业内部的交换,行业内部的交换,国家范围内的交换,以及国际之间的信息交换。信息技术的发展大大加速了全球化的进程,也在现实中加强了各个国家的开放程度。

5. 效益性

效益性应该说既是信息化的特性,也是信息化的目的。信息化正是以此为目标而产生并不断发展的。信息技术可以显著地提高资源利用率、劳动生产率和管理效率,降低成本,增强决策者的信息处理能力和方案评价选择能力,拓展决策者的思维空间,延伸决策者的智力,最大限度地减少决策过程中的不确定性、随意性和主观性,增强了决策的理性、科学性及快速反应,从而取得巨大的经济效益。

(三) 信息化的内容

1. 信息技术的广泛应用

信息技术的广泛应用是信息化的基础。包括信息化基础设备的配备和信息技术的开发与应用两个方面。信息化基础设备是硬件平台,信息技术的依托。在具备了硬件基础后,信息技术的开发与应用就变得十分重要,这是决定信息化实现与发展速度的关键因素。

2. 信息资源的开发利用

信息化的过程就是信息资源的大量开发与利用的过程,信息资源的不断开发与利用是信息化的源泉。在此方面,原始信息的采集和及时的信息传递十分重要,做好这两方面的工作,才能保证信息资源得到开发并能够应用到实践中去,也使信息化能够在实践中真正地发挥作用,体现其自身的价值。

3. 信息服务的完善

信息服务的完善是信息化不断维系下去的要求。目前,网络技术发展迅速,为信息技术的应用与交流提供了良好的平台,也方便了信息服务的完善。在信息化的建设中,各级组织的内部和外部都要建立起信息服务体系,通过信息服务将信息设备、信息技术和信息资源连成一个整体,充分发挥信息化的作用。

4. 人才的培养

任何信息工作都离不开人才——从信息的开发到信息的应用,没有专业人才的支持是无法实现的。信息化人才的数量和质量是影响一国信息化发展状况的重要因素。因此,信息化要求加强人才的培养和信息技术知识的普及。

5. 信息化的法规和标准建设

信息化的实现,需要良好的外部环境,加强规范化管理,制定出相关的规章制度。有了良好的法律法规和行业规范的约束,信息化才能健康、有序地发展。政府在信息化的建设中扮演着重要的角色,政府不仅要以指导性的政策来引导信息化的发展,还要积极创造有利于信息化应用发展的法治环境,推进信息化的顺利实现。

三、企业信息化的内容与范围

(一)企业信息化建设的内容

1. 计算机在企业的广泛应用

计算机在企业的广泛应用是企业信息化最基本的内容。在信息化企业,绝大多数信息都是以"电子信息"的形式出现的,必须借助于计算机进行处理。计算机应用包括硬件建设和维护、软件开发和维护及软件应用三项主要内容。其中硬件建设需要企业投入一定的资金。应用软件的建设可以采取购买商品化软件、联合开发、委托开发和独立开发等方式。

2. 企业信息网络的建设

企业信息网络的建设是企业各个部门、各级各类人员充分利用企业内部的各种信息，并实现本企业与国内外其他企业之间进行信息交换的条件。信息网络的建设应与企业计算机应用水平和信息资源库的建设水平相适应。由于信息网络建好后，重建和改建的难度很大，因此，在信息网络建设时，应首先做好需求分析。在建设的过程上可以选择首先加强局域网的建设和应用，最后逐渐过渡到整个企业的信息网络。

3. 企业信息资源库的建设

信息资源库保存和管理着整个企业的信息资源，以供企业内外部各级各类人员使用。完整、系统、最新的信息资源可为领导决策提供有力的支持，并向外界提供本企业的公有信息，增加市场机会，因此，信息资源库的建设是企业信息化非常重要的一环，影响着企业信息化的水平和效果。

4. 信息化人才队伍的建设

与信息化的内容相同，企业信息化也离不开人才的培养。企业要想成功地实施信息化工程，就必须拥有一批计算机专业人才，包括开发人员、维护人员和应用人员。并且要将这些人员合理利用，以良好的组织和高效的管理将人才联系起来，发挥出各自的作用，推进企业信息化的实现。

5. 企业信息化的基础工作

企业信息化的实现需要做好扎实的基础工作。这些基础性工作包括企业标准化的实现、各种严格的程序和规范的制定、行之有效的管理机制和激励机制的建立、有计划、有步骤的人才培训和教育以及业务流程的重组和优化的设计等。做好这些工作，是实现企业信息化的前提。

（二）企业信息化建设的层次

传统的分层方法是将企业信息化分为三个层次，即生产过程的自动化、管理信息化和辅助决策的网络化。

第一，生产过程的自动化包括设计过程自动化、制造和控制过程的自动化。主要是硬件和一些通用性很强、功能相对单一、稳定的软件。它是企业全面信息化的前提与必要条件。

第二，管理信息化是指在企业管理的各个活动环节中，充分利用现代信息技术，建立信息网络系统，集成和综合企业的信息流、资金流、物流、工作流，实现资源的优化配置，不断提高企业管理的效率和水平。管理信息化的核心是运用现代信息技术，把先进的管理理念和方法引入到管理流程中。在企业信息化建设过程中，必然会通过对业务流程的分析和梳理，有效地优化企业的业务流程和管理模式。企业管理信息化可以借助信息手段，加快企业管理信息的传递、加工的速度，使这些信息资源得到可靠的保存和有效的利用。促进企业管理水平的提高。它是承上启下的中间环节，更是最复杂的环节，企业信息化的主要难点就在此过程中。

第三，辅助决策的网络化是在大部分部门的数据成熟后，就可以考虑整个企业的信息化，即建立网络体系，利用网络进行辅助决策。它是以管理信息化为基础的，它的建立与实现直接与管理信息化层有着紧密的联系。

（三）企业信息化的主要范围

1. 营销管理

营销管理有宏观与微观之分。宏观营销管理是指以整个社会经济为出发点，宏观地分析商品或服务从生产领域流向消费领域的全过程，从而使各种不同的供给能力与各种不同的需求相适应，以实现社会的近期、中期和长期目标，促进社会经济的发展，满足整个社会不断增长的物质文化需要。而微观营销管理是指一个企业、机构或组织为实现其目标所进行的有关企业适应外部环境因素与消费者行为而开展的整体营销活动，满足顾客的需要，使企业获得尽可能高的收益，并促使社会整体效益提高。这里所说的营销管理指的是微观层面上的营销管理。

传统的营销方式是建立在庞大的物理销售网、遍布各地的销售代表和强大的广告攻势的基础之上的。企业实行的是 4P 的营销组合策略，即将产品（Product）、价格（Price）、分销（Place）和促销（Promotion）四个变量作为企业营销策略的四个因素。传统市场营销着眼于物流，包括实物流或货币流。

随着网络技术的发展，营销管理的方式已经发生了改变，利用网络进行营销已被越来越多的企业采用，在诸多市场营销方式中的优势地位日益增强。网络营销就是利用互联网技术，将企业、供应商、客户和合作伙伴以及其他商业和贸易所需的环节连接起来，利用互联网系统，方便、快速地提供商品的宣传、销售以及服务等各种商务活动的营销方式和手段。以舒尔茨教授为首的营销学者提出新的营销理论 4C 组合：Customer（顾客的需求和期望）、Cost（顾客的费用）、Convenience（顾客购买的方便性）和 Communication（顾客与企业的沟通）。网络营销是通过网络信息传输的，是以信息流为着眼点的，它彻底改变了传统的买卖关系和营销方式。网络营销有着独特的优点。在电子情况下，有关产品特征、规格、性能以及公司情况等信息都被存储在网络中，便于节省开支、控制预算；企业发送营销信息和获取顾客反馈的信息都比较及时；企业可以在网络上主动发布产品或服务信息，消费者在任何地点都可以咨询有关信息和发出购物信息，从而使营销活动更为有效；企业可以一对一地向顾客提供独特化、个性化的产品或服务；企业通过网络来收集顾客的意见，并让顾客参与产品的设计、开发、生产，可以使生产真正做到以顾客消费为中心；网络营销过程中，能随时根据市场需求及时更新产品或调整价格，具备相当程度的灵活性。

2. 生产管理

生产管理是指为实现企业的经营目标，有效地利用生产资源，对生产过程进行组织、计划、控制，生产出满足社会需要、市场需求的产品或提供服务的管理活动的总称。

生产管理的主要内容有确定合理的生产组织形式、制订科学的生产计划以及计划的实施和控制。生产管理过程的信息化就是围绕这些内容展开的，实现的方式包括准时生产方式（JIT）、计算机集成制造系统（CIMS）、MRPII 和企业资源计划（ERP）等等。

3. 产品开发

产品开发是指企业为了满足市场上的消费需求和企业自身发展的需要，组织有关人员收集新产品的开发构思，并运用一定的方法和工具对新构思进行评估和筛选，估计新构思的销售量、成本和利润、组织产品生产，选择目标市场对新产品进行试销，直至新产品完全商业化的整个过程。

产品开发一般要经历四个阶段：第一阶段时产品开发处于无序状态，缺乏完善的职能和项目管理技能，这时产品开发处于萌芽阶段，也是探索阶段；第二阶段新产品的开发形成了初步的思路，提出了组织计划，产品开发责任被分配到职能部门中；第三阶段新产品开发在项目水平上开始有了跨部门的整合；第四阶段中，产品的开发组织达到在企业水平上的跨部门整合。经过这四个阶段，新产品的开发由雏形阶段达到了成熟，这整个的过程都是信息化应用的对象，经过信息技术的应用，新产品开发可以全面的提高工作效率和产品质量。

产品开发对企业至关重要，据研究，产品开发和设计周期占整个产品周期的60%以上，而产品研发和设计过程对产品的成本的影响达70%，对产品质量的影响达75%。因此产品开发过程信息化的实现对企业具有更加重要的意义。

4. 人力资源管理

人力资源是包含在人体内的一种生产能力，它是表现在劳动者身上的、以劳动者的数量和质量表示的资源，它对经济起着生产性的作用，并且是企业经营中最活跃最积极的生产要素。人力资源管理是指在一个组织内形成、培养、配置、使用、周转、爱护、保全组织成员，建立组织与其成员之间良好的劳动关系，充分挖掘组织成员的劳动潜力，调动其积极性、自觉性、创造性，以实现组织目标的全过程或活动。

人力资源管理信息化是通过信息技术实现的企业人力资源管理的完整解决方案，是基于先进的软件和高速、大容量的硬件基础上的新的人力资源管理模式，通过集中式的信息库、自动处理信息、员工自助服务、外协以及服务共享，达到降低成本，提高效率，改进员工服务模式的目的。它主要是通过网络实现人力资源管理的自动化。该系统可以迅速、有效地收集各种信息，加强内部的信息沟通，使各种用户可以直接从系统中获得自己所需的各种信息，并根据相关的信息做出决策和相应的行动方案。还能够通过减少 HR 工作的操作成本降低员工流动率、减少通信费用等达到降低企业运作成本的目的。在此基础上，让企业的人力资源管理者能够有效利用外界资源，并与之进行交易。同时，它还可以实现企业内部自助服务，让各层人员都能参与到企业的人力资源管理中去。

5. 经济管理

企业经济管理是企业管理的一个组成部分，它是根据财经法规制度，按照经济管理的原则，组织企业财务活动，处理财务关系的一项经济管理工作。企业经济管理分为成本管理、流动资金管理和投资决策。成本管理包括生产费用、生产预测、成本计划和成本控制；流动资金管理包括现金和有价证券管理、应收账款管理和存货管理；投资决策包括现有资产统计分析、固定资产更新决策和无形资产评估。经济管理信息化的主要目的是对经济管理信息系统进行集成，将公司的核心财务资源整合起来，以发挥更大效用。

经济管理是一个单位管理工作中的核心，经济管理信息化是单位信息化管理的一个重要组成部分，单位管理所需的信息有70%是由财务部门提供的，因此，经济管理信息化在单位管理中显得尤为重要。经济管理非常适合信息技术的应用，它是企业管理中最易于定量化的，而现代信息技术的发展，也为企业实行集中统一的经济管理体制创造了条件。积极推进企业经济管理信息化建设，不仅有助于加强企业内部经济管理与资金监控，提高资金使用效率和有效控制风险，而且对于增强我国企业的核心竞争力，积极参与国际竞争有着十分重要的现实意义和深远的战略意义。

6. 全面企业管理

全面企业管理的信息化，即包括前文所述各个方面的全面统一信息化，也就是企业的全面信息化。它不是企业各部分信息化的简单综合，而是各个环节在同一主题指导下的和谐统一，在企业中形成一个完整高效的信息化体系。

全面信息化主要包括以下三个方面的内容：

（1）生产自动化、柔性化和产品智能化

这主要是指信息技术在企业中得到充分发挥，在其作用下企业原有的生产流程和技术系统得到了全新的变革，通过信息技术手段的应用企业的生产自动化程度提高、技术含量增加，能够设计开发智能含量更高、附加价值更大的产品。

（2）管理一体化

管理一体化就是在企业原有基础上，通过信息技术的应用，对企业流程进行重组，将企业原有的生产流程整合为以信息技术为指导的更为高效的自动化、柔性化流程，把诸多现代科学管理方法和手段有机集成，实现系统拥有的人、财、物信息等要素的整体优化管理。

（3）组织有机化

组织的有机化是在企业流程变革的基础上，围绕新的企业流程建构的一个行动高效、应变性强的优化组织结构，使之在一定组织结构框架内最优化地管理业务活动流程。

第二节　企业经济管理的信息化成本

一、经济管理信息化成本的内涵

所谓信息成本，就是指在市场不确定的条件下，企业为了消除或减少市场变化带来的不利影响，搜寻有关企业交易的信息所付出的代价。现代社会是一个信息社会，市场经济是一种信息经济，信息也是一种稀缺的资源。信息成本是经济学研究经济活动、分析经济成本的一个重要概念。在激烈的市场竞争中，企业交易信息的搜寻起着越来越重要的作用，企业的信息成本在总成本中的比重也将越来越大。主要原因有两点：一是信息不完全，企业始终处于一个信息不完全的状态之中，因此必须花大量的精力去搜寻尽可能多、尽可能准确的信息；二是信息不对称，在市场竞争中，当市场的一方无法了解另一方的行为，或无法获知另一方的完全信息时，就会出现信息不对称情况。信息不对称不仅包括一般状态下自然存在的不对称，还包括人为因素造成的信息失真。面对信息不对称，企业也需要花费大量的成本去搜集相关信息。

企业的信息成本是基于企业的性质要求，为搜寻、纠正效益目标所需要的信息而必需的成本支出。它是为企业效益目标提供确定导向而形成的对各种信息活动的投入。总体来看，企业信息成本分为直接成本和间接成本两部分。直接成本从内容上看分为：①因为寻找有效信息内容而发生的设计成本；②为收集和加工处理信息内容而发生的技术性成本；③为有效使用信息内容和信息技术设施而发生的信息人力资本的投入；④为营造公共利益与个人利益相协调的信息机制、信息环境而付出的成本等。而间接成本则是由直接成本派生出来的那部分成本。它在内容上主要包括：①路径依赖及其负面成本；②弥补信息流动陷阱的成本，即信息供求严重失衡的情况下企业被迫增加的信息投入；③由于操作技术不配套而加大的成本；④因为采用新标准而付出的调整成本；⑤因特网条件下的信息负面成本；⑥信息技术设备的无形消耗所造成的无形成本等。

管理信息成本是企业信息成本的一个部分，是基于管理视角的信息成本，它既包括管理信息的成本，又包括管理的信息成本。因此，管理信息成本的概念有狭义和广义之分，广义的管理信息成本是指企业在管理过程中，为了减少决策结果的不确定性，收集、加工、储存、传递、利用管理信息花费的代价和信息不完全产生的决策损失。包括：企业为收集、加工、储存、传递、利用信息购买的设备、购建的设施和相关人员的工资福利支出，购买信息商品的支出，由于信息错误或不完全形成的损失，以及纠正决策失误、改选决策方案的支出，等等。这些成本的发生是因为管理信息而在人和物上产生的支出，或形成的机会成本。狭义的管理信息成本是指企业在管理过程中，为了减少决策结果的不确定性，收集、加工、储存、传递、利用管理信息所耗资源的货币化表现。它主要包括外购信息商品的支出、管理信息系统的购置、建设、维护与运营成本和管理信息组织结构发生的成本。

二、经济管理信息化成本的特征

信息经济学认为，收益是信息需求的前提，而成本则是信息供给的基础。作为投入要素的信息，其成本有以下几个特征：

第一，信息成本部分地属于资本成本，且属于典型的不可逆投资。对于信息系统的各种设备和装置的投资，以及对于掌握某种知识或技能的原始投资都可以很好地说明信息成本部分地属于资本成本。

第二，在不同领域、不同行业中的信息成本各不相同。人们在未知领域中获得信息，要比在较为熟悉的领域中获得信息花费更多的成本；具有共同经验或同一行业中的个人之间交流信息，比没有共同经验或不同行业的个人之间交流信息要简单得多，也有效得多。

第三，信息成本与信息的使用规模无关。也就是说，信息成本的大小只取决于生产项目而不是其使用规模。

第四，信息成本的转嫁性。许多类型的信息产品和服务，如教育、图书馆、气象信息，具有公用性和共享性，其成本由公民共同承担；但同样的纳税者所享有的信息产品和信息服务不同，甚至不享有也要交费，或者某些享有者可以不交税或不交费。

根据管理信息成本的内涵，管理信息成本属于信息成本的一部分，除具有上述信息成本的特征外，还有如下一些。

（一）区域性

管理信息成本的高低受环境、经济因素的影响。一些地区的经济、文化中心，拥有许多区位优势，信息成本较优低；反之，非经济、文化或政治中心，由于信息量较少，或有用信息较少，企业做出管理决策之前会发生更多的费用，或形成更大的代价。

（二）价值驱动性

管理信息成本的产生的目的是为了追求效益，其形成动因是信息价值。企业通过信息价值的产生，实现信息成本的补偿，最终获得信息收益。如果管理信息不会给企业带来更大的价值或减少损失，管理信息成本就不会有发生的原动力。

（三）源于管理决策的信息需求

企业在管理过程中为了科学、有效的决策，需要搜寻、收集、加工、传递、储存信息，在这一过程中必然会投入人力、财务和物力，也就必然会产生成本。因此，管理信息成本源于管理决策的信息需求。

三、经济管理信息化成本的意义

成本一词在管理和管理决策中有很多不同用法……收集、分析和描述有关成本的信息在解决管理问题时十分有用，各种组织和经理人员一直关注成本。

控制过去、现在和将来的成本是每个经理工作的一部分。信息技术的发展，推动各种组织朝信息化方向发展，在制定和执行决策前，都会进行信息收集与处理。因此，管理信息成本在知识经济条件下有着重要的意义。

（一）管理信息成本是厂家制定价格和形成垄断的一种控制因素

在信息不完全的市场上，价格制订者不能完全掌握竞争对手们的所有价格信息及其变动趋势信息，因而他所服从的价格制定原则必然来自信息成本的自由竞争。对于消费者来说，市场价格若很少变化，则用于价格信息搜寻的成本将随之减少。但价格制定者付出一定的成本掌握这个信息后，会扩大价格的变化幅度，从而使价格出现离散趋势。此外，管理信息成本的投入能使企业在新产品的开发和新技术的应用方面领先于其他企业，同时又能使企业在销售方面好于其他方面。因此，管理信息成本与边际成本的结合将使那些规模较大的，在信息投资方面更为成功的，易于获得信息的企业占有更多的市场份额和利润。因此，管理信息成本的存在成为形成垄断以及影响垄断形成的一种控制因素。

（二）企业降低或减少管理信息成本的行为动机推进了信息服务业的发展

信息产业的快速发展，资源配置和产业结构也发生深刻变化，经济主体为了寻求相对信息优势的竞争而获取机会利益，不仅对生产性信息和非生产性信息提出了巨大需求，而且随着社会分工的深化，产品花色品种的激增，信息流动速度的加快，经济主体对所需求的信息的质量和传递速度等要求也大幅度提高。在这种情况下，各经济主体仅靠自身的信息部门来提供所需要的各种信息已变得低效率和不必要。为减少或降低企业管理信息成本，于是各经济主体在把自身精力集中于获取一些关键性信息的同时，也把大部分生产经营所需要的信息需求转向专门的信息服务机构，从而直接激发了对信息服务业的需求，推进信息服务业的发展。

（三）管理信息成本的变化是促进管理决策方式改变的重要力量

管理活动不仅仅是建立在物质基础上，更是建立在信息基础上的。无论是宏观经济管理部门还是微观企业或个人，任何层次的管理决策都需要信息，而为收集或获取信息的系列的活动是有成本的，这些成本可以通过市场媒介得以降低，市场媒介的协调作用是通过双向的信息流动来实现的，以协调生产与消费之间的决策，社会分工的发展又进一步促使信息媒介组织独立于生产厂商。管理信息成本的下降也在逐渐改变交易决策方式。管理信息成本的下降使得联系更加容易，各主体可以通过网络等各种形式获取更多的决策信息，增加自己在谈判中讨价还价的能力，并且企业还可以通过内部管理信息系统平台形成管理决策结果。

（四）管理信息成本是推动企业组织结构变革的重要因素

传统社会组织将所有的决策权都交给了决策者，由于组织中知识的分散性，每一个最高决策者都会面临组织结构中的控制和决策问题。由于决策者的智力或沟通能力的局限性，最高决策者不可能拥有做出每项具体决策所需要的所有信息。来自基层的信息源如果都是由决策者收集、整理和分析，势必需要大量的成本。这些成本不仅表现在经费的支出上，而且还表现在信息的延迟和随之而来决策迟缓上。因此，计划经济要比市场经济付出更多的管理信息成本。同时，管理信息成本减少要求也进一步强化委托—代理的管理模式，组织之间也更加依托信息技术，组织内部机构也由传统的专制的金字塔状更加趋于民主的快捷的扁平化。

（五）管理信息成本有利于政府职能的改进和管理力度的增强

由于信息不对称和信息成本，在市场行为中具体表现便是管理信息用户花费的时间和费用，花费的时间越多费用越高，则管理信息成本越大；管理信息的收集并不是越多越好，当信息用户的调查超过一定的限度后，其管理信息成本就会高于他所购买商品的"消费者剩余"价值，也即高于获取信息所增加的收益，这是市场行为中存在着委托—代理关系中的败德行为、商业欺诈行为、信息产品的盗版行为等经济机会主义的重要原因。要消除信息不对称和管理信息成本带来的机会主义，只从微观的消费者角度研究其决策显然是不够的，还需从宏观的政府角度进行研究，除了改进政府管理职能，加强教育和提高市场透明度外，还要政府的宏观调控，加强法制建设和知识产权保护以及强化执法力度。

四、经济管理信息化成本、管理成本与交易成本

成本是商品经济的价值范畴，是商品价值的组成部分。人们要进行生产经营活动或达到一定的目的，就必须耗费一定的资源（人力、物力和财力），其所费资源的货币表现及其对象化称之为成本。它有几方面的含义：成本属于商品经济的价值范畴；成本具有补偿的性质；成本本质上是一种价值牺牲。随着商品经济的不断发展，成本概念的内涵和外延都处于不断地变化发展之中。管理信息成本是一种特殊的成本形态，它与管理成本和交易成本之间既存在一定的联系和区别。

（一）管理信息成本与管理成本

管理成本是企业为有效管理、合理配置管理这一特有稀缺资源而付出的相应成本，或企业在投入了管理这种稀缺资源所付出的代价。企业的管理成本主要由四个方面组成：内部组织管理成本、委托代理成本、外部交易成本和管理者时间的机会成本。其中，内部组织管理成本是指现代企业利用企业内部行政力量这只"看得见的手"取代市场机制这只"看不见的手"来配置企业内部资源，从而带来的订立内部"契约"活动的成本。委托代理成本是指由委托代理关系的存在而产生的费用。现代企业在购买或租用生产要素时需要签订合同，而在货物和服务的生产中雇佣要素的过程则需要有价值的信息，这两者都涉及

真实资源的消耗,这种真实资源的消耗被定义为外部交易成本。企业的外部交易成本可分为搜寻成本、谈判成本、履约成本。管理者时间的机会成本是指因管理者在企业管理工作上投入时间而产生的成本,也就是指管理者的时间资源因为用于管理而不能用于其他用途的最大可能损失。

管理信息成本是基于企业管理的信息成本,属于信息成本中的一种。有的专家认为,信息成本是从管理成本中细化出来的一个成本概念,是企业管理成本的一部分。但如果对管理成本和管理信息成本的内涵进行分析后会发现,两者的关系并非如此。管理成本是企业基于管理活动所形成的成本,包括的内容很多,既有内部组织成本和外部交易成本,还有委托代理成本和机会成本。而管理信息成本有广义和狭义两种,广义的概念包括内部管理信息组织结构发生的成本、购买信息商品发生的成本、管理信息系统发生成本和管理信息的机会成本和决策损失,狭义的概念主要包括广义概念的前三项内容。因此,我们可以看出,管理成本包含了部分管理信息成本,两者又有所区别:管理信息成本中的信息商品成本、管理信息结构成本对应属于管理成本的外部交易成本和内部组织成本,而管理信息系统成本、管理信息的机会成本和决策损失则不属于管理成本的范畴。管理成本和管理信息成本的相同点有两个:一是产生的动因相同,都是管理决策;二是实质相同,都是一种货币表现。两者的差异也有两个方面:一是内涵不同,所包含的内容也不同;二是对企业的影响不同,管理成本对任何一个企业都会产生重要影响,而管理信息成本对企业的影响程度有大有小。

(二) 管理信息成本与交易成本

交易成本理论是新制度经济学的重要组成部分,它源于科斯的《企业的性质》,罗纳德·哈里·科斯(Ronald H. Coase)认为交易成本是"通过价格机制组织生产的,最明显的成本,就是所有发现相对价格的成本""市场上发生的每一笔交易的谈判和签约的费用"及利用价格机制存在的其他方面的成本。从社会的角度来看,交易是人与人之间经济活动的基本单位,无数次的交易就构成了经济制度的实际运转,并受到制度框架的约束。因此制度经济学者们认为交易成本是经济制度的运行费用,由此提出交易成本包括制度的制定或确立成本、制度的运转或实施成本、制度的监督或维护成本、制度的创新和变革成本。

约翰·威廉姆森先生(John Williamson)将交易成本区分为搜寻成本(商品信息与交易对象信息的搜集)、信息成本(取得交易对象信息与和交易对象进行信息交换所需的成本)、议价成本(针对契约、价格、品质讨价还价的成本)、决策成本(进行相关决策与签订契约所需的内部成本)、监督交易进行的成本(监督交易对象是否依照契约内容进行交易的成本，例如追踪产品、监督、验货等）、违约成本（违约时所需付出的事后成本）。从本质上说，有人类交往互换活动，就会有交易成本，它是人类社会生活中一个不可分割的组成部分。结合管理信息成本的概念我们可以知道，管理信息成本部分属于交易成本的范畴，如外购信息商品的成本、搜寻管理信息的成本，既是交易成本，又是管理信息成本。威廉姆森在上面所提及的信息成本仅仅指基于交易视角的信息成本，而不是广义的信息成本。虽然管理信息成本是基于管理的信息成本，是企业信息成本的一部分，但管理信息成本与交易成本之间并不是一种简单的包含关系，无论是概念、内容上，还是视角、动因上，两者都是有区别的。

第三节　企业经济管理的信息化能力

一、企业经济管理的信息化能力

从企业理论看信息化，包含两方面工作：一是培育信息资源，使之成为企业管理的主导资源；二是提高信息化能力，使之成为企业核心能力之一和战略基础。

（一）企业信息化能力的定义、性质

目前，已有学者结合信息技术和企业能力理论研究 IT 能力，尚未有企业信息化能力（EIC）的论述。

企业中的许多资源都是依托有关能力而产生效率的，而许多能力又是在相关资源的基础上发挥作用的。他们据此提出了"基于能力的资源"和"基于资源的能力"这两个概念。指出，"基于能力的资源"是指在企业能力得到某种程度提高的基础上，才能发挥出所预期效果的资源。而"基于资源的能力"是指当企业资源在数量或质量方面得到改善后，企业得到相应提高的那些能力。

（二）企业信息化能力分类

企业能力可以分为三大类：业务能力、组织能力、学习和创新能力。业务能力又分为（资源）技术能力和过程能力，组织能力分为组织关系能力和管理控制能力，创新能力分为学习能力、技术创新能力和管理创新能力。

通过对企业信息化能力性质的分析，可以看出信息化能力主体属于业务能力，但与组织和创新能力也紧密相关。

为深入研究企业信息化能力，对信息化能力进行分类。在分类时，遵循以下分类原则：①与企业能力体系相对应；②与企业信息化内容相对应；③与企业职能部门相对应，以便于实施和测量。

二、企业经济管理的信息技术能力

对于IT能力的研究目前总体还处于起步阶段，主要在信息系统领域，强调技术性和组织效能。

（一）IT基础设施

对于IT基础设施的研究最早开始于计算机硬件平台的探讨，从区域（或称为连接度）和范围（或称为兼容性）两个维度看待IT基础设施的业务功能。IT基础设施包含了一般意义上信息化建设的硬件、软件、培训、安全管理，但不涉及具体的业务信息系统。IT基础设施是企业信息资源建设的基础，通常依据最新的IT技术发展划分几个阶段，根据企业IT基础设施的投入力度和应用水平予以评价，确定其阶段水平和不足，指导进一步信息化建设。

将IT基础设施分为共享程度和服务程度两方面。共享程度可从共享的区域和共享的信息范围两方面体现出来。共享区域描述IT基础设施可以连接的地点，共享的信息范围描述在具有不同硬件和软件的系统与设施之间，可以直接和自动地共享IT服务类型的能力。区域变化的范围可以从单个的业务部门到任何人、任何地方，而信息变化的范围包括从传统的信息传送到数据传输直到在不同的应用系统之间进行复杂的事务处理。IT基础设施服务程度可以从服务的数量、深度和效果中体现出来。深度主要表现为选择性地提供和广泛性地提供两种情况。选择性的服务仅提供基本层次的功能性服务，这种服务不是在所有的业务部门都能获得，其使用是非强制性的。广泛性的服务意味着该项服务的功能性很强，提供给所有业务部门，并且其使用是强制性的。

企业无法也无须提供所有类型的IT基础设施服务，不同企业的IT基础设施提供的服务种类不同，这依据每个企业所处的战略环境而定。一般说来，那些强调业务部门之间协同的企业通常提供通信管理、应用系统管理和标准管理等方面的基础设施服务。

电子商务环境下，企业IT基础设施所提供的服务主要包括7大类，它们是：应用系统管理、通信管理、数据管理、IT培训和教育管理、安全管理、体系结构和标准管理、渠道管理。总体看来，企业提供的IT基础设施服务的数量以及深度，体现了企业不同的IT基础设施能力。

（二）IT 学习能力

IT 学习就目前而言，主要是企业 IT 部门的职责。IT 学习的主要任务是将企业外 IT 知识转移到企业内，并在企业内扩散。企业外 IT 技术的领先者是软件协会、软件厂商和软件咨询公司，与企业的技术交流主要通过讲座、技术推广、软件选型、软件实施、培训等活动。IT 知识在企业内的扩散主要通过 IT 部门的培训，在业务部门发展信息化项目的关键用户。

IT 学习能力的培育要注意以下两个方面的问题：

1. 企业应该构建 IT 学习流程，使员工和企业都成为 IT 知识的载体，形成企业 IT 知识积累

学习分员工个体学习和组织学习两种。目前大多数企业只注重了个体学习，提高员工的个人技能，而忽略了组织学习。现在国内很多咨询公司的工程师都是原企业信息部的骨干，在信息化项目中积累了经验后，跳槽转入咨询公司。如果企业不注重 IT 学习流程的构建，在骨干离开后，就会造成 IT 能力下降。

IT 学习是组织学习的一部分。我们可以将组织学习定义为"是一种组织流程"（通过该流程）能使组织取得、运用以及修正组织性记忆并对组织行为提供指导，Huber 指出组织学习由紧密相连的四个部分构成，即知识（信息）获得、信息分配、信息阐释、组织记忆。当 IT 成为企业战略组成时，IT 学习就会是经常性行为，从而成为组织流程。

2. 构建 IT 学习环境

知识是一定情境下的产物，嵌入在特定的情境之中。教育界早已达成共识，建构主义方法是学习和知识转移的最佳方法，其核心就是构建知识生成、使用的情境。企业是由各个不同的组织单元组成的独特的实体。而每个组织单元的人员和所处的环境各不相同，因此不同的组织单元各自运行在特定的情境之中，并体现出不同的知识创新与知识运用能力。

电子学习（e-learning）是近年来在企业逐渐流行的学习方式，除学习成本低的优点外，交互式教学也是其重要特点。利用多媒体方式，电子学习可以较低成本构建学习情境，特别是 IT 模块化较好，情境构建相对容易。因此，企业 IT 部门应推广使用电子学习。

（三）柔性

管理文献对柔性的定义是：一种资源被用于多于一种最终产品的能力。一种资源的柔性越强，企业将其用于相关性较小的最终产品的机会选择就越多。柔性是组织拥有实际的

和潜在的流程的程度，以及实施这些流程以增加管理的控制能力并提高对环境的可控力的速度。

柔性意味着变化，这种变化是多方面的，包括文化、管理能力和雇员技能，但最为重要的是业务流程的快速重组。

IT柔性的程度依赖于每一项IT技术应用所包含的业务流程的特征。对于业务流程的考察，我们可以从下面几个角度展开分析：①任何一个IT技术应用都可以以"效率"和"创新"来划分，这依赖于它所包含的业务流程在企业战略中的地位。②可以将应用所包含的业务流程区分为"静态的"和"动态的"。IT技术应用包括两类，第一类是稳定的应用，用于对一致性和效率进行支持；另一类应用则是动态的，用于支持新的业务模型和流程。③根据维护和开发新的IT技术应用所花费的时间和资源来对应用进行划分，从而了解实施变动是高、中还是低。较高的变动反映了由竞争环境的变化引起的业务流程的紊动性，从而需要较高的柔性，以降低对时间和资源的消耗。企业应当在IT技术的效率和柔性之间进行权衡。但是，信息技术外包的交易成本观点表明，企业依赖市场获取信息技术资源的时间越长，IT技术应用的柔性越小。要使IT技术应用具有柔性，对可重用性的理解和运用非常关键。软件重用是基于重新使用软件系统中已经存在的组件的想法。所谓组件，其实就是一种可部署软件的代码包，其中包括某些可执行模块。组件单独开发并作为软件单元使用，它具有明确的接口，软件就是通过这些接口调用组件所能提供的服务，多种组件可以联合起来构成更大型的组件乃至直接建立整个系统。在IT资源管理的过程中，有以下三种因素会涉及其柔性问题：①技术规划与业务目标的一致性；②IT人员技能；③信息技术规划或体系结构。

三、企业经济管理的信息组织能力

信息组织能力可以描述为企业搜集、利用、控制信息，进行增值活动的能力，是信息技术扩散和信息资源规划、控制在企业组织上的表现。关于信息组织能力的研究在情报学、经济学、管理学领域都已有所成果。在情报学、经济学领域一般用"信息素质"描述个人搜集、利用信息的能力，后扩展到企业、国家层面，一般用"企业信息能力"描述企业从社会信息资源中获取、处理、分析和利用有效信息提高客户价值和企业收益的能力。从现有文献看，对于企业信息能力的研究尚处于起步阶段，主要是关于定义的探讨和按信息流程的一般性能力划分。

在管理学领域，与信息组织能力相关的是信息战略规划和IT治理的研究。IT战略规划，指的是从帮助企业实施它的经营战略或形成新的经营战略角度出发，寻找和确定各种信息技术在企业内的应用领域，借以创造出超越竞争对手的竞争优势，进而实现它的经营战略目标的过程。IT治理是最高管理层（董事会）监督管理层在IT战略上的过程、结构和联系的机制，以确保这种运营处于正确的轨道之上。它是企业经营权与管理权分离后产生的机制，与IT战略规划一脉相承，其重点在于项目管理和信息控制。

（一）信息规划、控制能力

1. 信息规划

目前有关信息规划的研究均来自于信息系统战略规划（Information System Strategic Planning，ISSP），也有学者提出IT战略规划，包括IBM提出的企业经营战略规划（BSP），其实质都是管理信息系统规划，实施过程重点是信息控制。这些规划方法分析了企业业务对信息流的影响，保证信息技术实现部分或全部业务要求，但未考虑信息技术对企业战略的影响，涉及业务流程重组，但基本不涉及组织创新。

信息规划是个广泛的观念，它至少应包含四层含义：①信息资源规划，信息资源是企业管理的核心，是信息化的根本，是信息规划的目标；②信息战略规划，战略是方针、是总的指导，目前的信息化战略基本属于职能战略，在企业战略层次中比较低，因而倾向于信息系统规划；③信息系统规划，信息系统是信息化实现的主要工具，其规划应服从企业战略，兼顾信息技术发展；④信息技术规划，信息技术是实现信息系统的保障和支持，是IT基础设施设计的主要依据。

信息资源规划应立足于信息系统规划又不局限于信息系统规划，它是对企业整体信息资源的全盘考虑。信息资源规划的内容有：

（1）信息资源的范围

企业边界资源可利用但不完全可控，呈现出模糊性，典型代表就是关系资源。这部分资源一般并不在企业信息系统的管理范围内，但随着供应链、虚拟企业、动态联盟等理论的盛行，这些资源已日益凸显其重要性。类似的像知识资源、技能资源、制度资源、文化资源等，是否需要列入信息管理的范畴，需要企业进行中长期规划。

（2）信息资源的属性

信息资源的属性指管理信息的准确度、细致度、时效性、成本性。信息的准确性和时效性是信息质量的最根本的两项指标，细致度和成本性则是一对矛盾的指标，需要管理者在管理深度和投入上进行平衡。

（3）信息资源的流动控制

信息资源的流动控制指信息被采集后，在管理流程中的流动路线和相应的权限控制。

首先应对信息资源进行大的分类，进行大类的系统划分，然后结合流程进行分析。需要注意的是，如果包含创新性活动或流程，信息往往需要形成冗余，造成企业信息控制的漏洞，可结合其他措施进行防范。

信息资源规划可以作为信息战略规划的出发点，信息战略规划重点考虑信息资源变化和信息技术引入对企业管理方式的影响，通常包括流程变化和组织变化两种。业务流程和组织结构是一对相互影响、相互制约的战略要素，其变化往往需要一起考虑。

从组织上，财务部门将更注重投、融资行为，对企业内部将转变为资金支持单位，而非以前的业务调控单位。单纯的组织形式变化很难说在效率上有多大提高。例如，仔细剖析职能制与扁平化组织的信息搜集和传递方式，可以发现，两者几乎没有区别。也就是说，扁平化组织除了领导借助信息工具管的员工多了以外，在信息处理上并无进步，亦即管理效率并无提高。可以说，扁平化组织中决策速度的提高是建立在企业中层员工的辛苦之上的。

企业战略可从内、外两方面考虑。内部战略是发展战略，主旨是以我为主，影响客户观念、行业发展，在业务上以创新和发展关系为主。外部战略是竞争战略，主旨是应时而变，随环境和竞争对手变化而快速应对，业务上以效率和敏锐为特征。信息规划从企业战略出发，其基本步骤如下：首先，要分析信息技术的提高，对管理信息的质量、数量、种类的影响，进而分析其对企业管理方式、经营战略的影响；其次，要全盘考虑企业战略对组织结构和业务流程的影响，确定新的信息流程和组织关系，建立以信息流为主的业务管理；再次，在此基础上，规划信息系统需求，确定信息系统管理策略；最后，将IS需求分解为IT需求，确定信息技术引入、实施步骤。

信息规划步骤到IS需求之后，即与信息系统、管理学领域研究相一致。IS设计即信息系统战略规划方法，主要有业务系统规划法（BSP）、连续流动法（CFA）、关键成功因素法（CSF）、发展阶段法（SOG）、战略集合转移法（SST）、信息工程法（IE）、战略栅格法（SG）、战略系统规划法（SSP）等等。

信息规划能力的培养首先要进行观念的更新，将战略范围从信息系统扩展到企业，将战略内容从技术扩展为管理和业务；其次要将信息资源视为主导管理资源，注重信息资源变化的影响，特别是组织变革；最后，在规划时，应与企业预算和企业人力资源管理相结合，保证人、财、物的支持。

2. 信息化项目控制

信息系统设计完成，即可进入实施阶段。实施阶段的主要任务是进行信息控制。信息控制就是通过信息技术的使用，对信息收集、整理、使用、流通等过程进行规范和控制，实现信息透明化，提高信息有效性，促进企业运营活动的良性循环。目前，信息化项目规划、控制最有效的方法是采用 COBIT 模型。

COBIT 框架由信息系统管理和控制六个相互关联的部分—管理者摘要、框架、应用工具、管理指导、控制目标、审计指南组成。COBIT 将 IT 处理，IT 资源及信息与企业的策略与目标联系起来，形成一个三维的体系结构。其中，IT 准则集中反映了企业的战略目标，主要从质量、成本、时间、资源利用率、系统效率、保密性、完整性、可用性等方面来保证信息的安全性、可靠性、有效性；IT 资源主要包括以人、应用系统、技术、设施及数据在内的信息相关的资源，这是 IT 处理过程的主要对象；IT 过程则是在 IT 准则的指导下，对信息及相关资源进行规划与处理。从信息技术的规划与组织、采集与实施、交付与支持、监控与执行等四个方面确定了 34 个信息技术处理过程，每个处理过程还包括更加详细的控制目标和监察方针，对 IT 管理过程进行评估。这个模型为企业管理的成功提供了集成的 IT 管理，通过保证有关企业处理过程的高效的改进措施，以更快更好更安全地响应企业需求。

3. 信息安全

在信息规划到信息系统设计，再到信息化项目实施的整个过程中，信息安全是一个十分重要的课题。企业信息面临如下的安全威胁：

（1）信息权限设计与管理不完善

多种信息系统集成的时候，信息权限设计很容易出现矛盾和冲突，如果不能及时纠正，就会造成信息泄漏或信息不全。特别对于企业与外界交互的信息，其进出均应严格管理。

（2）缺乏必要的备份和可追踪性

在手工环境下，企业的业务均记录于纸张之上，这些纸质原件的数据若被修改，则很容易辨别出修改的线索和痕迹。而在信息系统环境下原来纸质的数据被直接记录在磁盘或光盘上，很容易被删除或篡改，并且在技术上对电子数据的非法修改可以做到不留痕迹，这样就很难辨别哪一个是业务记录的"原件"。信息系统故障也是对管理信息的潜在威胁。

（3）为形成创新机制而做的信息冗余、信息集成不完善

目前，以信息系统为基础的创新机制还不成熟，企业为营造创新环境，一般都采用开放式管理，员工可接触到远多于业务需要的信息，以形成不同知识体系的碰撞，产生新的知识。这种为创新而形成的信息冗余和信息集成，使企业内信息流由闭环变成了开环，是潜在的信息安全隐患。

(4) 网络开放性危及信息安全

网络是一个开放的环境，在这个环境中一切信息在理论上都是可以被访问到的。因此，网络上的信息系统很难避免非法侵袭，即有可能遭到非法访问甚至黑客或病毒的侵扰。这种攻击可能来自于系统外部，也可能来自于系统内部，而且一旦发生将造成巨大的损失。对于信息安全，目前已有较为完备的对策。不过，对于上述第三种情况，似乎尚未引起足够的重视。

（二）IT 扩散能力

IT 扩散能力是企业知识（技术）扩散能力的一部分。对于知识（技术）扩散的研究集中在系统工程和演化经济学中，企业知识扩散的主要动力有竞争意识、企业家远见、组织效率等，企业知识扩散的主要障碍有地域、文化、不同的知识体系等。

知识扩散有助于企业及其合作伙伴及时推广有益的知识体系，迅速实现知识的价值最大化。但在扩散中，特别是不同企业间，文化和不同的技术体系通常会成为严重的阻碍。这时，需要企业进行技术创新或管理创新，以实现知识和业务的融合。

第三节 企业经济管理信息化的发展策略

一、构建良好的环境体系

（一）政策环境建设

政策引导着企业信息化建设的方向，决定着企业信息化建设的整体形势。政策引导对企业信息化的推动作用是巨大的。目前相关人员已经充分认识到了信息化的重要性，并采取各种方式支持信息化的发展，已经收到了良好的效果。

在今后的工作中，仍应加大力度，扶持信息化的发展。

首先，发挥政府导向作用。政府要切实转变职能，建立以市场为导向的竞争机制，加强政策研究、规划指导、加快市场经济体制的建设，建立现代企业制度，让市场促进企业信息化的建设。同时通过政府引导，明确企业信息化的重要作用，发挥企业的积极性，并以优惠政策支持，推动企业信息化的发展。

其次，着力加强信息产业的发展。信息产业已经成为国民经济发展的支柱产业，并发挥着越来越重要的作用。需要尽快制定系统、明确的信息产业政策，扶植信息产业的发展。经济水平整体上还处于工业化阶段，应在已有的工业化基础上，充分利用国内外信息技术和产业迅速发展的机遇，加快信息资源的开发和信息化建设。因此，信息技术应用于传统产业改造是一条重要的道路。此外，还应加大企业信息化软件产品的开发工作，制定相应的政策，对软件开发企业给予政策支持，推进软件产业的发展。

再次，加大政府的资金扶持力度。通常政府通过三种方式支持企业信息化的建设：其一，政府对项目补贴50%，企业自筹50%；其二，政府全额支付科研项目的费用，科研成果由政府与开发人员共享；其三，政府对项目发放低息或无息贷款。若企业经济实力比较薄弱，企业研发及信息化建设的投入十分有限，则应该从财政资金中拿出一部分给企业信息化建设以补助，对企业实施信息化改造的项目金融部门给予优惠贷款，对企业实施信息化过程以及信息技术研究开发给予税收优惠，增加企业信息化专项基金数额和支持方式，针对企业信息化的重点发展领域，推进基础研究、新技术开发以及示范工程项目的建设。对企业的技术改造项目要安排一部分信息化建设配套资金，同时列入计划，申请贷款和争取贴息。企业实施信息化过程中有关部门设备、软件的购进，在财务核算、摊销年限和折旧办法等方面予以鼓励。

最后，还要做好社会舆论宣传工作。让大家都了解信息化，支持信息化。形成一种信息化建设的良好氛围，并对在推进企业信息化工作中成效显著、贡献突出的单位及个人予以奖励。

（二）服务体系构建

企业信息化是一项综合性的系统工程，需要良好的外部环境。应该支持和培育企业信息化服务体系的建设，充分发挥社会中介组织的作用，调动社会各个方面的有效资源为信息化服务。并应首先致力于咨询服务体系、人才培训体系和技术支持体系的建设。在咨询服务体系方面，可以通过专家的咨询和诊断，帮助企业找到管理中存在的问题，确定改进管理、流程重组的切入点，并通过对软件企业及产品的考察、认定，向企业推荐资信好、产品可靠性强、价格合理的软件商，帮助企业选择合作伙伴，提高企业信息化建设的成功率。在人才培训方面，应适应企业实际需要，组织多层次的培训，以培养复合型人才为目标。在技术支持体系方面，通过建立企业信息化服务平台，为企业承担网络设备、系统维护等业务托管服务，以发挥规模效益，降低系统运营成本为目标。

（三）网络环境发展

目前的网络环境仍然较差，这也是制约企业信息化发展的一个因素。政府作为企业信息化的总指挥，首先应实现自身的信息化。实践证明，以电子政务促进企业信息化和电子商务的发展是一条有效的途径。政府是整个社会的管理机构，它的信息化将使整个社会的效率提高，同时也可以在网上完成政府职能，提高政府的办事效率。

二、经济管理信息化人才的培养

(一) 人才构成与职责

1. 首席信息官 (CIO)

企业必须首先有一个信息化的领导者与推动者，这个领导者就是CIO，他对企业的信息资源管理负有全面责任。他要从企业的全局和整体需要出发，直接领导与主持全企业的信息资源管理工作。他必须是一个业务人员，充分了解企业的业务流程，因为CIO做贡献的能力是直接和他的业务知识，而不是他的技术能力成正比。他必须有充分的权力来推动信息化，要和企业的CEO配合无间，他要非常清楚企业的发展方向，并且明确，他正和CEO两个人共同向着这个方向努力。CIO必须是真正的复合型人才一，要既懂信息技术又懂企业管理，了解国内外信息技术发展及应用情况，理解企业信息化的内涵，清楚企业信息化建设和开发应用的策略、方法与步骤，全面负责企业信息化建设的规划、管理，领导企业内信息资源管理职能部门，统一领导与协调企业其他部门信息资源的开发、利用与管理工作，组织信息化建设工作的具体实施，指导企业信息系统的运行。

2. 管理人员与核心技术人员

这类人才是企业信息化工作的中坚力量。首先，企业需要具有一批核心管理人员，他们要能够正确熟练地运用企业信息化平台，辅助制定决策，组建基于信息化系统有效运行的工作团队，保证信息化系统最大的发挥效用；其次，企业信息化系统运用了大量的信息和通信技术，要保证系统的正常运行，需要强大的技术支持，信息化应用技术人员必不可少，这其中包括系统建设人员和系统维护人员。

系统建设人员需要熟悉计算机及网络知识，他们的职责是对企业的信息系统进行建设，使之有效运行。系统建设人员还包括系统分析人员、系统设计人员和程序员等。其中系统分析员在整个信息系统建设过程中起基础性作用，是系统开发者与实际应用者的桥梁，他们需要掌握计算机软件工程、企业管理、系统理论等多方面的知识，在工作中要从企业的各种业务需求中抽象出数据需求，并能够在这个过程中带领其他人员分析系统的现状，发现和更正企业经营过程中不合理的业务过程，确定系统的目标，进行可行性分析，把计算机技术与产品设计、制造工艺与生产经营管理技术结合起来，并与信息系统的使用者一起来开发新的系统和改进现有的系统。在工作过程中他们还要和大量的企业管理人员和工作人员进行交流和沟通，因此还要求其具有较好的沟通能力。系统设计人员和程序员的工作是根据系统分析报告完成系统的逻辑设计。这就要求他们必须精通计算机语言、软件工程方法和管理信息系统原理。

3. 执行层人员

执行层人员主要是指系统操作人员，这类人才是企业信息化工作的基础人员。他们是系统的直接使用者，因此他们必须能够正确掌握信息化工具，并对外部信息能够快速而准确地采集、录入系统和从系统中得到所需的管理数据，以保证企业各部门通过信息系统高效协同工作。企业信息化系统建好后最重要的是运用，他们必须能够真正理解企业信息化的内涵、正确掌握信息化工具、实施正确的安全策略，并具有对外部信息能够做出快速而恰当反应所具有的协同工作的能力。

（二）人才素质

1. 丰富的知识

信息化人才，必须掌握充分的业务知识，这包括宽厚的基础知识、全面的数学方法和计算机应用技术以及扎实的经济和管理知识和一定的人文社会科学知识，并能够在实践中正确运用，这是信息化人才发挥作用的基本条件。不同岗位的信息化人才，需要的知识构成是不同的，各类人才都有相应的知识，他们必须具备实际组织和建设信息系统的能力，并能够维护系统的正常运行。

2. 敏锐的头脑

信息化人才需要有敏锐的头脑，才能对经济活动中出现的各种问题做出科学而正确的决策判断，提出正确的企业战略。而企业战略所研究的都是属于全局性、整体性和长远性的问题。科学的战略可以开拓企业的未来，引导企业走向成功。因此，信息化人才必须具有这种敏锐的头脑，以及胸怀全球的战略思想。

3. 创新能力

创新是任何企业走向成功必不可少的要件，创新能力则是指复合型人才应能不断激发创新意识、培养创新能力。企业信息化往往涉及企业流程的再造，这对企业而言，实际上是企业经营管理全面创新的一个过程，信息化人才必须充分发挥创新能力，使再造后的企业流程实现高效的运作。这要求复合型人才在实施企业信息化时，还要具备坚韧不拔的进取精神和不怕挫折的顽强毅力，敢于创新，才能创造出一个崭新局面。

4. 学习能力

学习能力是指复合型人才应具备不断更新知识、学习新技术、新知识的能力。现在市场竞争越来越激烈，涉及方方面面，而信息化本身的含义，也在不断地丰富，这对企业信息化人才的要求不断地提高，因此，信息化人才必须不断地自我增值，学习先进东西，才能保证企业的需要不断得到满足，才能使企业信息化顺利地实现并不断保持先进性。

5. 沟通能力

企业信息化是一项复杂的大工程，是多种知识综合实践的过程，涉及多方的关系，无论高层，中层还是执行层人员，都需要有良好的沟通能力才能使信息化顺利地进行下去。其整个过程，包括系统的建立、使用和维护都需要所有参与人员发扬团队合作精神，相互学习，进行有效沟通，以确保系统能得到充分发挥。

6. 责任心和事业心

企业信息化是一项庞大的、复杂而艰巨的系统工程。在推进信息化的进程中，可能会遇到各种各样的困难，这要求信息化人才必须具有强烈的责任心和事业心，无论遇到什么困难都能持之以恒，坚韧不拔，利用一切手段克服困难，才能保证信息化的顺利实现。

（三）人才管理对策

由于以上因素的影响，对信息化人才的管理成为非常重要的一环。企业的制度、规则、惯例以及文化等会培养出一种氛围，这是企业的行为，而这种行为会间接的影响信息化人才的行为以及能力的发挥。因此企业要想吸引人才，用好人才，必须在这方面多下功夫。具体措施有以下一些方面：

1. 建立有效的激励机制与竞争机制

在管理中，要建立起良好的激励机制，采用多种激励手段，激发和调动人才资源的积极性。激励包括物质激励和精神激励两个方面。物质激励主要满足信息化人才对经济利益的追求，这是人才的基本需要。精神激励主要是满足信息化人才社会属性方面的需要，这一层次内容众多，非常复杂，也是形成企业特色的环节。同时还应该建立适度的竞争机制，根据信息化人才在工作中的表现，以及取得的成果，科学的对其进行评价，奖优罚劣，形成既有动力、又有压力的适度竞争机制。在企业中建立这种良性竞争有利于员工奋发向上，积极进取，不断提高自身素质。

2. 培育良好的企业环境

这包括两层意思：一方面是客观的工作环境，这是基本的条件，要给工作人员以舒适的感觉,并尽量能够方便他们工作;另一方面是更重要的软环境,要让人才感受到企业是尊重知识尊重人才的,让他们觉得企业有足够的空间给他们发挥自己的才能,这样会激励信息化人才继续丰富自己,不断地自我增值,为企业将来的进一步发展积蓄力量。

3. 塑造企业文化

企业文化的建设首先应该注重团队精神的培养,将各种类型的人才牢牢地团结在一起,为了实现企业信息化这一目标而共同努力;其次是良好的学习氛围,通过不断的学习和内部交流提高员工的素质;最后是创新精神,勇于进行创造性的活动,充分发挥企业成员知识结构的整体优势。企业应该多组织员工进行有意身心健康的体育活动,参加野外拓展训练,在活动中培养他们的团队精神和协作能力。

4. 建立战略性人才储备

这是企业的后备策略,由于信息化人才严重供不应求,其竞争十分的激烈,企业的人才管理策略做得再好,也有失去人才的可能,为了防范这一风险,在失去人才的时候不至于造成太大的损失,使企业的信息化工作可以继续,就必须建立起人才储备。企业要对信息化人才市场的整体状况有所了解,一方面到高校去考察,吸收人才;另一方面也要密切注意竞争对手的动态,对同行业的人才给予关注,经常沟通,做好铺垫,以便在失去本企业信息化骨干的时候,能够及时地补充,保证工作的顺利进行。

三、基础设施建设

(一)信息化建设资金的投入

企业信息化建设是一项投资需要很大的综合性工程。设备的购买、系统的建设与维护、人力的投入以及专业机构的协作等都需要大量的资金投入。而从目前情况看,绝大多数企业信息化建设资金投入严重不足,并且缺乏长期稳定的资金渠道。这已经成为制约企业信息化建设的重要因素。

企业在信息化建设上的资金投入在一定程度上决定了企业信息化的规模和水平,因此必须强化企业自身的信息化投入,首先,应保证企业信息化建设的资金充足;其次,企业也可以设立专项资金,用于企业信息化的发展。企业的信息化建设需要大量的资金,如果资金不足,必须会制约企业信息化的发展,企业可以通过多元的投资体系,来增加信息化建设的投入资金。

企业信息化建设的核心内容是信息资源的开发与利用,企业在不断发展,企业信息化的技术也应当同步升级，因此企业信息化建设之后，仍要对其进行后续的技术升级投入，这是信息化能够取得成效的重要的保证。企业信息化的技术升级投入是必需的，但是要避免这种投入的两个误区：一是认为信息化建设的投入是个无底洞；二是认为信息化建设就是购买和安装设备。这两种说法都是不恰当的，企业的信息化是企业不断地整合资源，提升自身整体素质的过程，企业需要认识到资源对企业发展的重要作用，重视信息化软件的开发、维护，使企业的资源、管理和技术都能够协调发展。

（二）以信息资源集成为核心

企业信息资源集成管理与企业信息战略管理过程是同步的，更确切地说，信息资源集成管理是企业信息战略管理的主导方法和主要内核之一，是依据企业信息战略管理过程而展开的。信息资源集成是贯穿企业战略管理全过程的一种主导思维，信息资源集成思维的成熟和应用程度在很大程度上决定着企业战略管理的质量和效果。

1. 结合企业竞争优势培育和应用信息资源集成思维

根据迈克尔·波特（Michael E. Porter）教授的理论，竞争优势归根结底来源于企业为客户创造的超出其成本的价值，而超额价值产生于以低于竞争对手的价格提供同等的效益，或通过为客户提供独特的效益从而获得溢价，即竞争优势有两种基本形式，总成本领先和差异化。而这些都是综合企业内外部信息资源所打造的一种集成的优势或能力，正是集成使竞争对手无法简单地模仿，正是集成为企业提供了可持续发展的基础和潜力。

2. 结合企业核心能力培育和应用信息资源集成思维

核心能力是作为竞争优势来源的资源和能力的集合，核心能力同样是集成的产物，任何单一的能力不可能构成企业的核心能力。核心能力通常应具备4种特征，即增值性、稀缺性、难以模仿性和难以替代性。它是在创造性地利用资源的过程中形成的，是一种集成的综合能力。

3. 结合企业价值链的重组培育和应用信息资源集成思维

企业价值链是所有企业价值活动的组合与集成，企业价值链重组的基本方式包括：清除，取消不必要的功能和非增值活动；简化，化复杂过程为简单过程；整合，整合相关的特别是重复的功能和活动；自动化，运用信息技术实现企业流程的自动化；新增，增加企业不具备但又必需的新功能。联系竞争优势和核心能力进行分析，价值链重组是实现竞争优势和建设核心能力的手段，价值链重组的所有方式都是围绕竞争优势和核心能力进行的，都是一种集成行为。

4. 结合企业信息文化的建设培育和应用信息资源集成思维

信息文化的核心是信息价值观和信息规范。所谓信息价值观是指企业上下对信息、信息资源、知识及其价值和重要性的认知，其实质是确立信息资源观念，肯定信息的价值，尊重信息工作者。切实发挥信息在企业运行、管理和发展过程中的特殊作用。所谓信息规范是指企业在运行和发展过程中形成的用以控制、调整、干预企业信息行为的各种手段，主要包括信息法律、信息政策、信息标准和信息制度等。信息价值观和信息规范本身也是企业在长期的发展过程中所积累的资源，这种资源必须内化为企业管理者和员工的理想、目标、信仰、习惯和自觉的行为方式，才能充分地实现其价值。

5. 结合企业信息化规划培育和应用信息资源集成思维

企业信息化规划的内容主要包括信息化目标、信息技术管理、信息化愿景、信息资源管理、信息化战略、信息化预算、知识管理、信息化组织和信息化环境等。信息化建设一旦步入战略管理阶段，企业就要首先确立战略意识。目前，我国企业信息化规划还远未成熟，追赶潮流的思维还比较严重，要改变这种现状，关键是要在信息战略中体现信息资源集成思维，并使这种集成思维成为服务和支持企业战略的指导思想。

（三）信息资源共享

计算机网络基础设施是推进企业信息化建设的前提。良好的网络基础建设能够有效地将企业人、财、物等资源更好地优化配置，这是企业信息化建设要考虑的一个重要方面。

网络基础设施建设主要包括各种信息传输网络建设、信息传输设备研制、信息技术开发等设施建设。随着新经济时代的到来，传统的管理模式在企业运作中的弊端日益凸现出来。一方面各部门之间缺乏有效的信息交流手段，资源共享利用困难，影响企业的运行效率；另一方面信息的下行和反馈行为滞缓，不能高效率地组织好信息资源。这已经不能适应企业发展的需要，在信息化的建设中，就要认清这一缺点，利用现代信息技术来改善传统的生产经营管理模式，架构一个供大家共享资源的信息网络平台，理顺企业关系，使企业能够高效的运转，以充分发挥企业信息化各要素的作用。

具体来说，要在构建企业局域网建立企业信息数据库的基础上，积极建设企业骨干网，使局域网系统、数据库系统在统一的企业网络平台环境下，发挥各自的功能作用，并积极采用新的信息技术支持系统，不断优化局域网系统结构和功能，有效扩充数据库系统设置和功能，使企业的网络平台功能不断优化，信息化水平不断提高。

四、组织管理水平提升

(一) 高效化组织体系构建

企业信息化是一项庞大的系统工程,需要强有力的组织保障。根据我国企业目前的情况,需要建立分工明确、责任到位的组织体系,才能适应企业信息化的需要。因此在企业信息化的过程中,要借助现代信息技术,引进现代管理理念,对不适应信息化要求的落后经营方式、僵化组织结构、低效管理流程等,进行全面而深刻的变革。一方面是信息化组织的建设。该组织处于企业战略决策层,参与企业整体战略的制定,具体负责企业信息化的规划、实施,全面协调各部门的信息化建设。领导机构是企业信息化领导小组,由企业内高层领导、部门领导共同组成,负责整个企业的信息化战略规划审批;信息化的重大技术方案、管理及业务流程改革方案的讨论和决策;批准信息化实施方案、组织机构、管理制度、标准规范。技术机构方面,一般企业设立独立的信息技术支持中心,一些大型企业还在各个部门设立专门的技术支持中心,作为企业信息化建设的主要技术力量。最后就是信息化的基层,包括业务部门的各个岗位,另有专职或兼职人员负责系统的维护工作,系统运行协调工作等。

另一方面是根据企业信息化建设的需要,对企业原有组织结构的改革。传统企业一般呈"金字塔"状的等级结构,往往机构臃肿,调度不灵。针对这一点,我们要变"金字塔"式的等级结构为扁平化的结构,降低流程的中介程度,以业务流程为导向,以压缩合并中间层次为主要方式,调整原有的组织机构,使各部门对自己的业务负责,实行全过程管理,尽量减少中间层的交接,实现数据的快速传递。同时还要提高流程的合作程度,以数据交互为手段,增强业务之间的合作,努力营造信息共享与合作的气氛。此外,另一个方向是变封闭的组织结构为网络的形式,增大组织的能动性和延展性,将自己纳入世界性的网络体系中,构建企业管理的网络化和虚拟化的高级平台,从而提高企业对市场的应变能力、创造顾客的能力、提供优质服务的能力。

(二) 科学化管理方式的应用

企业信息化建设的复杂程度较高,因此,在建设中要有"整体观、系统观",采用科学的管理方式。首先,要实现工作管理标准化。要根据国家有关管理规范,结合本企业管理工作的具体情况,制定通用工作标准及管理标准,并在此基础上制定具体的工作标准。职工的工作内容及要求应定量化,使职工对其应尽的职责有较明确的认识,同时便于企业领导对下属进行考核，从而提高管理水平。其次，要实现企业信息标准化。信息标准化可使信息系统更好地捕获企业内部的生产和经营状况和外部的市场状况，及时提供变化信息，辅助企业领导对企业进行监控，在情况发生变化时，能够及时的采取应对策略。信息标准化的具体内容有经济指标体系标准化、信息流程标准化、单据票据标准化、报表文件标准化、信息开发标准化以及接口标准化等等。最后，还要建立健全各项规章制度，实现定额、计量、标准、统计、物料及产品编码的规范化管理，提高定额、计量、标准的水平。数据的采集、统计和录入必须建立严格的责任制度，确保数据的真实性、准确性、一致性和适时性。

（三）业务流程重组

企业业务流程重组是推动企业信息化建设的基础。从企业信息化的概念中可以看出，业务流程重组的地位非常重要，是企业信息化的基础。这就意味着要进行企业信息化建设，首先就要考虑如何对原有业务流程进行重组。我国还有不少企业的管理基础薄弱，管理模式落后，职能部门众多且各自为政，缺乏相互交流和整体的综合协调能力，企业创新意识和市场意识淡薄，这严重制约了企业核心竞争力的发挥。因此企业对业务流程重组的需要是迫切的。企业业务流程重组必须从企业全局的利益出发、采用新观念、运用现代信息技术对企业业务流程进行创新，注重企业业务流程的整体优化，通过突破原有的职能与部门界限，重新组织企业的业务流程，把原来分散的活动用流程的观点优化后组织起来，创造出新的"流"，为工作流的过程管理提供条件，使重建的组织成为面向流程的、以整体团队利益为中心的高效的组织模式。

对业务流程的重组也包含着对数据流的改造。而对数据流的改造，应抛弃原有的框架，突破既定的结构和过程，扩大观察范围，从数据流的构成要素出发对数据流进行重新设计，以产生新的要素组合。一方面是流程要素间逻辑顺序的突破，企业应以加速数据流通为目的，改变流程要素的逻辑顺序，重新设计高效的信息流；另一方面是流程的并行，就是将有先后顺序且后者以前者为基础的串行流程改为并行流程，通过流程之间的信息交互来实现流程之间的匹配，以实现流程的突破性的改变，从而缩短整个流程时间，提高工作效率。

第四章　互联网背景下企业经济管理模式的创新

第一节　互联网时代改变企业经济管理模式

在计算机技术、互联网的普及和发展之下，我国进入到了信息化社会。随着"互联网+"这一理念的提出，各行各业都投入到互联网的转型热潮中去。在这一形势下，互联网环境下的企业财务管理模式也在面临不断的转型、优化。

一、"互联网+"时代会计行业的发展趋势

"互联网+"促进了会计服务模式的不断变化，会计业务转型的过程中受到了"互联网+"发展的很大影响，不客气地说，现行会计服务模式甚至可以被逆转。当我国传统的会计行业遇上了具有鲜活力现代信息化"互联网+"技术时，会计行业将会有更好的发展。

（一）"互联网+"提供个性化的会计服务

是谁使用会计报表呢？是股东。但除了股东外，公司客户、产品供应者、债权人和其他经济往来者也都是报表的使用者，投资者对会计的需求与债权人和供应商的会计需求是不同的。但是，在以前传统的会计阶段，根据会计准则只提供一种类型的会计报表，它是满足不了不同使用者的需求的，此外，无论是报表外部使用或者是内部使用者，他们并不是很懂会计知识，有的处于公司领导层的人物，有时又不好意思向下属咨询，那么他们的报表有什么意义呢？在这个阶段，财务报表简化政策正在慢慢进行。原来的报表准则对非专业的会计使用者来说，不太容易看懂，财务和会计人员在社会上不受欢迎。这就促进了

多样化的会计服务的发展。

(二)"互联网+"推进会计服务模式转型

原来的会计也仅仅只是财务会计,其主要工作也就是做账、编制报表这些简单的工作。现阶段,管理方向的会计越来越受欢迎,就连财政部也在推行管理方向的会计,虽然已经取得了一些效果,但仍需进一步努力进行深化实施这个政策。现在会计从业者大多数还是简单的财务会计,而不是管理型会计。要实现低端财务人员到高端人才的成功转型,第一步就是会计人员要超越本位,不能一直停留在财务岗,而应该与公司发展需求相结合。例如,公司战略会计就是根据公司经营发展大方向目标,来进行合理配置资源。其次,要与公司生产经营和管理实施相结合。最后,管理会计不能仅仅为公司内部的管理层服务,也要根据企业的发展制定可行的财务方针。

(三)"互联网+"提高会计服务的及时性

传统的会计处理相对来说比较落后,但现在可以通过互联网来提高效率。传统的会计处理方法是,母公司是根据子公司编制好的报表再进行报表的合并;由于"互联网+"的发展,现在不用那么麻烦了,母公司可以与子公司同时间在网上编制报表。此外,互联网可以实时收集财务数据并共享财务数据。比如,在该系统可以立即看到收入的增加。但是,由于时间上的滞后,传统的财务会计体现不出来这个作用。以财务报表为例,当月发生的经济往来下个月才会在账中反映出来。但是,现在这个问题,可以通过在"互联网+"时代实时编制财务报表来解决。

(四)"互联网+"促进会计服务平台建设

大型企业和中型企业财务管理的发展方向,是建立财务信息能共享的服务平台。建立平台的原因是财务信息用户能随时随地的查询所需要的信息,如果没有这个平台,财务信息很难为企业生产提供及时的服务。例如,一种产品在加工到一定程度后,其成为半成品,在当时想出售掉,如果没有财务数据共享平台为其提供成本信息,则出售价格不好确定。其实,财务共享服务平台就是一个最基础平台。既然中央企业也在建立财务共享平台,世界500强企业正在构建降低成本和加强管理和控制能力的平台,国家企业也都在建设,但国企的目标只是加强其控制能力。

(五)"互联网+"促使财务分析大数据化

这些年以来,由于互联网技术的不断发展,财务数据有了不一样发展态势,而且呈现出一天比一天复杂的趋势。大数据已经引起了各界的普遍关注，有商界、学术界还有政府部门。同样，随着互联网的发展，财务大数据也形成了。内部管理者和外部利益攸关者成了公司财务分析信息的使用者。两类使用者之间获得财务分析数据的方式也不一样。公司内部经营者以外的人只能通过公司披露的信息进行财务了解分析，但是内部使用者不一样，他们直接就可以进行财务信息，而企业外部信息主要是通过互联网技术与平台进行披露。互联网时代的到来对会计产生了巨大且深远的影响。

财务分析只能基于公司内部的准确数据进行分析，要是没有互联网情况下，并不能获取到外部的数据信息；目前的财务分析和管理会计能够简单而全面获取内部和外部数据，因为利用互联网很容易收集到各行业、竞争对手、甚至政府以及国际市场上的数据。这样做出的决策就会比较精确。

（六）"互联网+"提高会计的智能化水平

联网是必须在智能领域推进的一个步骤。因为没有网络是非常落后的一个时代，IBM在美国的知识比赛中，一直是No.1，人的思维无法与其智能系统竞争的，因为它覆盖了整个互联网数据，每个答案平均需要三秒这样的速度又有哪个人可以做到，IBM仍在向更高端的智能化发展。我们的会计软件也需要智能，那么软件的智能是什么？这是进行深度学习的机器，以大量数据为基础，汇总找规律，然后再慢慢改进优缺点，智能将取代未来的标准化的重复性工作。

（七）"互联网+"改善会计服务资源配置

在"互联网+"的发展下，社会生产效率得到提高，社会资源也得到合理配置。这促使人们的日常生活节奏发生了不小的变化，生活方式也随之发生变化，在这种情况下，会计服务业价值也得到进一步的提升。在"互联网+"发展时代，将处理一系列与会计服务资源闲置有关的问题，会计服务资源会得到合理配置。所有财务会计事项将由会计人员在会计网络平台上处理。会计服务资源供过于求和中国需求缺口问题现在将得到改善。

（八）"互联网+"更新会计人员的思维

传统会计人员的思维相比较来说比较固化，不容易接受新的思维方式。在互联网时代，当会计人员遇到问题时，他们应该考虑网络手段能不能解决这个问题，社会资源又能否解决这个问题，而不是通过简单落后的方式解决问题。传统思维和方法不是一种科学管理。他们所说的"互联网+"思想是指，你需要知道通过调整社会资源基本能解决任何事情,任何事情都可以被实现。如果使用"网络预约审计",会计事务公司不再需要成千上万的审计员进公司工作,这样一来,企业的成本就会降低,潜在的业务水平也会提高。所以,在"互联网+"发展下,也促使着会计人员的思维转变。

二、"互联网+"环境下财务会计受到的影响

(一)"互联网+"环境下财务会计受到的积极影响

"互联网+"为会计行业的快速发展提供了多种途径。通过建立网络金融中心和财务软件的创新设计,使企业的资金流向公开,透明,直观地反映企业的经营状况。企业的管理人员通过远程控制,实现了对子公司和部门资金的出处和流动的统一管理,实现会计的利润率,并实现财务管理的网络化。在网络环境中,与分散在地区的部门互相联系,加工并处理财务数据来满足管理人员的需要。

随着企业规模的扩大,随着跨国企业和地区经营的广泛运营,互联网和财务平台发挥的作用日益扩大。网络会计技术将企业管理转换成阶段性转换的方式。如果这样,企业可以进一步强化会计信息能力,报告书透明度会逐渐增强。企业可以通过网络直接获得大量的数据和信息资源,并通过完善财务运用的程序,加快财务运用的速度,并提供更确切的财务报表,让相关人员能够做出决定。在互联网飞速发展之后,会计处理信息的时间越来越多,运算过程简化、透明,使得财务计算规则化、程序化,财务监督是科学的、正确的。云计算、数据等信息技术背景下,会计从业者发挥管理职能,进行数据库设计行业的会计数据交换,反馈必要的信息,交易和决策都可以实现绿色化。同时,从经济效益角度和时间成本角度观望,"互联网+"改变了会计报表的传递方式,使得财务信息的传递更加顺畅,且具有成本效益。

(二)"互联网+"环境下财务会计面临的挑战

"互联网+"环境下财务会计面临的挑战将会是经济转型的挑战。随着"互联网+"和大数据时代的到来,会计人员要应对不断的变化。在这个时候,传统的会计管理与越来越规范的系统管理相比较而下,前者已经跟不上时代发展的步伐。会计人员的日常工作内容不仅是粗略的数据收集,而且是信息化数据的处理。在过去,会计人员的知识水平是有限的,企业数据统计分析工具的老化,企业财务分析总是根据内部历史数据,不能避免数据的老化和不完整性。"互联网+"的迅速发展趋势正在风靡全球。各行业多多少少都会受到其影响,当然,会计行业也受到很大的影响。因此可以看出,财务部门在公司发展中还

是占着举足轻重的地位。虽然互联网给会计行业带来诸多的便利和帮助,但是就当前互联网在会计行业的发展状况来看还仍然处于起步阶段,应用还不算成熟,因此还要做出诸多的努力。

1. 会计信息资料存在的安全隐患问题

网络是一个相对现实来说比较虚拟的世界,在这个虚拟的领域中,缺乏很多特定的监督和管理人员,因此,会有很多安全风险。所以,相比而下,磁盘上存储的会计信息资料的安全性还是没有写下账本上的信息安全性高。所有的会计信息都存储在网络上,正因为网络资源共享性和延展性,使得会计信息受到极大的安全威胁,一旦会计信息丢失将会对企业经济利益带来极大的消极影响。

2. 会计人员专业技术水平问题

在传统的会计环境下,会计人员工作方式非常简单。工作日常基本就是整理整理账目,核算数据,检查一下数据是否正确等工作,尽管互联网在现代会计工作中被广泛使用,但互联网环境下的会计人员不仅需要会计专业知识。还应该拥有更扎实的电脑技能,否则会降低整个企业的效率。处在传统的会计环境下,会计人员需要掌握的成本会计知识也随之发生了变化。在新的环境下,订单方模式经济的发展导致了非库存生产的发生。因此,除了掌握成本会计知识外,会计人员还需要了解企业相关行业的知识。另外,现阶段商誉、知识产权等无形资产的经济纠纷层出不穷,会计人员面临着拓宽法律知识,开发创新能力的艰巨任务。

3. 会计国际化的问题

现在使得人们关系紧密相连的原因之一,是互联网的逐渐普及和电子商务的快速发展,经济全球化的发展为电子商务经济市场的发展提供了巨大的支持。在一定程度上而言,地球村正在逐步形成。这也就代表着公司即将展开全球化的同行业竞争,而且强度正在增加。因此,为了长远发展,企业必须加强核心竞争力,包括改革管理体制,引进创新人才,提高技术水平。因此,企业必须走向国际,想要发展自己,就必须先了解别人。保持前进方向上与国际一致的前提条件是,必须在符合中国国情的基础上,包括熟知国外通行的会计制度、核算方法、财务报告制度,并由此形成一个适合自己,通行于国际的会计程序和制度。只有这样做才能更好地应对全球化的竞争。

第二节　互联网时代推动企业经济管理模式持续创新

一、创新经济管理思维

在"互联网+"时代,企业要想更有效地开展经济管理工作,必须在创新经济管理思维方面狠下功夫,重中之重就是要牢固树立"互联网+"思维,大力推动经济管理网络化、信息化、智能化水平,特别是要着眼于提升经济管理的系统性和效能性建设,进一步健全和完善经营管理体系,改变传统的经济管理思维,着眼于推动"管理型"向"服务型"转变,进一步拓展经济管理领域。比如通过运用信息化手段,大力加强企业经济管理资源的整合力度,特别是在应用 ERP 系统开展经济管理的过程中,应当将大数据技术、云计算技术、电子商务技术等进行有效融合,使企业经济管理更具有资源整合性、战略支撑性。创新经济管理思维,还要高度重视发挥广大员工的积极作用,比如通过网络化管理模式建设,使广大员工参与到经济管理当中。

(一)适应新的竞争形势

市场在很早以前就已经存在,从人类进入商品经济时代就有了各种各样的市场交易方式,因为当时交易手段很少,市场空间又小,所以当时市场的交易人数和辐射范围都很有限。如今随着互联网时代的兴起,传统的市场发生了翻天覆地的变化。在互联网经济的环境下,地域垄断的现象已经彻底消失,交易信息的来源不再受限制,变得及时、广泛、准确。

如今,商业信息不论是在广度方面,还是在深度以及速度方面都有了空前的提高。有些互联网通过快速聚集大量消费者和供应商用户迅速提高了互联网平台的现实价值,同时互联网平台的潜在价值的厚度也提升到空前状态。在互联网经济的环境下,企业在经济市场的竞争形势也正逐渐发生变化,向着更高层次跃进,平台竞争形式如今已经成为新的制高点。

从整体的商业发展史分析,企业的竞争主体是一个变化过程,从产品竞争,到产业链竞争,再发展到以后的平台竞争。在最开始的产品竞争阶段,企业之间进行的是对产品和服务性价比的竞争;在之后的产业链竞争阶段,企业之间进行比拼的是企业对产业链的掌控能力和由此而获得的议价能力;在如今的平台竞争形势下,各企业进行竞争的资本就是商业生态系统的构建和孵化能力。

为适应当下的经济市场竞争环境，各企业要结合自己的行业特点，通过对互联网手段的运用，构想出自己的平台竞争优势，把各个企业之间以往传统的合作模式向网络组织模式转化，向供应链协作模式转化、向虚拟企业以及国际战略联盟等模式转化。企业一定要意识到形势的严峻性，要么屈于平台，要么成就平台。企业能不能很好地适应平台竞争这种新的竞争方式，是企业能否在互联网经济环境下获取竞争地位的关键所在。

（二）开拓互联网战略新思维

随着科学技术的快速更新和互联网经济的发展步伐的进一步加快，瞬息万变的市场经济使企业所处的环境更加具有复杂性和多变性。在这种没有基本规律的动态多变的市场环境中，企业管理者必须调整以往的企业战略思想，改变企业战略对策，对企业的发展目标和发展重心进行重新定位，使其与互联网经济有效融合，摒弃以往的企业生存状态和企业的发展节奏，把企业运营管理的整体水平提高到一个新的层次，并有效地提高企业的运营效率，形成一个能够很好适应互联网经济环境下的企业运营体系。

为了迎合互联网经济市场的多变性和不稳定性，对企业的管理模式、企业的竞争策略以及企业的营销策略要不断地创新，不断追求和探究能够适应当前社会消费移动化、需求个性化的发展趋势。在互联网经济环境的影响下，企业互联网化已经成为未来市场发展的必然趋势，所以企业产品、企业服务、企业营销以及企业运营都要向着互联网化的方向转化。

（三）跨界创新战略的实施

企业对跨界创新战略的实施是促进企业发展的亮点，同时也是关键点。如今跨界创新概念还没有更深入地渗透到企业的运营思维当中。因此，有很多做了很久的运营商到头来连自己的竞争对手是谁都不清楚。现实当中就有很多比较典型的跨界创新的实例，如支付宝之于银行，微信之于运营商，等等。如今电商对平台实施开放性运营，正在实现从品类的跨界、平台的跨界到行业的跨界的飞跃，进而形成更新的电商商业模式。通过对各个方面跨界创新的实现，淘宝网已经打破自己的运营边界并且在不断下沉，如今在互联网的新时代，产业边界正在打开，从一个行业领域，到另一个可能相互之间不存在很大联系的领域，产业之间以迅猛的速度融合，企业和企业之间的异质化竞争正在不断加剧。受互联网经济的影响，因为传统的创新思维已经不能适应市场经济竞争的需求，放开企业思维，打开创新思路，实施跨界创新战略，使其成为企业更长远发展的新动力。

（四）革新企业管理模式

在互联网时代的环境下，以往受时间和空间限制的传统信息传递方式已经成为过去。现如今随着互联网信息平台的不断发展以及推广使用，进一步完善了企业和用户之间的互动交流机制。通过互联网信息平台可以给人们提供所需要的各种信息和数据资料，同时对企业的技术革新和产品升级有极大的促进作用。信息渠道的不断网络化加快了网络新经济的变化速度，缩短了网络新经济变化周期。

为了更好地适应瞬息万变的网络新经济态势，同时达到客户各种多样化和个性化的要求，企业对技术革新和产品升级速度都要进一步加快。当然，这种高成本，快节奏的运营模式对企业传统的管理又是一个新的挑战。企业在面临更大更严峻的挑战时，一定要做好充分准备，紧跟市场的更新步伐和技术的革新速度。所以说企业的管理机制要向着快速运转、团队作业、反应灵活的方向发展，创建出客户为主体，结果为指导，具体高度灵活性的企业管理模式。

（五）ERP在企业经济管理中的作用

1. ERP系统基本概念

ERP这个概念最初是20世纪90年代末期首先由美国提出的一个全新的企业管理理念，具体的内容主要是：针对现代企业内部所有资源开展系统化的管理，从而使得企业综合性资源变得更加平衡。通过将ERP系统应用于现代企业管理之中，可以促使企业的各个部门的业务活动开展得更加协调，同时也能够使得企业在市场竞争过程中自身实力显著提升，从而能够最大限度地促使企业的经济效益得以显著提升。特别强调的一点就是，ERP系统是一种全新的企业管理系统，主要包括了很大软件包以及ERP的各个功能模块，在信息以及数据得到共享的前提下，可以对企业经济管理过程当中所出现的问题加以解决，以确保企业内部各个部门的信息以及资源变得更加优化。

2. ERP系统在企业经济管理之中的作用分析

（1）促使企业成本管理水平上升

对于企业而言，其成本管理能够使得企业的总体发展以及经济战略目标尽早实现，作用较大。企业若要尽早实现经济目标，最重要的便是使得企业的生产经营成本水平显著降低，从而扩大企业的利润空间。这是企业生产经营活动之中的一个重要的目标，同时它也是企业能够在激烈的市场竞争中崭露头角的一个重要前提。若要使得企业的成本管理水平显著提升，那么就需要将ERP系统深入地融合至企业的成本管理过程当中。强化ERP系统与企业成本管理之间的互相融合与渗透，可促使企业能够更好地把握市场、了解行情，并根据自身发展特点来改善自身产品的质量以及服务质量等。ERP 系统可以促使企业生产经营中的各个环节的成本得到有效的控制，强化成本管理工作的精细化管理，在人机合作的条件下，能够更好地规避过多的人为因素对企业经济管理所产生的影响。

（2）节省企业运营成本

在企业的各项经济管理之中，ERP 系统之所以得到最为广泛的应用，主要是该系统能够最大限度地促使企业的经营成本水平显著降低，而且还能够将其控制在最低水平。其中，ERP 系统的一个十分重要的基础就是运用现代化的计算机技术，可对企业内部的各种资源进行优化处理及整合，从而能够很好地构建全面的企业资源以及解决方案信息储存库。在这其中，包含了企业的生产、采购与销售等方面的环节，在综合应用信息技术的条件下，可以对企业的经营状况进行全面的把握与了解。此外，对于不同的经营状况，采取相应的调控策略，从而对企业运营成本进行有效的节省。由于 ERP 系统属于一种现代化的管理系统，很多丰富的经验集中在一起，可以更加深入地促使企业运行效率显著提升，企业自身经济效益也随之而不断提高。将 ERP 系统应用于企业的经济管理之中，企业的各项管理功能可以得到丰富与强化。

3. ERP 在企业经济管理中的应用对策

（1）业务流程的有效重组

企业在实际管理之中，ERP 系统可以对企业自身的业务流程很好地进行重组，它是系统自身的一项十分重要的功能。其中，ERP 系统在实际操作过程中，应该注意对传统的业务流程与 ERP 系统的业务流程进行对比分析。然后，应该与 ERP 系统有机地结合，并对其加以判断，对于系统管理方面所存在的缺陷进行严格的检测分析，一旦检测出现问题，那么就务必要将 ERP 系统与企业的业务流程之间有机地整合，唯有如此，才可以根据企业的生产业务流程中所存在的缺陷，给予相应的处理以及调整，以确保企业的工作效率显著提高。

（2）促使相关工作人员的业务素质水平的提升

在企业实际的经济管理过程当中，ERP 系统逐渐发展成为一种可靠性的管理方法。而为了能够将 ERP 系统的作用发挥至极致，且将其进行灵活的运用，依然需要依靠工作人员，应促使其更为深入地对 ERP 系统的相关内容加以了解。在此种条件下，应该定期地组织相关工作人员参加培训，以增强其业务水平。在培训教育方面，应该对技术以及专业方面的培训内容加以明确，进而科学合理地将 ERP 系统应用于各个环节之中。

（3）加强成本管理

企业只有不断加强成本管理，才能推动企业健康稳定发展，才能落实企业经济战略目标，才能提高企业经济管理水平。随着市场经济的快速发展，企业为了处于市场最前沿，实现经济效益最大化，就需要在提高产品与服务质量的同时，使用尽量少的生产经营成本，不断强化自身的市场竞争实力。这是现代企业生产经营过程中必须重点关注的目标之一，还是提高企业应对各种竞争与挑战的前提条件。以往中，企业成本管理经常受到众多的因素干扰，尽管实际成效较好，但同时也发生了一些问题，对企业整体发展带来不利。所以要想获得更高的成本管理效率，企业管理层就必须充分认识到 ERP 系统的重要性，将其全面渗透到成本管理各环节中，起到一种相辅相成的作用。企业在 ERP 系统的功能优势下，可对现代市场发展情况及其需求深入掌握和分析，以此调整优化产品质量及服务性能，找准企业发展方向。

二、创新经济管理平台

企业要将创新经济管理平台作为推动"互联网+"时代经济管理模式创新的重要战略性举措，大力加强经济管理平台的改革和创新，更加重视网、云、端三者之间的协调和配合，并且要在技术支持和服务方面取得突破，要从"管资金"向"管资金、管资产、管风险、管发展"的方向努力，可以运用信息技术和大数据技术，通过构建财务"风险点"监测和排查机制，及时发现财务工作中面临的各类针对性。创新经济管理平台，还要高度重视经济管理平台的融合创新，比如企业应当将各类管理平台进行系统的整合，使各类资源和数据能够实现共享，进而在开展经济管理工作的过程中更具有系统性，同时也能够促进经济管理模式的重大变革。

（一）构建原则

集团大多为跨地区、跨行业、跨所有制甚至为跨国经营的资本运营实体，是由多个具有独立法人资格的企业组成的企业群体。为此，集团的财务管理要在保持集团利益的前提下，既发挥集团的整体优势，又充分尊重子公司的法人地位，不宜采取过度集权的方法，以免影响子公司的积极性和主观能动性。基于此，集团的财务集中管理模式构建应遵循如下原则：

1. 信息对称原则

集团子公司经营信息上要取得对称，如同股东对管理者的监控一样，这是集团型企业对子公司管理的基础。只有在此基础上，其他的管理措施方可生效。这些经营信息要尽可能地做到全面及时，对于重大的异常事项，有自动的触发与上报机制。

2. 预算控制体系原则

集团财务核算体系应建立在一个高效率的预算控制体系的基础之上。从强化资金控制入手，加强对现金流量的监控。在加强业务预算的基础上，推行全面预算管理，合理地筹集和使用资金，确保资金占用和资金成本最低。预算是计划工作的成果，它既是决策的具体化，又是控制生产经营活动的依据。集团财务预算体系必须以市场为龙头，以效率和效益为核心，以财务管理为枢纽。一方面要对下属单位的预算进行实时控制，另一方面要能及时对预算数据进行汇总和分析。

3. 核算型向管理型转变原则

传统的会计核算是按照会计主体、会计分期、持续经营、货币计量来进行会计的记账、算账和报账工作。主要是资金支付、会计核算和会计报表，集团应通过核对各单位预算指标情况，严格控制各单位的用款进度，对预算指标实行即时控制，合理控制超预算计划用款。加强事前预算、事中控制、事后分析，使集团从核算型向管理型转变，彻底扭转单纯的核算机构的观念。

4. 财务集中管理原则

随着企业组织形态的发展，经历了集中—分散—再集中的历程。而今的集中，不再是小规模企业的简单集权，而是基于现代信息技术手段的内部控制流程的再造。集中财务管理是现代生产力的产物。一方面，现代经济催生了复杂结构的大型企业集团，产生了集中财务管理的需求；另一方面，现代科技为其提供了技术上的可能。

（二）构建方式

传统的集团财务管理是一个分散的管理流程：企业下属各个子公司组织财务人员，设立独立的会计账簿，进行会计核算，并在会计期末结账后向上级单位递送书面报表。企业最高管理层在会计期末经过合并报表，得出整个集团的经营状况。这种"分散"式的管理流程依据传统的四个会计假设——会计主体、会计分期、货币计量、持续经营，以反映单个会计主体的经营信息为中心，通过合并报表实现对整个集团经营情况的了解。在这种分散的集团财务管理模式下，集团整体的财务信息只有经过合并生成的三张财务报表，并不存在整个集团的明细账和总分类账，在这三张报表之外，对集团企业更有价值的经营信息不能清楚地得到，降低了财务信息的完整性和价值。

另外，在这种模式下，只有到会计期末，各个会计主体结账后才可得到有关子公司经营情况的报表,也才能汇总得出整个集团的经营情况和财务状况,而市场情况瞬息万变,要求集团总部随时做出决策,并实施必要的调整,这种滞后的信息很难对集团总部的决策起到有效的支持作用。互联网技术的高速发展为数据信息的集中提供了可能,集中财务管理的思想开始出现,要求对传统的财务管理流程进行修订,由集团总部统一设立"一账式"会计账簿,统一制定会计科目、人员权限、业务流程等,各子公司在上级公司规定的范围内增设会计科目、人员等,并基于互联网在异地独立录入数据,电子数据集中存储于集团总部数据库,并由集团统一结账,编制会计报表。这种模式的改变实现了集团公司的会计集中核算,使集团公司能够实时查询与处理相关信息,实时生成合并报表和账务数据,并能实现跨账簿、跨企业和多维的数据统计和分析。

(三) 构建的主要内容

1. 信息平台的构建

(1) 网络平台

进入20世纪90年代,计算机网络已成为全球信息产业的基石,高度发展的互联网络为大范围的信息交流和资源共享带来了前所未有的良好环境。通过企业内部网络、企业间网络和国际互联网可以跨越信息传输的时空障碍,对社会各个领域,包括人们的日常生活都产生了变革性的影响,同时为企业管理和事中控制的发展和创新带来了机遇。在信息需求的驱动下,将各自独立的计算机连在一起,构成各种各样的计算机网络,提供信息传递、信息共享的平台,为达到有效的管理和控制的目的奠定了基石。

(2) 数据库平台

数据库有广义和狭义的概念:从狭义上说,数据库是一个数据或信息的集合,这些数据按照逻辑结构进行存储;从广义上理解,数据库为数据库管理系统,它是能够定义数据库的逻辑组织结构,对数据库进行存取访问,并对数据进行存储和管理的系统。数据库不仅仅是为了存放数据,更重要的是在数据库中能够定义数据、处理数据、管理数据,为管理者利用数据对业务流程进行实时控制。为有效地利用和管理资金、降低成本、保障企业战略目标的实现提供支持。

(3) 管理软件

从网络环境看,管理软件是基于网络和数据库平台,将先进的管理思想和方法与信息技术相融合,为企业管理的主体——人(业务及财务人员、业务及财务主管。企业高层管理者)提供直接服务的应用平台,即企业管理主体应用管理软件对经济活动中的物流、资金流和信息流进行管理的应用平台,为财务集中管理的实现提供了友好的界面。管理软件的功能随着企业需求的增长而不断增长。从横向看，企业管理的各个方面都有相应的管理软件或子系统的支持，这些子系统可以相互独立运行，解决企业管理某一方面的问题；同时这些子系统又可以集成起来，相互联系，相互作用，共同为企业管理提供支持。比如 SAP 的 R/3 管理软件有财务会计、资产管理、成本控制、后勤系统、销售和分销、生产计划与控制、物料管理、质量管理和工厂维护等九大模块。

（4）网络环境的技术构架

构建网络环境并非是将网络、数据库和管理软件这些要素任意堆积就可以，而是需要对网络、数据库、管理软件等进行有机集成，建立满足管理需求的应用体系结构，即技术结构。随着以计算机网络为代表的信息技术的发展，国内外技术构架经历了文件/服务器系统（F/S）、客户/服务器系统（C/S）以及浏览器/服务器系统（B/S）等的发展和变迁。目前，客户/服务器系统（B/S）成为当今技术构架发展的趋势和主流结构。可以说 B/S 技术构架是支持协同商务集中管理的基础。总之，现代企业协同商务、集中管理、实时控制的管理要求只有在有效的网络环境支持下才能真正得以实现。

2. 财务一体化的构建

（1）基本思想

财务业务一体化是指在网络环境下，将财务会计流程与经济业务流程有机地融合在一起，当一项经济业务（事件）发生时，由相关部门的一位员工负责录入业务信息，同时利用相关信息对经济业务的正确性、有效性和合理性进行实时控制；当经济业务被确认后，立即存储在指定的数据库，同时该事件通过动态会计平台，生成实时凭证，自动或经财务人员确认后显示在所有相关的账簿和报表上，不再需要第二个部门或任何其他员工再录入一遍。这样，信息为所有"授权"的人员共同享用。每个业务与财务人员每天必须打开某个信息屏幕，管理和控制相关的经济业务，做到实时、迅速响应环境变化，争取主动；所有管理人员都按照统一、实时的信息来源做出决策，避免了不同的决策单位或个人由于信息来源的不同而做出相互矛盾的决定，造成管理决策的混乱。

（2）基本原理

要实现财务业务一体化，不仅需要网络环境，而且需要建立一个支持一体化的动态会计平台。

基本要素包括：事件接收器、凭证模板、生成器和实时凭证。

①事件接收器

事件接收器的功能是当一项经济业务（事件）发生时，该事件通过相应的业务模块驱动动态会计平台接受事件信息。动态会计平台的事件接收器接收事件信息时包括以下五个基本特征：What——发生了何事，涉及哪些资源？When——何时发生？Who——涉及何人，充当何种角色？Where——事件发生的地点？Why——事件发生时为什么出错，风险是什么？

②凭证模板

凭证模板包括两种：财务会计凭证模板和管理会计模板：

a. 财务会计模板是严格按照财务会计借贷规则要求而设立的，各经济业务所对应的入账科目及凭证分录结构的模板。

b. 管理会计凭证模板是按照内部管理要求，按照责任中心和绩效评价的需求而设立的模板。

③生成器

生成器的功能是根据经济业务事件信息和凭证模板，自动生成实时凭证，并传递到财务会计和管理会计相应的模板中。

④实时凭证

实时凭证也包括两部分：其一是根据财务会计凭证模板生成的实时会计凭证，它是登记会计账簿和报表的依据；其二是根据管理会计模板生成的实时管理会计凭证，它是登记企业内部管理需要的责任会计账表的依据。实时凭证具有实时性和强制性等特点。

3. 会计组织的重构

会计组织是企业组织结构的重要组成部分，但它又是一个相对独立的要素，是财务集中管理的组织基础，财务集中管理模式只有附着在会计组织及其结构之上，并通过一定的手段和方式才能有效运作。会计组织又是内部环境交叉作用的产物。由信息技术所引发的环境的变迁不但影响着会计工作的手段、方式，更是直接冲击着传统的会计组织管理原则，要求通过组织的重构来提高会计工作效率和效果，进而提高企业整体的效率和效益。在集中管理模式下，组织是围绕业务流程运行的，职能单元则是为业务流程的运行提供服务性的支持。因此集中管理模式下的会计组织实际上是一种二维的组织结构：即流程维与职能维。

（1）组织重构应以流程为中心

针对以往会计内部分工过细的做法，财务集中管理模式下的会计组织围绕业务流程进行重建，将具有逻辑关系的会计活动连接起来，由流程小组来完成整个流程，流程小组实际上是会计组织的基本单元。改革后的会计组织不再存在一个个以功能划分的岗位或职位，原先的若干个不同的岗位或任务被整合或压缩成一种，避免了各个岗位间相互扯皮、重复劳动、协调调整。同时，取消没有增值意义的岗位或职位。最后根据流程的需要设立新的岗位。从组织的表现形式上看，企业可表现为各种工作团队、动态联盟、虚拟企业等，其根本目的是为了赢得市场机会而将企业所需内外资源迅速整合、集成，以适应各种未知的市场变化需求，实现对市场的迅速占有和动态多方合作。

（2）组织重构的扁平化

随着流程小组负责流程的实际操作，对流程的管理也成为其工作的一部分。流程小组被赋予更多的权力，可以自行计划、安排、检查本流程的工作。而这些原属于管理层的职责现在转移到流程小组肩上，对控制性管理层的需求消失了。流程小组也因为可以根据实际情况，在其所授权的范围内独立地进行思考分析、做出决定，而不必事事请示上层或等待指示，使得会计事务可以更好地面向决策。扁平化的另一个体现是管理幅度的加大。由于原属于管理层的许多权力下放到流程，管理人员也不必事事亲力亲为，在财务集中管理模式下的会计组织中，管理人员的作用在于协调、指导各流程的工作并对流程进行设计或修改。

（3）组织重构应面向客户

这里的客户包括内部客户和外部客户，内部客户即各业务流程，外部客户指的是供应商与顾客。

①会计组织与供应商之间协作关系

体现在相互开放、共享资源，加强对市场需求预测及生产计划的交流以降低存货成本、避免缺货风险；双方通过交流各自的成本信息，寻求降低成本的途径；会计组织通过及时足额付款，提高企业的信誉度，赢得供应商的信任，获得更优惠的信用政策，采用更多的结算方式从而提高企业资金的利用率。另外，会计组织利用会计信息系统收集的资料，评价供应商的行为方式给企业带来价值增值的情况，据以对供应商进行分类，对不同类别的供应商采取不同的政策：对于普通的合作伙伴，重在低成本控制；对于有影响力的或竞争性/技术性的合作伙伴，财务经理应着眼于企业的中期利益；对于战略性的合作伙伴则是从长期角度进行考虑。

②会计组织与顾客之间的协作关系建立顾客的信用档案，对不同信用状况的顾客制定不同的信用政策、采用不同的结算方式；定期与顾客核对应收账款，减少或避免错误、舞弊事件；加强与顾客的沟通，以了解如何能提供更好的服务。

③会计组织与内部各业务流程之间的协作关系。在这种关系下，会计组织将业务组织视为内部客户并为之提供最佳的服务，会计组织及时收集基本流程及竞争对手的流程信息，并将之反馈给业务经理，帮助其进行横向比较、采取措施改进流程；协助业务经理对业务流程的绩效，每个员工的业绩进行评价。

第三节　互联网时代拓宽企业经济管理渠道

"互联网+"的出现，使得人们的生产生活发生了巨大改变，因此也对企业产品的发展提出了更高的要求，企业在"互联网+"的影响下，积极创新经济管理模式，选择适合自身发展的经营方式，运用多种经济管理手段不断促进企业的经济发展。"互联网+"技术的发展，还为企业经济管理模式的创新提出了更高的标准和要求，为了适应"互联网+"的发展，企业不得不完善自身经济管理模式的不足，优化产品与服务，拓宽经济管理渠道，总之，"互联网+"的发展，使企业的经济管理渠道变得更加个性化与多元化。例如，某企业根据"互联网+"的发展，将其内部工作人员大致分为三类：平台主、小微主、创客，让他们全部以用户为中心。将管理者变成资源提供者、平台主、服务者；员工不再只听从管理者的管控，而是转变成了创客、创业者；再由他们构成新型小微创业公司，结合社会资源形成并联生态圈，共同构建新的市场，发掘新客户。使其内部组织架构得到最好的调整，完成促进企业的经济发展的目标。拓宽经济管理渠道是创新经济管理模式的重要手段，在"互联网+"技术的影响下，企业从宏观角度出发，了解现阶段市场的真正需求，充分利用各种营销手段，突破传统经济管理模式的束缚，将"互联网+"技术与企业经济管理模式相结合，不断拓宽自身的经济管理渠道，开设微信、微博等多方面的网络营销平台。

一、互联网使品牌传播和品牌建构更加精准有效

互联网的"精准"，使得它可以大胆地宣布"按效果"收取广告费用，这在传统媒体的品牌传播中几乎不可为。越来越多的企业开始选择互联网，也是因为传统媒体的广告效果实在难以评估。传统媒体在线上线下结合进行品牌传播上，远远落后于互联网。企业选择互联网构建品牌，互联网在帮助企业构建品牌的同时，越来越多地参与企业的决策和经营。在未来的互联网品牌构建整合策略中，我们将越来越多地看到这一情形的发生，有学者称之为"互联网与电子商务的融合"。

（一）互联网时代的特点与品牌战略调整

1. 媒体分众化趋势明显，企业品牌战略需及时调整

新兴媒体主要包括移动电视媒体、网络媒体和手机媒体，与传统媒体相比，其属性和指向都发生了很大的变化。互联网时代一个主要的特点就是分众化趋势明显，在互联网时

代下,大众被分成许多个小受众群体,新兴受众群体表现出规模小、个体之间相似度高的特点,这使得小群体成员间更容易达成价值共识,而受众群体之间的差异又有利于媒体传播的创新,更有利于媒体个性化的发展。为了达到创新效果,企业要对自己的品牌战略设计做出适当的调整,力争让更多受众认可自己的品牌,努力扩大品牌效应,不断提升品牌价值。

2. "事项化生存"的影响,导致品牌战略必须有所创新

"事项化生存"理念的出现,使得形象成为最主要的信息传播手段。随着新兴媒体的不断出现,社会中的许多信息以各种各样的形式出现,它促进了大众的消费,促进了社会商品经济的发展、在这些信息中,事项化信息表现得尤为突出,通常情况下,被认为是有价值的信息资源,基本是事项化信息。这就导致了越来越多的人将在"事项化"的环境和氛围中生存和发展,这就要求品牌战略必须做出适当的调整,进而使品牌的识别系统设计更加完善,这也要求企业要以品牌战略的创新带动品牌资源管理的创新,进而不但扩大企业品牌的影响力。

3. 传媒方式的变化,致使品牌战略必须有所创新

媒体的国际化以及传播的相对专注向过量化的转变,将会长期影响品牌战略的调整。大众现在接受信息的方式已经发生了很大的转变,人们可以通过广播、移动电视、广告牌、网络、报刊等各种方式获取信息,甚至随时可以拿出手机来获得想要的信息,人们获取信息的方式受到的束缚越来越小。所以品牌传播的调适已成为必然,品牌战略调整已成为必然,品牌战略只有进行适当的创新,才能适应时代的变化。而且,随着时代的发展,大众对广告传媒已经有了新的认识,几乎所有东西都可成为广告传播的媒介,这也为人们筛选信息带来了很大的困难,所以,要想让大众认可自己的品牌,就必须对品牌战略进行调整和创新。

4. 资讯专制化向民主化的转变,将导致品牌战略的调整

资讯专制化向民主化的转变,使得社会大众的表达权越来越被尊重,会导致品牌战略的调整。随着互联网时代的到来,社会舆论的影响力越来越大,所以在制定品牌战略时,要改变传统的思维方式,要避免传统品牌设计中出现的错误,在设计中要融合多种现代化因素,努力创新,不断扩大品牌的影响力。

(二) 互联网时代的品牌战略创新要点

1. 创新品牌设计,增强品牌价值

在进行品牌创新设计的过程中,企业应该将品牌战略和企业战略有效地结合在一起,

规避因企业急于多元化和扩张造成的品牌价值链断裂。现代企业在经营管理过程中，要将品牌战略作为企业管理的重点，要统筹规划企业所有价值活动，要注意优先选取高效的品牌战略，要充分利用现有的品牌资产，在此基础上要进行积极创新。

在进行品牌创新设计的过程中，企业应该注意企业形象识别与企业品牌识别的有效融合。企业在进行品牌创新设计时，可以结合企业识别设计的成果，在战略上进行适当的调整与革新。品牌文化和企业文化存在一定的矛盾，而且双方战略的侧重点也不同，但是企业可以通过战略调整使两者在利益层面上得到化解。如品牌识别系统的设计模块与企业识别系统的设计模块是否相同，而怎样来解决企业设计模块存在缺陷的问题。对此，可以在企业识别系统的基础上增加事项化信息识别系统，从而满足互联网时代对品牌创新的要求。

在进行品牌创新设计过程中，企业还应该将流程再造与企业品牌基因补强有效地结合在一起，从而防止企业品牌基因在流程再造中遭到流失。企业在进行品牌创新设计时，要注意企业品牌的核心价值对企业文化的升华和渗透。

2. 促进媒体契合和互联网开发，提升品牌影响力

企业在制定品牌战略时，首先要进行规划，接着要就是品牌传播，品牌传播对提升品牌影响力以及树立企业形象有着重要的意义，所以，品牌传播工作是否能落到实处，对企业实施品牌创新战略有着直接的影响。在传统的媒体时代，媒介整合至关重要，企业通常会借助电视、广播德国进行品牌传播，如果要进行创新，也只是调整广告的投入时间点，或是增加广告数量。在互联网时代，人们获取信息的方式非常多，大众传播已经失去了原先的优势，媒介整合的性质和对象已发生很大的转变。所以，企业在实施品牌战略时，要注重媒介资源的契合，而且要注重对新媒介的开发利用，通过利用新媒介的特殊功效，使得企业品牌能够被有效传播，从而实现企业品牌的延伸，从而实现品牌战略创新的目标。如某食品品牌进驻某市市场，企业可以根据该市的特点，开展文化营销活动，通过电视、广播等媒介分阶段推销自己的产品，通过开展"食品文化传播"活动，再通过网络、手机等新媒介传播本企业的品牌，力争让更多的人了解企业的品牌，进而认可企业的品牌。

3. 激活市场，推进品牌终端策略变革

随着互联网时代的到来，信息传播过量化、资讯民主化等问题逐渐受到人们的关注，所以企业的品牌策略也要做出相应的变革。品牌战略是否有效，最终要看消费市场的变化情况，可以说品牌战略的指向就是消费者这市场终端。所以，企业在实施创新品牌战略时，要注意把握好终端这个品牌目标，在市场上，努力使消费者认可本企业的品牌，进而促成品牌战略在市场价值上与互联网时代对接。

企业在进行品牌战略创新时，要注意优化品牌终端战略。企业要注重品牌文化的传播以及品牌文化的渗透，努力突出创新效。企业品牌文化的传播一定要在市场和消费者层面进行改善，在这个过程中，首先要做到的就是企业品牌文化必须与社会价值观相适应。其次就是要能够打动人心。企业在传播品牌时，要注意品牌文化的时尚性和亲民性，要让消费者认同企业的品牌文化和价值。企业品牌与消费者共存，在互联网时代已成为主流，手机购物、电视购物、网络购物已成为企业品牌传播的新方式，这也反映出品牌终端的变化。所以，企业在进行品牌传播时，要注意产品的应用价值，也要注意产品所包含的历史、文化、潮流等因素。

在互联网时代，企业在传播品牌的过程中，也要注意市场发散，这也体现了品牌战略的创新。企业要通过品牌传播，先获得一小部分消费者对品牌的认可，然后以这一部分消费者为基点，带动另一部分消费者，进而带动整个消费群体。通过这种市场发散的形式，去摸索市场终端的规律，进而创新市场终端策略，这就是品牌战略终端创新的又一个重要原因。在互联网时代，企业可以主打高端品牌，可以推出贵宾体验卡，通过使用爱心卡，去打动一位可能不会进行长期消费的消费者，他也许现在只是体验者，但是很可能会顺势发展为后续消费者，也可能将这一产品推广给其他人，从而为企业创造更多的消费者。所以，企业应该不断创新品牌战略，通过优化品牌终端策略，不断拓展企业的产品市场。

互联网时代的品牌战略创新，对一个企业的发展意义重大。在互联网时代到来之际，企业要想获得长足的发展，就必须适应时代的特点。在实施品牌战略时，要根据产品特点以及消费市场的特点，及时进行调整，而且要对品牌战略进行不断的创新。在进行品牌创新时，企业要注意品牌价值的保护，要注意自身品牌文化的传递，也要注意对终端市场的把握，通过战略创新活动，努力提高企业品牌价值，努力提升品牌影响力，进而不断推动企业的发展。

二、信息传播方式彰显互动

在这个崇尚体验、参与和个性化的时代，毫无疑问，互联网营销迎合了现代营销观念的宗旨，与消费者的沟通更加便捷，更容易构建关系营销，使得精确营销和数据库营销成为可能，消费者的个性化需求容易得到满足，从而获得更好的营销传播效果。

（一）互联网时代消费者购买行为分析必要性

消费者是市场发展的主要动力，也是重要的组成部分。商家在市场中的生存发展需要通过消费者购买行为才能够实现。对于消费者购买行为的分析，也是商家获取利润，分析市场变化发展的重要问题。消费者购买行为受到心理变化支配。不同消费者会受到不同因素的影响，产生复杂的心理变化，购买行为能够反映出心理变化特点。差异性购买行为需要通过对消费者进行商业刺激能够实现。在现代社会中，消费者需求具有多样化特点，复杂程度直接导致市场规模、消费种类的持续扩大。商家营销活动也受到一定的影响。互联网在技术、信息传播上具有及时性，特别是对消费者心理影响效果更为明显。互联网时代消费者购买行为需要不断地被满足，这也是互联网时代商家的销售核心。消费者购买行为在内部催动和外部刺激下共同产生心理变化，商家要利用这种变化对消费者开展推销，能够起到意想不到的效果。购买行为越是接近心理需求，消费者越是能够感受到满足。

（二）互联网时代消费者购买行为变化

1. 需求多元化

受到传统媒体的影响，消费者的需求更多限制在周边产品。朋友推荐、商业广告、促销信息等是消费者购买行为的主要影响因素。但是在互联网时代中，消费者接触产品的信息渠道更加广阔。互联网能够为消费者提供搜索系统，这样消费者可以根据自身的需求进行信息搜索。社交网站、购物网站、移动终端等都能够为消费者提供个性化服务，消费者购买行为也更加具有复杂性特点，通过不同的传播媒介能够获取到大量的产品信息。消费者的需求也会随着互联网技术的发展更加多元化。互联网时代中消费者产生自我意识的觉醒，利用微博、微信等开展的营销活动越来越受到关注。消费者通过这种传播媒介进行的产品选择空间不断地扩大，不再局限于物质等的需求，同时还注重精神的享受。不同空间、时间消费者都能够进行消费。

2. 专家型购买的形成

消费者购买行为在互联网中呈现专业化发展。消费者在传统媒介中开展的购买行为与整体环境有着直接的联系，在这种环境中消费者很容易受到误导。但是在互联网时代，消费者的购买渠道等发生显著变化。消费者受到的影响因素数量明显降低，通过信息评价等获取到产品的质量问题，对于产品的选择有着直接的影响作用。网络营销对消费者购买行为能力的提升发挥着巨大的作用。消费者通过对不同产品的对比，能够选择到最适合自己的产品。消费者还能够利用网络虚拟社区发布相应的产品使用感受，信息传递能够保证消费者对产品的了解越来越熟悉。

3. 理性与感性的相互转变

在互联网时代中，消费者的行为模式、心理特点等都在发生着变化。购买载体由实体店向虚拟店铺转变。由被动接受广告转变为主动接受广告。互联网能够为消费者提供购买虚拟产品的服务，通过即时聊天能够获取到产品的基本信息。通过互联网滚动播放、积分返现、促销优惠等形式能够吸引到更多的消费者。消费者可以通过关键词搜索到自己需求的产品。消费者在互联网影响下购物周期发生明显的变化，冲动消费增强。互联网时代，消费者的购买行为将不会受到地域等方面的限制，并且会将更多的时间消耗在网络产品选择上。消费者购买行为向感性化发展，直接受到网络评价的影响。消费者在购买上实现理性与感性的自由转换，对于自身的购买决策更加具有信心。商家要利用消费者心理变化，通过互联网传播了解到大量的消费信息，注重市场细节充分利用互联网的优势，制定出具有针对性的营销方式。

互联网时代，消费者与商家之间的互动更为频繁，商业活动实现多元化发展。消费者的购买行为发生变化反映出商业信息多样化。消费者根据自身的个性对商品进行选择，通过互联网传播了解到大量的消费信息。商家也能够利用互联网技术开展营销方式的创新，注重市场细节充分利用互联网的优势，制定出具有针对性的营销方式。消费者根据自身的喜好满足需求，同时也能够实现商家的利益最大化。商家开展绿色营销，要适应互联网时代的大环境，结合网络营销和构建品牌效应，这样才能够吸引大量的消费者。另外，对于互联网时代消费者购买行为的分析，能够为市场经济的变化发展提供重要的数据参考。

第五章 经济管理体系下的企业创新发展

第一节 经济管理体系下的企业观念创新

一、现代企业管理观念创新分析

企业管理理念是一个企业的灵魂。随着市场经济的发展,企业管理要求新的管理理念与之相适应,中国企业在发展过程中,紧紧抓住国际管理理论与实践发展的新趋势,更新观念,结合本企业的特点,勇于创新,取得了极大的收益与进步。新经济时代激烈的竞争,呼唤企业要不断进行管理变革和创新,才能适应时代发展的要求。所以现代企业应该不断创新企业管理理念,促进我国企业更快更好地向前发展。

(一)现代企业管理理念创新的必要性

1. 适应时代发展的客观要求

当今世界已经进入了知识经济时代,知识经济时代要求现代企业必须不断创新管理理念。管理创新即要把创新渗透于管理的整个过程之中,不断进行观念创新、制度创新、市场创新,进而实现组织价值和管理效能的最大化。创新是组织生命活力的源泉。传统的管理理念过多地强调组织内部环境的控制,忽视了组织与环境之间的互动,结果是制约了组织的应变力和竞争力的提高。所以,管理组织必须创新。创新是未来现代企业管理理念的主旋律。时代呼唤围绕着知识管理进行的创新,管理理念创新可以适应当代企业的发展要求,也是适应知识经济时代发展的客观需要。

2. 企业管理理念创新提高企业文化水平的要求

知识经济时代的管理是科学的管理,体现着先进文化及价值导向。现代企业管理理念必须提高人的科学知识水平。提高管理中的文化含量，实现两种价值的融合，就成为未来管理中面临的一项紧迫课题。现代企业管理理念可以促进人的全面自由发展。传统的管理理念忽视了组织成员的个体价值和个人目标，忽视了人的个性的激励和潜能的开发，最终导致管理效能的下降。这就客观上要求新的管理理念与之相适应。企业的生存和发展需要新的管理理念去提高人的素质，充分发挥人的潜能，使人与自然的关系得以和谐，人的个性得以充分发挥，人的需求不断地得到满足。

3. 企业管理理念的创新是企业提高经济效益的重要手段

知识经济时代的现代企业管理理念必须把知识改变组织命运的理念渗透于管理的全过程。"以知识开发知识"是时代发展的必然。知识经济时代的现代企业管理理念必须把知识最大限度地转化为生产力。其核心理念就是要求把组织系统的信息与信息、信息与活动、信息与人有机连接起来，实现知识共享，运用集体智慧和创新能力，以赢得组织的核心竞争力。知识经济时代的现代企业管理理念必须发挥人的创造力。在知识经济时代，无论是营利组织还是非营利组织，最宝贵的资源不是它的固定资产，而是它的知识工作者。现代企业管理理念所做的一切，就是提高知识工作者的生产率，从而提高企业的竞争力，使企业在激烈的市场竞争中站稳脚跟。

（二）现代管理理念的创新

1. 人本管理理念

人才是直接影响企业整体发展的关键因素，新时期企业发展中要将企业"以人为本"的管理理念深化到企业管理的突出位置，强化人的主体地位，在发展中尊重人的主观能动性，使企业各级员工充分意识到自我价值，从而在企业发展过程中，更愿意以主人翁的身份投入到工作中去。人本管理理念是企业吸引人才的有效管理理念，对于大多数员工而言，自我价值的最大化是其在工作中追寻的最终目标。因而，企业要在尊重员工的基础上，根据每位员工的自身特点制定出详细的培养措施，使其意识到自己受重视程度，从而更愿意将企业作为施展自己才华的平台。人本管理理念不应仅仅局限于对员工的物质奖励，更应该有针对性地对表现积极、努力的员工进行精神上的鼓励，以激发其工作的热情。

企业人本管理理念的创新过程中，可以根据员工的日常表现，设置最大进步奖、团结协作奖等各种奖项，更深层的激发员工的工作热情。企业只有做到真正地尊重员工并根据员工个人的表现与能力对其进行有针对性的培养，员工才会逐渐生成"以企业为家"的责任感与奉献精神，其才会成为企业未来发展的主力军。

2. 知识管理理念

企业的知识管理是充分将各种与企业发展相关的企业内部信息与外部信息进行充分的整合，将信息与企业的内部活动、企业的长远发展有机地结合在一起，通过信息技术的作用形成一个系统的知识资源共享体系。企业的各级领导通过定期的对其下辖的员工进行知识的引导，使企业员工的整体素质与知识储备迅速提升，以促使各级干部员工在自己的岗位上发挥自身的价值，运用聪敏智慧为企业的发展建言献策，为企业在市场经济竞争中提供坚强的后盾保障。

新时期企业在进行知识管理理念的创新时，首先要建立知识共享机制与知识共享平台，为员工的以主人翁的身份投入到企业的发展建设中去提供平台，其中知识共享机制需要企业通过总结企业各阶段的发展情况，并指出发展中存在的不足，借鉴国内外同行业发展中的成功经验，为企业的发展提供借鉴，以促使企业的正常发展。在知识共享机制中，企业的各级领导与员工会及时了解国内外的先进知识与技术，对其学习与发展有极大的助益；而知识共享平台为基层干部员工提供了分享自己的理解与建议的平台，在平台上员工可以阐述自己对某些知识的理解及对企业发展的建议，在为基层员工提供施展自己的才华的同时，也有利于激发员工思想中潜在的创新精神，是企业长远发展的有效保障。

3. 创新管理理念

创新是一个民族发展的不竭动力之源，对于企业的发展也同样重要，企业在发展过程中要根据整个市场的变化而不断进行创新活动，以积极调整企业的发展战略，使企业沿着更科学的发展轨迹发展。企业要在明确自身发展性质的前提下强化市场危机意识，从而详细引导企业具体环节的创新管理，以解决企业发展中存在的不足，树立正确的创新管理理念并使其深入贯彻到企业经济管理活动的全过程中去。企业完善创新管理意识可以激发各级员工的创新意识，使企业在发展中可以精确对其自身进行市场定位，以推进企业的全面的发展。企业的创新管理理念可以具体地从对企业的长远期目标规划、企业员工的培养方式、企业的运营方式、企业的奖励机制、企业的组织结构、企业文化构建等多个方面进行。企业可以根据自身的发展情况进行市场的实时定位，从而促使企业领导可以根据实时的市场经济发展信息及时改变企业的发展目标，创新人才培养方式、奖励机制，同时企业也可以适当进行企业内部组织结构的调整，以优化资源配置，促使企业资源管理体制的创新；企业根据市场竞争情况强化市场竞争观念，推进思想观念的创新等。在市场发展过程中企业只有不断根据自身发展的实际情况进行适当的创新与改革，企业才能更稳定地走下去。

4. 危机管理理念

企业将危机管理理念渗透到工作的各个环节，使领导干部及员工能及时地提出有可能对企业的发展带来不利影响的问题或挑战因素，使其可以有充足的准备时间去有针对性地思考与应对，从而在危机真正发生时可以从容不迫地应对，最大限度的降低企业的损失。

就企业的危机管理意识，企业可以建立危机探究机制，企业以各个部门为具体单位，定期开设危机探究会议，部门领导与员工可以各抒己见，针对发展中遇到的或是预见到的问题进行探究，由于基层员工从事最基础的工作，其危机意识更能代表基层发展情况，对企业的发展更有切实的帮助。

5. 激励管理理念

充足的动力是员工在各自的工作岗位上积极建言献策、努力从事生产活动的重要影响因子，因而企业在发展过程中应积极强化激励管理理念的发展与深化，通过一定的物质或精神奖励使员工更愿意将自己的更多精力投入到企业的经济运行中去。在激励管理理念下企业可以通过制定完善的奖惩制度，对工作积极努力的员工提供奖励，而对工作消极的或做出有损企业发展事情的员工进行惩罚，企业制定严格的职业纪律规范，员工才能感知这个企业的公平、公正，才更愿意参与到企业活动中去。

二、新形势下企业管理理念创新及运用

当今时代已进入科技、信息和知识经济高速发展的时代。市场竞争全球化与经营战略创新化，使得管理对象、管理目标和管理方式出现了新情况、新问题。不少企业管理者感到，一些多年被视为行之有效的管理方法与管理思维已不再能很好地发挥作用。这就迫切要求我们的企业家加快更新观念，以全新的管理理念推动企业更快发展。

（一）管理是指导和激励

研究在市场经济中出色运作的企业的管理，不难发现，走出传统的"控制管理"，实施有效的"指导与激励管理"，是企业管理观念的变革与创新，更能充分挖掘出人的潜能。

传统的管理科学认为，管理就是控制，企业经理的主要工作就是控制员工的行为，确保圆满地完成公司与经理为员工制定的工作任务。目前，这一管理理论已经不能满足企业市场化运作对管理的要求。实践证明，管理已不再是传统意义上的控制，而是指导和激励。这是因为现代信息和科技网络覆盖企业生产与流通全过程，生产周期缩短，专业分工从金字塔组织逐步转向扁平团队组织，每个员工在本职岗位上即可了解全局，人们的知

识、思维更新更具活跃性。因此，管理者应从控制转为指导与激励，注重提供服务、规划总体、确定战略和创造员工必要的工作条件与环境。经理的工作转为组织企业员工的激励活动，更能开创管理的新局面，带来更佳的管理效率与效益。

推行指导与激励型管理，需要企业家们从市场竞争的高度，更新管理观念与思路，认真研究企业员工的精神、物质需求变化，研究管理环境变化，制定相应的管理激励措施，并从组织上加以保证，以增强管理层的管理力度和灵活性，把指导与激励管理融于控制、监督管理之中，激励企业员工上下一心、克服困难，形成强大的创造力和凝聚力，不断去开拓市场。

（二）着力建立企业内部市场

传统的泰勒管理模式中最显著的特点，是把企业看作一个大机器，而企业的员工则是这一机器中的具体零部件，强调管理步调一致和工作的标准化，实施严格的程序管理，规范职工行为。世界变化快，企业管理模式也应跟上。在传统体制下，是上级设计出一套办法和产品，下级安安稳稳地执行，现在这些已经行不通了。管理的新观念是分散管理权限，下放权力，而不是把员工当成"统一步调"下的驯服工具。由此，不少中外企业家的实践是尽快从统一步调式管理转为建立企业内部市场，使管理更为有效。

企业内部市场管理方式，是一种企业非集中化或分散经营管理方式。这一管理把企业分立成能够各自对经营结果负责的自我管理单位，具有对迅速变化的外部市场环境较强的适应能力，具有极大的竞争灵活性。同时，分散经营的各单位又组成一个强大的企业整体。集团化，分散经营，相互利用与取舍，成为企业活力的源泉。

（三）组织产销联盟共同体

当今市场是竞争日益加剧的市场，企业要生存与发展，必须强化竞争管理。过去，企业市场竞争管理的一个重要观念，就是采用各种有效的方法，力求做到在竞争中击败对手，以赢得更为广阔的市场。研究企业管理观念的创新与发展，可非常清楚地看到，管理就是"击败竞争对手"的理念已被"管理是组织产销联盟共同体"的新观念所取代，市场竞争管理更倾向于联手合作，共同分享市场，各得其所。

当今的企业领导者，都不应再把自己的企业视为等级分明的组织结构，而应视为在市场复杂系统中的一个参与者，企业无论是要扩大市场占有能力，还是要开发新的市场，都必须与其他公司携手，培育以发展为导向的协作经济群体，其共同目标就是集中有效资源，创造出消费者可以实际使用的新价值。企业之间开展市场竞争，采取击败对方之策，会导致产品价格失常，企业竞争成本上升，外部竞争环境不断恶化。而组织协作经济群体，可以使企业改善市场环境，获得新的发展生机。现在，我们有不少企业仍存在"击败竞争对手"的陈旧管理观念，其结果往往导致两败俱伤，因此，迫切需要更新竞争管理观念，尽快跟上管理发展潮流。

（四）强化顾客关系管理协调

传统的管理理论认为，协调好企业生产全过程的诸多矛盾与问题，强化企业生产、营销等各方面管理是为了顾客，因此，强化顾客关系管理协调已成为企业管理观念更新的又一重要课题。

时下，"企业的命运在顾客手中""顾客是企业利润的最终决定者"，顾客关系管理协调已上升为现代企业管理的核心。实行顾客关系管理协调是企业管理理论的创新，其管理内涵突出表现为以顾客满意为企业最高目标，顾客是企业经营的主要驱动力，企业管理组织的中心位置是顾客，新品开发、产品生产与服务必须围绕顾客进行并由其参与，企业采用顾客关系信息管理系统，对其变化的需求随时进行监测，指导企业提高顾客关系管理水平。其管理对象也不同于一般消费者，"顾客"的含义不仅是产品购买者、服务者等外部顾客，还包括内部员工即内部顾客，以及企业供应商和相关产品生产商，是一个由商品生产者、消费者、流通者为一体组成的"顾客关系管理系统"。现代企业家应当走出传统的管理思维，充分看到顾客关系管理协调的重要作用，强化顾客关系管理协调，适应日趋成熟的市场，加快产品创新及观念更新，培养更多的忠诚客户，营造企业员工满意的工作环境，从而使企业更适应顾客，使顾客更关心企业，推动企业市场化发展。

（五）扬弃吸收和不断创新

将传统的有效的管理方式及具体内容，通过继承与维系的途径，在企业中组织实施，这是人们一贯的管理思路和长期以来的做法。随着改革开放和知识经济的发展，人们经验的吸收以及对实践的不断创新。

研究当代管理新观念可以发现，观念创新带动了管理方法与方式更新，出现了新的管理结合点：一是理性管理与非理性管理相结合。理性管理即以复杂的结构、周密的计划和定量分析等手段进行管理。但这已不适应知识经济时代瞬息万变的市场形势，还必须把依靠直觉与实践指导、灵活把握市场的非理性管理与理性管理结合起来。二是务实管理与务虚管理相结合。企业的务实管理主要是有形管理，注重企业发展与经营战略、企业体制、技术构成、成本效益等硬的方面。但仅注重硬的方面是不够的，还需要有务虚管理，即注重企业价值观、企业精神、企业人才培养等软的方面。三是组织管理与人的管理相结合。传统的严密组织结构，严重抑制了人的创造性。因此，新管理思维提倡以人为中心的管理形式。四是正式管理与非正式管理相结合。在通过企业正式会议、规章制度、有关程序管理的同时，大力开展非正式交流、会面，甚至进行单个拜访、生日庆贺等，这更具疏导与激励作用。五是层次管理与现场管理相结合。传统的分层等级管理已显出管理链长、管理者意图难以及时下达以及限制中间层次的创造性等弊端，应被现场管理所取代。国内外不少知名企业已提出并实施"零管理层"，由企业最高管理者直接管理到位。六是集权管理与分权管理相结合。除关键性管理权限相对集中外，更倾向于下放更多的权限，以利分散组织结构，更灵活地运作市场。在知识经济起主导地位的市场经济中，企业家唯有继承传统，加快吸收，不断创新，才能使管理思维与理念创新跟上时代要求，才能在竞争中立于不败之地。

第二节　经济管理体系下的企业组织创新

一、现代企业管理组织的发展与创新

任何组织机构都不是一成不变的，必须随着外部环境和内部条件的变化而不断地进行调整和变革。通过调整和变革组织结构及管理方式，使其能够适应外部环境及组织内部条件的变化，从而提高组织活动效益。

（一）组织创新的基本概念

1. 组织创新的含义

组织创新是指形成的共同目的认同体和原组织认同体对其成员责、权、利关系的重构，其目的则在于取得新目标的进一步共识。组织创新理论主要以组织变革和组织形成为研究对象，它不是泛指一切有关组织的变化，而是专指能使技术创新得到追求利益的组织的变化。也有研究者却认为，组织创新是指组织受到外在环境的冲击，并配合内在环境的需求，而调整内部的若干状况，以维持本身的均衡从而达到组织生存与发展的调整过程。

2. 组织创新的特点

有学者认为，组织是对资源的一种配置方式，它包括对人力、物力与财力资源及其结构的稳定性安排。它与市场相对称。由此，组织创新意味着资源组合方式的改变。组织创新不论是在内容上、过程上，还是结构上，都表现出一些重要的特点：①组织创新表现为企业功能的完善，即引入许多新的组织因素，进行一些内部结构的调整，以形成较为完整

的企业功能；②组织创新是各种社会组织之间的横向联合；③组织创新是企业内部结构的不断优化；④组织创新活动对企业目标和经济技术实力的依赖度很大。

3. 组织创新的类型

按主导形式分，组织创新有三种类型：市场交易型（A型）、行政指令型（B型）和混合型（指市场交易与行政手段相结合）。A型组织创新主要依靠个体利益的诱导，当个体认为参加新的组织能获得大于先前所得的利益时，A型组织就会出现；B型组织创新主要依靠权力的驱动，当权力上层发觉重构认同能实现整体的新目标或使旧目标更好地实现时，B型创新就会发生；混合型创新介于其中，它广泛存在于组织与市场共存的相互作用体系中。

按完成的手段分：组织创新也有三种类型：一是兼并型；二是分割型；三是创建全新组织型。

按组织范围大小和组织成员的多寡分：组织创新可以表现在三个层次上，即制度创新、产业组织创新和企业组织创新，这三个层次相互贯通，互为前提。

组织创新的内容，还可以划分为：人员、观念和文化的创新；组织结构和职权划分的创新；组织任务和流程的创新。

（二）组织创新的驱动因素

所谓组织创新的诱导因素是指那些促使企业进行组织创新或人们对组织创新感兴趣的因素。归纳起来，关于组织创新诱因的研究大致有"三因素"说、"两因素"说、"单因素"说等几种观点。

"三因素"说中：有学者认为，组织创新的诱因有技术推动、市场导向、政府调控三种模式。技术创新过程就是技术从无到有、从思想到实物、从不成熟到成熟、从实验室走上市场的过程。这个过程要求并推动与之相适应的组织形式的变化与创新。市场诱发下的组织创新主要服务于创新性技术成果的商品化，形成以技术市场为依托的各种组织形式。也有学者认为，不同的组织存在形式是组织在技术要求、内部管理的有效性和与外部环境进行交易的费用这三者之间的权衡的结果。首先，一定的技术要求有相适应的组织方式和结构。其次，由于组织所包含的是具有个别利益的主体，因而它的存在是以个别对目标的共识为先决条件的；另外，组织作为目的认同体在实现共同目的的过程中需要合理地配置其成员的责、权、利关系和他们与资源的搭配。因此必然要付出一定的内部管理费用。最后，组织总是存在于一定的环境中，组织的功能总是通过它与外部环境的交易体现出来。有交易就有交易费用，它来自制度对权利的模糊界定，也来自客观存在的物理上的距离和语言、文化心理、民族习惯上的差距,这些交易费用是市场运作的费用。只要存在市场,组织就不能回避。外部交易费用从另一个角度决定了组织的规模及其存在方式。

新制度学派认为,组织创新有三方面的来源:一个是要素相对价格的变化,一个是经营规模的变化,还有是发明的结果。在第一种情形下,企业将面临某一要素相对价格的降低。在给定的时间内,它将会改变生产流程,从而更多地利用那些投入要素相对便宜了的生产流程,较少使用相对价格上升了的生产流程。就第二种情况而言,如果某些流程的资本投入不是无限可分的,那么,市场规模的扩大可能会使企业改变它的要素组合,以使用更多的资本而较少地使用劳动。另外,有些安排创新并不依靠要素价格或企业规模的变化,它们只是发明的产物,完全取决于关于创新安排的知识的扩散以及现存安排的寿命。

(三) 传统组织结构及其对组织创新的影响

传统的组织结构通过强调理性思维和决策的作用,解决了组织环境和员工人际关系的不确定性。

组织结构的运行必须严格遵从法律和规章制度。因为在组织环境中,个人更关注自己的"任务"和"等级",而不是新观念的产生和问题的解决。当代的市场发展的实践证明,组织的各个组成部分之间经常性的、开放式的交流对于创新性产品的开发是至关重要的,传统的组织结构不但会引起保守的思想,而且会妨碍有效地解决问题和交流信息。

传统组织结构对创新的消极影响的一个后果,就是由于上级对下级所从事的专业领域内的工作并不熟悉,由下级提出的新颖性观念因此可能会遭到否定。因为每个官员的知识仅仅局限于自己的专业领域之中。如果上级缺乏下级任务范围内的专业知识,那么他们就有可能否决有价值的观念。所以,有潜在价值的观念就有可能失去证明其价值的机会,从而个人的创新潜力在组织的管理层就被扼杀了。

近年来,越来越多的研究者意识到传统组织运作机制以及决策机制的不合理性和对当代社会变化的不适应性。而且越来越多的人意识到,在现代商业社会里,快速变化的组织活动要求组织中的个人能够接受模糊不清的事物,而不是永远小心谨慎地做出结论。因此,组织在处理复杂的综合信息时,个人创新潜力的发挥也就显得更为重要了。

(四) 组织创新与企业的可持续发展

面对竞争,企业只有不断地创新才能生存和发展。无论是企业技术创新还是企业的制度创新,都需要企业组织创新的有效配合。

1. 组织创新要致力于企业的核心能力提高

从根本上说,组织创新要有利于培育、保持和提高企业的核心能力,赢得竞争优势。

在短期内，企业的竞争优势来源于其当前产品的价格及性能属性。从长远看，企业竞争优势来源于比对手更低的成本、更快的速度去发展自身的能力，来源于能够生产大量具有强大竞争能力的产品的核心能力。企业的核心竞争能力表现为特殊性，与众不同和难以模仿。无论是知识经济，还是信息经济，人越来越成为核心竞争能力的最重要载体，人力资源是最宝贵的。改变传统的组织模式在新环境下对人的束缚，极大地发挥人的主观能力性成为必要条件。因而，组织创新必须有利于企业核心竞争能力的提升。

2. 组织创新要致力于提高企业的动态能力

动态能力的基本假设是组织的动态能力能够使组织适应环境的变化，从而使组织获得持久的竞争优势。"动态"是指适应不断变化的市场环境，"能力"是指战略管理在更新企业自身能力以满足环境变化的要求方面具有关键作用。我们根据所知道的关于企业组织的理论很容易明白，组织的变革与创新的目的就是使组织不断适应环境变化的。可见企业通过组织创新以达到提升企业的核心竞争能力和动态能力，使企业生存、发展、壮大，实现可持续发展。从这个角度上来看，制度经济学所提出的"制度是第一生产力"是很有道理的，我们在这里可以解读为，组织创新是组织不断发展壮大的最重要的驱动因素。

反之，企业的可持续发展也使企业积累了宝贵的创新精神和创新经验，积累了组织创新的必要资本。可见企业组织创新与企业成长是一种互为因果，相互促进的关系。

二、现代企业管理组织中财务管理创新研究

财务管理是对企业资金、成本、费用、利润及其分配等财务收支活动实行管理和监督的总称，是企业管理的重要组成部分。在现代企业管理中，财务管理是最直接、最有效地影响企业获得最佳经济效益的管理环节，其领域在不断地拓宽，部门的设置已位居各管理机构之首，维持良好的财务状况，实现收益性与流动性统一，成为现代企业管理决策的标准。同时，财务形象已成为企业的主要形象，企业的运营目标已主要反映为财务目标。

（一）财务管理观念的更新

知识经济时代的到来，客观上要求企业财务人员必须树立新的财务管理观念。

1. 人本化理财观念

人的发展是人类的最终目标，人是发展的主体和动力，也是发展的最终体验者，从而把人类自我发展提到了经济和社会发展的中心地位。据此可以看出，重视人的发展与管理观是现代管理发展的基本趋势，也是知识经济的客观要求。企业的每一项财务活动均是由

人发起、操作和管理的，其成效如何也主要取决于人的知识和智慧以及人的努力程度。企业财务管理人员只有树立"以人为本"的思想，将各项财务活动"人格化"，建立责权利相结合的财务运行机制，强化对人的激励和约束，才能充分调动人的积极性、主动性和创造性，这是企业顺利而有效开展财务活动、实现财务管理目标的根本保证。

竞争与合作相统一的财务观念。当代市场经济竞争中出现了一个引人注目的现象，这就是原来是竞争对手的企业之间纷纷掀起了合作的浪潮。在知识经济时代，一方面，信息的传播、处理和反馈的速度以及科学技术发展的速度均越来越快，这就必然加剧市场竞争的激烈程度，哪个企业在信息和知识共享上抢先一步，便会获得竞争的优势。而另一方面，信息的网络化、科学技术的综合化和全球经济一体化，又必然要求各企业之间要相互沟通和协作。这就要求企业财务管理人员在财务决策和日常管理中，要不断增强善于抓住机遇，从容应付挑战的能力，在剧烈的市场竞争中趋利避害，扬长避短，同时也要正确处理和协调企业与其他企业之间的财务关系，使各方的经济利益达到和谐统一。

2. 风险理财观念

在现代市场经济中，市场机制的作用，使任何一个市场主体的利益都具有不确定性，客观上存在着蒙受经济损失的机会与可能，即不可避免地要承担一定的风险，而这种风险，在知识经济时代，由于受各种因素影响，将会更加增大。因此，企业财务管理人员必须树立正确的风险观，善于对环境变化带来的不确定性因素进行科学预测，有预见性地采取各种防范措施，使可能遭受的风险损失尽可能降低到最低限度。

3. 信息理财观念

在现代市场经济中，一切经济活动都必须以快、准、全的信息为导向，信息成为市场经济活动的重要媒介。而且，随着知识经济时代的到来，以数字化技术为先导以信息高速公路为主要内容的新信息技术革命，使信息的传播、处理和反馈的速度大大加快，从而使交易决策可在瞬间完成，经济活动空间变小，出现了所谓的"媒体空间"和"网上实体"。这就决定了在知识经济时代里，企业财务管理人员必须牢固树立信息理财观念，从全面、准确、迅速、有效地搜集、分析和利用信息入手，进行财务决策和资金运筹。

4. 知识化理财观念

知识成为最主要的生产要素和最重要的经济增长源泉，是知识经济的主要特征之一。与此相适应，未来的财务管理将更是一种知识化管理，其知识含量将成为决定财务管理是否创新的关键性因素。因此，企业财务管理人员必须牢固树立知识化理财观念。

（二）财务管理目标的创新

目前，中外学术界普遍认为，现代企业财务管理的目标是"股东财富最大化"（它比"利润最大化"这一财务管理目标前进了一大步）。然而，这一管理目标是与物质资本占主导地位的工业经济时代是相适应的，在知识经济时代，企业财务管理目标不仅要追求股东利益，而且也要追求其他相关利益主体的利益和社会利益。

知识经济时代的到来，扩展了资本的范围，改变了资本结构。在新的资本结构中，物质资本与知识资本的地位将发生重大变化，即物质资本的地位将相对下降，而知识资本的地位将相对上升。这一重大变化决定了企业在知识经济时代里不再是仅归属于其股东，而是归属其"相关利益主体"，如股东、债权人、员工、顾客等。他们都向企业投入了专用性资本，都对企业剩余做出了贡献，因而也都享有企业的剩余。正是在这样的背景下，新制度学派认为，企业的利益是所有参与签约的各方的共同利益，而不仅仅是股东的利益。可以说，这些变化都代表着时代发展的要求，都是知识经济时代带来的影响。

1. 财务目标多元化

财务目标不仅要考虑财务资本所有者的资本增值最大化、债权者的偿债能力最大化、政府的社会经济贡献最大化、社会公众的社会经济责任和绩效最大化，更要考虑人力资本所有者（经营者与员工）的薪金收入最大化和参与企业税后利润分配的财务要求。

2. 财务责任社会化

从利益相关者的角度出发，企业既要考虑资本投入者的财务要求，又要兼顾企业履行社会责任的财务要求。因为知识资源与物质资源的一个明显差别是知识具有共享性和可转移性，它使得企业与社会的联系更加广泛而深入，而企业对知识的要求和应用将又取决于社会对知识的形成和发展所做出的贡献。因而企业必须履行社会责任，这样既有助于企业实现其经营目标，也有助于其在社会大众中树立良好的形象，更有助于其自身和社会的发展。

企业履行社会责任，如维护社会公众利益、保护生态平衡、防止公害污染、支持社区事业发展等，既有助于实现其经营目标，也有利于在社会大众中树立其良好的形象。知识经济时代不同于工业经济时代，知识资源与物质资源之间的一个明显差别是知识具有可享性和可转移性，它使得企业的社会联系更加广泛而深入，企业对知识的要求和应用将更加取决于社会对知识形成和发展所做的贡献，从而也就要求企业更加重视其社会责任。这就表明，在知识经济时代，企业的社会目标在企业目标结构中的地位必将提高。

(三) 财务管理内容的创新

在工业经济时代，企业财务管理的对象主要以物质运动为基础的物质资本运动，其内容主要包括物质资本的筹集、投入、收回与分配，以及实物资产的日常管理等。而在知识经济时代，知识资本将在企业资本结构中占据主导地位，因而它将成为企业财务管理的主要对象，与此相适应，企业财务管理的内容也必将发生较大的变化。

1. 融资管理的创新

企业融资决策的重点是低成本、低风险筹措各种形式的金融资本。知识经济的发展要求企业推进融资管理创新，把融资重点由金融资本转向知识资本，这是由以下趋势决定的：知识资本逐渐取代传统金融资本成为知识经济中企业发展的核心资本，西方股份选择权制度的出现使科技人员和管理人员的知识资本量化为企业产权已成为现实；金融信息高速公路和金融工程的运用，加快了知识资产证券化的步伐，为企业融通知识资本提供具体可操作的工具；企业边界的扩大，拓宽了融通知识资本的空间。无形资产将成为企业投资决策的重点。在新的资产结构中，以知识为基础的专利权、商标权、商誉、计算机软件、人才素质、产品创新等无形资产所占比重将会大大提高。

2. 投资管理的创新

加入WTO后，国内市场国际化和国际市场国内化都在不断发展，企业投资不能只是面对国内市场，还必须面向国际市场。而国际市场上的外汇风险、利率风险、通货膨胀风险以及东道国政治风险和法律政策变动风险等，都会对企业财务管理产生一定的影响。这就要求企业必须进行周密慎重的可行性研究，运用定量和定性的分析方法，计算决策指标，同时聘请有关专家担任顾问，减少投资的盲目性和风险性，注意所面临的各种风险的防范与控制。

风险管理将成为企业财务管理的一项重要内容。在知识经济时代，由于受下列等因素的影响，将使企业面临更大的风险：第一，信息传播、处理和反馈的速度将会大大加快。如果一个企业的内部和外部对信息的披露不充分、不及时或者企业的管理当局对来源于企业内部和外部的各种信息不能及时而有效地加以选择和利用，均会进一步加大企业的决策风险。第二，知识积累、更新的速度将会大大加快。如果一个企业及其职工不能随着社会知识水平及其结构的变化相应地调整其知识结构，就会处于被动地位，就不能适应环境的发展变化，从而会进一步加大企业的风险。第三，产品的寿命周期将会不断缩短。像电子、计算机等高科技产业，其产品的寿命更短，这不仅会加大存货风险，而且也会加大产品设计、开发风险。第四，"媒体空间"的无限扩展性以及"网上银行"的兴起和"电子货币"的出现，使得国际间的资本流通加快，资本决策可在瞬间完成，使得货币的形态发生质的变化，这些均有可能进一步加剧货币风险。第五，无形资产投入速度快，变化大，它不像传统投资那样能清楚地划分出期限与阶段，从而使得投资的风险进一步加大。所以，企业如何在追求不断创新发展与有效防范、抵御各种风险及危机中取得成功，便是财务管理需要不断研究解决的一个重要问题。

3. 财务分析内容的创新

财务分析是评价企业过去的经营业绩、诊断企业现在财务状况、预测企业未来发展趋势的有效手段。随着企业知识资本的增加，企业经营业绩、财务状况和发展趋势越来越受制于知识资本的作用，对知识资本的分析也因此构成财务分析的重要内容：评估知识资本价值，定期编制知识资本报告，披露企业在技术创新、人力资本、顾客忠诚等方面的变化和投资收益，使信息需要者了解企业核心竞争力的发展情况。设立知识资本考核指标体系包括创新指标、效率指标、市价指标、稳定指标、知识资本与物质资本匹配指标和综合指标。

4. 财务成果分配方式的创新

财富分配是由经济增长中各要素的贡献大小决定的。随着知识资本成为经济增长的主要来源，知识资产逐渐转变为财富分配的轴心，财务分配方式的创新需要：①确立知识资本在企业财务成果分配中的地位，使知识职员及利用知识的能力在总体上分享更多的企业财富；②改革以工作量为基础的业绩评估系统，如利用（经济价值树）技术来界定职工、小组所创造的价值；③建立因人付薪、以个人所创造价值的合理比例为基础的分配机制，如股票期权、知识付酬、职工持股、职业投资信托等。

（四）财务管理手段的创新

经济全球化，使企业跨地域、跨国家的生产经营活动日益频繁，传统的理财手段已不能满足企业财务管理的新要求。所以，运用网络财务管理系统，实现财务信息快速传递和处理已十分必要。网络财务是基于网络技术的发展，为企业提供网络环境下的财务管理模式和财会工作方式，而使企业实现管理信息化的财务系统。网络财务可以实现以下功能：财务与业务的协同化；财务信息无纸化；资金收付电子化；工作方式网络化；数据、报表在线处理，远程传递等。

（五）财务报告模式的创新

随着知识经济时代的到来，各方面对会计信息的需求发生了质的变化。信息的使用者不但要了解企业过去的财务信息，更须了解企业未来的以及非财务方面的信息。尤其是对知识和技术给企业创造的未来收益更为关注。为适应知识经济条件下，信息使用者对信息的新需求，传统财务报告模式应进行相应调整：

1. 增设无形资产等重要项目的报表

无形资产是今后财务报告披露的重点，它包括各类无形资产的数量与成本、科技含量、预期收益及使用年限等内容。另外，还须增加非财务信息，包括企业经营业绩及其前瞻性与背景方面的信息。这些项目所提供的信息，均是信息使用者判断企业未来收益多少与承担风险大小的重要依据。

2. 增设人力资源信息表

通过编制人力资源信息表，披露企业人力资源的结构、年龄层次、文化程度、技术创新能力、人力资源的投资、人力资源收益、成本、费用等方面的信息。

3. 披露企业承担社会责任方面的信息

企业要步入可持续发展的轨道，必须承担相应社会责任。在消耗资源、创造财富的同时，保护好环境，把近期利益与长远利益有机结合起来。通过披露企业有关资源消耗、土地利用及环境污染等方面的信息，了解该企业应为其行为负多大的社会责任，让信息使用者更正确地认识企业。

第三节　经济管理体系下的企业制度创新

一、现代企业管理制度的发展与创新

伴随着我国经济体制的不断深化改革，国际经济形势日趋复杂，企业若想在不进则退的经济浪潮中求生存、谋发展，则必须解决企业管理中存在的一系列问题。对于不具有普遍性的问题或者企业独有的问题，企业必须通过管理制度的创新才能有效解决。只有顺应现代经济的发展，加强企业领导者和员工的创新意识，才能不断提高企业在市场经济中的竞争力。

（一）现代企业管理制度创新的重要性

能够合理反映企业管理水平的判断标准就是企业在运行过程中制定和遵循的规章管理制度是否完善和科学，是否适应现代市场经济的发展。但是很多企业的领导者并没有将企业的管理作为企业发展的重要因素，而是过分重视企业的增长和效益。当前企业发展已经达到了一定程度，其组织结构、领导体制相对比较稳定，要想进一步提高生产效益、达到更高的企业经营目标，最有效的方法就是运用企业管理制度的作用。如果企业在运行过程中没有对这一环节进行重视与创新，那么在日常业务中将会导致知与行的不统一，长此以往会导致形式主义，由此可见企业管理制度的重要性。然而，任何企业的规章制度不是一成不变的，因此企业的管理制度也是需要根据社会的发展与企业的进步进行创新。

（二）现代企业管理制度创新的必要性

企业管理制度的内涵与作用决定了其在企业经营管理中的重要地位，但是企业的发展不是一成不变的，在当前经济背景下，国内外企业都争取实现企业的现代化发展。然而，就在现代化的过程当中，企业管理制度存在不少的漏洞，进行企业管理制度的创新势在必行。

（三）企业管理制度思维观念

企业管理制度的思维管理有市场观念和生产力观念构成。

1. 市场观念

企业演变为市场竞争的主体，主要是在社会主义市场经济体制的发展中转化而来的。这不仅要求企业无论是从内部工作还是外部环境，都得转变，舍弃传统的理念。将企业内部工作与外部环境相互结合，相互统一，不断适应市场经济演变而来的新思维新空间，也就是要不断改革体制，正确认识和对待外部环境的市场观念。

2. 生产力观念

企业的根本任务是发展生产力，这同时也是社会主义的根本任务。二者相互依存，相互促进。企业生产力发展了，才能促进社会生产力的发展。社会生产力发展了，国家经济实力才能增强，从而促进人民物质文化生活水平的提高。所以，作为企业全部工作的重心——发展生产力。这同时也是检验企业一切工作的根本标准，是因为企业的发展是否有利于发展生产力。因此，一个企业的实践经济活动的最终效果，还是要看一个企业的生产力水平的高低。而树立起发展生产力的观念，是建立现代企业管理制度的基本要求。所以，企业生产力主要体现在企业生产的产品与经济效益两个方面。而所生产的产品，是针对人们消费的需要以及实物产生的质量是否符合现代化水平及其数量的增长状况，同时要符合生产力的需求。而对企业效益而言，效益额与效益率必须符合企业经济效益的指标。因为经济效益是企业生产力状况的价值表现。这就主要表现在投入与产出相比较的差异。

二、现代企业管理制度的内部控制体系研究

会计信息失真、企业经营失败、各种经济犯罪行为发生在很大程度上都与企业内控制度缺失有关。对企业经营的控制，不但要有以资本市场、产品市场和法律规章制度为主体的外部控制机制，而且要形成以董事会、监事会和控制委员会为主体的内部控制机制，使企业领导层与企业兴衰息息相关，自觉产生提高管理水平、强化内部控制的动力和压力，从而积极地创建和有效地实施内部控制制度，企业的内部控制制度才会真正发挥其应有的作用。那么，如何建立健全内部控制制度使其在现代企业管理中发挥作用，借此谈以下几点认识：

（一）建立健全内部控制制度在现代企业管理中的作用

1. 建立健全内部控制制度是法律法规的必然要求，也是经济全球化的迫切需要

建立健全内部控制制度对于及时发现和纠正企事业单位的各种错误和营私舞弊现象及违法行为，确保法律法规履行具有特殊的作用。在新旧体制转轨阶段，企业经营中低效率以及人为的损失、浪费现象较为普遍，无章可循、有章不循、弄虚作假、违规操作等不正当行为时有发生。

2. 建立健全内部控制制度保证会计信息的真实性和准确性

健全的内部控制，可以保证会计信息的采集、归类、记录和汇总全过程真实的反映企业生产经营活动的实际情况，并及时发现和纠正各种错弊，从而保证会计信息的真实性和准确性。

3. 建立健全内部控制制度有效防范企业经营风险

在企业的生产经营活动中，企业要达到生存发展的目标，就必须对各类风险进行有效的预防和控制，内部控制作为企业管理的中枢环节，是防范企业风险最为行之有效的一种手段。它通过对企业风险进行有效评估，不断地加强对企业经营风险薄弱环节的控制，把企业的各种风险消灭在萌芽之中，是企业风险防范的一种最佳方法。

4. 建立健全内部控制制度是转变经营机制，提高企业经济效益的客观需要

内部控制制度是现代企业管理的重要组成部分，它对确保企业各项工作的正常进行和经营管理水平的提高有着十分重要的作用。要使企业产权关系明晰，保证权责明确，政企分开就必须建立和完善相应的财产物资的核算、监督、保管等内部管理制度，明确资本保值增值的目标与责任，处理好受托经济责任和利益的分配关系。所谓科学管理，就是要建

立和完善包括科学的领导制度和组织管理制度在内的内部管理制度，其中也必然包括科学的内部控制制度，通过加强财务、成本、资金等管理，对企业的经营活动进行科学的管理，以确保企业生产经营活动能够协调、有序、高效运行。可见建立科学合理的内部控制制度是建立我国现代企业制度的客观要求。更为重要的是，内部控制制度能够协调所有者和经营者之间的利益冲突，使双方建立起相互信任的关系，从而保证现代企业制度的顺利实施。

5. 建立健全内部控制制度能维护财产和资源的安全完整

健全完善的内部控制能够科学有效的监督和制约财产物资的采购、计量、验收等各个环节，从而确保财产物资的安全完整，并能有效的纠正各种损失浪费现象的发生。

（二）企业建立健全内控制度的必要性

1. 加强企业内部控制，可以保证和提高会计信息质量

正确可靠的会计数据是企业管理者了解过去、掌握现在、预测未来、制定决策的必要条件。通过制定和执行业务处理程序，对其进行科学的职责分工，在相互牵制的条件下产生会计资料，从而有效地防止错误和弊端的发生。

2. 加强企业内部控制，可以保证企业高效率经营

在企业的日常工作中，如果能很好地加强内部控制，合理地对企业内部各个部门和人员进行分工控制，注重职责分明和人员素质教育，以内部控制加强对人的行为的约束，以人的主动和被动思想加强对工作认识的促进，形成一种惯性，则能明显提高企业经营管理的效率，迅速提升企业外在形象。

3. 加强企业内部控制，可以保护财产物资的安全完整

健全完善的内部控制制度能够科学有效地监督和制约财产物资的各个环节，采取各种控制手段，确保财产物资的安全完整，避免和纠正浪费等不良现象。

（三）现代企业内部控制制度建设途径分析

1. 积极更新思想观念

企业管理人员必须充分认识到内部控制制度的建立对于企业发展所起到的积极作用，应该积极创造一个良好的内部管理环境。企业内部控制制度建设过程中，无论是领导还是基层职工都必须积极更新思想观念，树立在内控制度监督管理下进行各项生产经营活动的意识，把非可控性因素降到最低。此外，企业还应该对自身的经营管理理念有充分的理

解，特别是企业管理人员，必须摒弃传统的管理理念，认识到企业内部管理活动和生产经营效益之间的内在联系，把内部控制制度的建设作为企业战略规划的一部分。

2. 逐渐完善内控制度

在设计内部控制制度时，应该对企业的内部环境以及外部条件进行深入的分析和讨论，在企业建立内部控制制度的过程中，应该把握好不同控制阶段和组织体系的连续性，将不同控制阶段的作用尽可能全面地发挥出来，使内部控制制度能够对企业的各项生产经营活动进行有效的监督和管理，以便于第一时间发现不利于企业发展的危险因素；通过对企业不同业务活动环节的评估工作，准确地找到风险点并加以控制，促进企业的健康稳定发展。

3. 建立评价监督机制

企业应该清楚地认识到在建立内部控制制度时应该首先达到的目标是什么，结合企业的实际情况，因地制宜，有重点、有选择地建立和规划内部控制制度，从而确保企业内控制度能够与自身的长期战略发展目标相一致。此外，企业在建立和完善内部控制制度的评价监督体系时，应该根据合法性、全面性和有效性的基本原则，尽可能把不相关的职务分开，从而确保各个岗位都有专人负责。企业在规划内控制度内容的过程中，应该优先考虑企业生产经营活动中的薄弱环节，同时按照企业的业务流程，有计划地对相关的风险点进行控制，逐渐建立起全面系统的内部控制体系，从而使企业会计部门和其他部门相对独立，同时保证企业内部各个部门之间可以有效的沟通，在确保企业会计信息准确性的同时保证企业内部协调发展。

4. 宏观微观双管齐下

现代企业必须建立融宏观的总体控制和微观的细节控制为一体的内部控制制度体系。每一个企业都应该建立这样一个与自身发展需求相适应的企业内部监督管理体制，同时要注意，这些内部监督管理体制有效实施的基础必须是能够与企业的实际需求相适应。企业管理也要与时俱进，使内部控制制度得到真正的落实，否则一切都是空谈。因此，企业内部控制制度建设仅靠行政命令是不行的，要以人为本，深入人心，把它作为一项长期性的工作来抓，这样才能保证内控制度得以不断完善。

第六章　企业文化建设

第一节　企业文化建设的定义与目标

一、企业文化建设的定义

所谓企业文化建设，是指企业有目的、有计划地培育具有自己特色的企业文化的活动和过程。具体来说，就是挖掘、提炼一套符合企业实际、有利于企业生存和发展的价值观系统，并在企业内部采用各种行之有效的途径和方法，使这一系统得到全体人员或大多数员工的认同和接受，形成企业共有的价值观，乃至逐渐沉淀为全体或大多数员工的心理习惯和整个企业共同的价值判断标准、行为准则，即形成全体员工共同的积极向上的做人做事的原则和方式，充分发挥每个员王工作的主动性、积极性和创造性，形成团队精神。

通常情况下，人们常常将企业文化建设与企业文化塑造、企业文化培育等几个概念等同起来使用。为了准确把握企业文化建设的概念，必须注意下列三组概念的区别，即企业文化与企业文化建设、企业文化建设与企业文化积淀、企业文化建设与企业文化变革（或称企业文化创新）的区别。

（一）企业文化与企业文化建设的区别

企业文化是一种客观现象，而企业文化建设则是一种自觉行为。企业文化是企业全体人员所共同认同的价值观念和自觉遵循的行为准则的总和。它是无形的、看不见摸不着的，但它却是企业中客观存在的一种软性要素，比如，企业人员的心理习惯、思维方式、行为方式及企业传统等。它体现于企业人员的言行中，体现于企业的氛围中。企业文化作为企业组织中存在的一种客观现象，是任何企业都有的，但企业文化建设作为一种自觉行为，不是任何企业都有的。企业文化建设的目的是要塑造和培育企业文化，这种自觉的行为决策往往是建立在对企业文化的功能有比较充分的认识和理解的基础上的。没有文化自觉的企业，不可能进行企业文化建设活动。

（二）企业文化建设与企业文化积淀的区别

企业文化积淀是一种内生式的文化形成和发展的过程。先有实践活动（成功经验），然后才有理性认识和精神升华，这是价值观形成的自然过程。

而企业文化建设则往往主要是从愿望出发创建价值观念系统，然后导入和宣传这套价值观念系统，使之内化于心，固化于制，外化于形。与企业文化积淀的内生式特点不同，企业文化建设的特点是导入式的，它更侧重于从理想状态中总结出价值系统，为企业员工提供一个理想境界和规范框架。当然这种导入也是以挖掘和提炼企业原有的文化基因为基础的。

（三）企业文化建设与企业文化变革的区别

一般情况下，人们常把这两个概念等同起来使用，不会刻意地区别两者的不同。但严格地说，这两者是有区别的。企业文化建设着重强调企业文化的"立"，而企业文化变革则强调企业文化的"先破后立"。企业文化建设的目的在于使企业文化由模糊到清晰、由分散到统一、由自发到自觉、由弱势到强势。其实质就是培育企业的主导文化，并促进这一主导文化的"化人"功能——教育与塑造员工。而企业文化变革则是打破原有的企业文化结构并建立新文化的过程，是一个更复杂、更艰难的先破后立的过程，包括解冻、改变、再冻结三个步骤。

二、企业文化建设的目标

企业文化建设是一项系统工程，在进行企业文化建设时，必须着眼于未来，立足于企业战略，顺应企业的发展趋势。同时，必须把企业文化建设作为整合企业资源、全面提高企业整体素质的重要手段。

企业文化建设的目标必须根据企业的历史、企业面临的现实环境、企业的发展战略等确定，保证企业文化建设的目标与企业的战略目标相一致，并通过实现企业文化建设的目标来促进企业的发展。企业文化建设的总体目标是：培育先进文化、提升员工素质、内强企业灵魂、外塑企业形象。企业文化建设的总体目标详细来说，有以下几点：

①构建一个有个性的、积极向上的企业文化体系；
②实现企业成员对企业价值理念的认同，提升员工素质，促进员工的全面发展；
③内强企业灵魂，持续增强企业凝聚力、竞争力和创新力；
④外塑企业形象，塑造企业良好的形象和品牌，整合企业无形资产。

企业文化建设不仅要有总体目标，而且在相应阶段还应有阶段性的具体目标。这样在开展企业文化建设时，就可以目标明确、稳步推进、层层深入、收效良好。

第二节　企业文化建设的主体

一、企业领导人

从广义上来讲，企业领导人包括董事长及执行董事、总经理、党委书记、总工程师、总会计师和总经济师等。企业领导人对企业文化的影响是巨大的，企业的高层主管往往是企业文化、企业风气的创立者，特别是他们的价值观直接影响企业发展的方向。这是因为"价值观"通常是指一种相当持久的信念，它告诉人们什么是对的、什么是错的。它不仅指导着公司雇员在实现企业目标过程中的行动，而且常常渗透在企业职工的日常决策、决策思想和工作方法之中。

事实上，许多成功公司的领导者倡导的价值观、制定的行为标准，常常激励着全体员工，使公司具有鲜明的文化特色，且成为对外界的一种精神象征。

企业的高层主管往往又是企业文化创新的创立者。特别是公司领导人创造的企业文化、组织文化可以导致完全不同的管理模式。比如，国际商用机器公司就是如此，国际商用机器公司要求每个成员都要遵循三项基本原则：尊重个人、争取最优和提供优质服务。

国际商用机器公司的最高管理部门表现出的尊重个人的一种方法，是对所有的雇员都一视同仁。其雇员都是终身雇佣的。任何人，除非他一贯达不到明确的标准或违反道德准则，否则将不会失去工作。白领、蓝领和粉领工作人员之间没有什么差别。许多雇员在其工作生涯中得到了提升，几乎所有中上层职务都是由国际商用机器公司已有的雇员担任的。所有雇员都受到鼓励、继续学习，为提升做好准备。所有的新雇员要经过长达9个月的培训，以使他们能够胜任工作，并向他们灌输国际商用机器公司的宗旨、企业价值观等企业文化。雇员通过参加竞赛和集体体育活动、参加公司的各种活动和接受公司生活的其他方面，能够很快地适应公司的企业文化。尊重个人的另一个特征是高层管理部门对雇员建议的关注。该公司在最高层次有着对外公开的传统，至少每年一次，雇员与其主管人员一起讨论对他们来讲很重要的问题。反过来，主管人员也会公开回答意见箱中所有的各种意见。

在企业领导人当中，企业家也是一个重要组成部分。下面简单地论述一下企业家的素质或能力。

企业家必须具备良好的心理素质、能力素质、文化素质、身体素质等。成功企业家的性格特征表现为：①具有现实主义态度，从不把幻想当成现实，对冒险的事三思而后行；②彻底的独立性，独立决策，稳重、理智地行事；③善于为他人着想，关心同事，热爱他人；④适当地依靠别人；⑤善于控制自己的感情，掌握分寸；⑥深谋远虑；⑦胸襟博大；⑧永不自满，虚心学习，乐于接受新事物，总想做得更好。

一般来说，企业家的能力可以分为：①思维能力，企业家必须具有超出常人的思维能力，具有远见卓识；②决策能力，包括分析问题的能力、逻辑判断能力、直觉判断能力、创新能力、组织决策能力等；③管理能力，包括宏观指导、组织控制、目标管理、层级管理、定向管理、识人用人能力等；④协调能力，妥善处理企业内外关系，协调各方面的关系，具有良好的人际关系。

二、企业英雄

（一）企业英雄的标准

企业英雄，一方面是企业文化建设成就的最高表现，另一方面又是企业文化建设进一步深入开展的最大希望。从个体上来看，企业英雄的标准有以下三点：①卓越地体现了企业精神的某个方面，与企业的理想追求相一致，这可称之为"理想性"；②在其卓越地体现企业精神的同时，取得了比一般职工更多的实绩，这可称之为"先进性"；③其所作所为离常人并不遥远，显示出普通人经过努力也能够完成不寻常的工作，这可称之为"可学性"。但是，对个体英雄，不能求全责备，既不能要求个体英雄能够全面体现企业精神的各个方面，要求他们在所有方面都先进，又不能指望企业全体职工从一个个体英雄身上就能学到一切。

从群体上来说，卓越的英雄群体必须具备以下几个特点：①其是完整的企业精神的化身，这是其全面性；②群体中不仅有体现企业精神的模范，而且有培育企业精神的先进领导，还有企业精神的卓越设计者，这是其层次性；③英雄辈出，群星灿烂，却几乎找不出两个完全相同的、可以相互替代的人，这是其内部具有的多样性。

（二）企业英雄的种类

在我国，企业英雄可以划分为七种类型：①领袖型，这种类型的人有极高的精神境界和理想追求，能把企业办得很好，救活许多濒临绝境的企业。②开拓型，这种类型的人永不满足现状，勇于革新，锐意进取，不断进入新领域，敢于突破。③民主型，这种类型的人善于处理人际关系，集思广益，能把许多小股的力量凝聚成巨大的力量。④实干型，这种类型的人埋头苦干，默默无闻，几十年如一日。⑤智慧型，这种类型的人知识渊博，思路开阔，崇尚巧干，常有锦囊妙计。⑥坚毅型，这种类型的人越困难，干劲就越足；越危险，就越挺身而出，关键时刻能够挑大梁，百折不挠。⑦廉洁型，这种类型的人一身正气，两袖清风，办事公正，深得民心，为企业的文明做出榜样。

（三）企业英雄的作用

从企业文化的角度来看，企业英雄的作用包括以下几点：

1. 品质化的作用

这就是说，企业英雄将企业精神内化为自身的品质。

2. 规范化的作用

这就是说，企业英雄为全体职工树立了榜样，使职工被英雄事迹所感染、所鼓舞、所吸引，且知道应当怎样行动，从而规范了职工的行为。

3. 具体化的作用

这就是说，企业英雄是企业精神的化身，向职工具体展示了企业精神的内容。

4. 凝聚化的作用

这就是说，企业英雄由于起到规范的作用，且每个英雄都有一批崇拜者，从而使整个企业成为一个紧密团结的、有竞争力的组织。

5. 形象化的作用

这就是说，企业英雄是企业形象的一个重要的组成部分，也是外界了解和评价企业的一个重要途径。

（四）企业英雄的培育

企业英雄的培育包括塑造、认定和奖励三个环节。企业英雄的塑造，主要靠灌输企业精神来进行，就是要大力抓企业文化建设。企业英雄的认定表现为评判企业英雄的标准上。企业英雄的奖励不应该只是一种物质报酬，而更应该是一种精神价值的肯定；不应该只是对英雄过去成绩的肯定，而更应该是对英雄未来的期望；不应该只是着眼于英雄本人，而更应该是着眼于能够产生更多的英雄。

三、企业员工

企业员工是推动企业生产力发展的最活跃的因素，也是企业文化建设的基本力量。企业文化建设的过程，本质上就是企业员工在生产经营活动中不断创造、不断实践的过程。

虽然企业文化离不开企业家的积极创造、倡导和精心培育，企业家的创造、倡导和培育也加速了文化的新陈代谢，但是，企业文化也源于员工在生产经营实践中产生的群体意识。这是因为企业员工身处生产经营第一线，在用自己勤劳的双手创造物质文明的同时，也创造着精神文明。所以，企业文化既体现着企业家的智慧，又体现着员工的智慧。比如，企业员工在新技术、新产品开发中，接触到大量信息，迸发出很多先进思想的火花，这样，其技术与产品的开发过程也往往就变成了文化的变革过程。创新思想、宽容失败的文化观念可能由此而生。再如，员工从事营销工作，要与供应商、经销商、竞争者及顾客打交道，就会树立强烈的市场意识、竞争意识和风险意识，树立正确的服务理念，并认清企业与供应商、经销商、竞争者之间的相互依存关系，认清竞争与合作、经济效益与社会效益、企业眼前利益与长期利益的统一关系。

企业员工不仅是企业文化的创造者之一，而且是企业文化的"载体"，是企业文化的实践者。企业文化不仅是蕴藏在人们头脑中的一种意识、一种观念、一种思想、一种思维方式，而且，从实践的角度来看，是一种行为方式、一种办事规范、一种作风、一种习惯、一种风貌。企业文化如果只停留在精神层面，不能通过行为表现出来，也就没有任何价值。在企业文化由精神向行为以及物质转化的过程中，企业员工是主要的实践者。全体员工只有在工作和生活中积极实践企业所倡导的优势文化，以一种正确的行为规范、一种优良的工作作风和传统习惯、一种积极向上的精神风貌，来爱岗敬业，才能生产出好的产品，推出优质的服务，创造出最佳的经济效益。

所以，可以这样说，企业文化建设过程就是在企业家的引导下，企业员工相互认同、自觉实践的过程。企业员工实践的好坏，直接影响着企业文化建设的成果。当然，企业文化建设是需要通过一定的提炼、灌输、宣传、推广等活动来进行的，但这些活动的目的是为了企业员工的实践。

第三节　企业文化建设的原则

本质上，企业文化是企业在经营过程中所包含或展示的以价值观为核心的，以理念、行为、视觉等因素为表现形式的，与其他企业相区别的个性或独特性所构成的体系。因此，企业文化建设是一个因时空、行业、企业自身条件等而异的纷繁复杂的系统工程。要建设好企业文化，应当遵循以下几项原则：

一、兼容原则

企业文化是一种亚文化，其建立在时代文化、世界文化、民族文化、同业文化、自我文化等的基础上，并吸收优秀基因作为文化建设的依托。

（一）民族文化

民族文化是一个国家在长期的历史发展过程中逐步建立起来的，对社会交往有着强大的渗透力和影响力。民族文化是企业文化建设的土壤，企业文化在一定程度上应当是民族文化在企业内的综合反映。一个优秀的企业在建立自己的企业文化时，总是十分注重充分利用自己民族的优秀文化元素。正因为如此，同属优秀企业，东方的优秀企业总是与西方的优秀企业因民族文化特性不同而表现出差异。应该认识到，中华民族传统文化的精华部分不仅可以与市场经济相容，而且能够成为现代企业文化的深厚基础。世界各地的华人企业家经过几代人的努力，在世界范围内已经形成了一个跨国家、跨行业的华人经济圈。这些华人企业家在世界各地取得的成功与中国文化传统，尤其是儒家文化所孕育的勤俭、敬业的创业精神，以及儒家商业文化传统、儒家经济伦理和文化价值观是密不可分的。

（二）世界文化

企业文化建设必须从优秀的世界文化中吸取营养，应当具有国际视野和战略眼光。在知识化、信息化引领的世界发展全球化背景下，企业无法脱离世界而单独存在，任何企业都是世界的组成部分，企业的发展离不开世界的发展。同时，企业文化和世界文化是相互影响、相互促进、密不可分的。一个志在与世界接轨的企业必须和世界文化保持紧密联系，暂时没有直接和世界经济接轨的企业也会间接或直接地受到世界文化的影响。

（三）时代文化

时代文化是企业文化产生和存在的一个重要前提。它对企业文化有着根本的影响。不同时代都有属于自己的特有文化，企业在进行文化建设时不可避免地会打上时代的烙印，优秀的企业文化是对所处时代的客观反映和真实体现。相反，也只有正确反映时代的企业文化，才能正确地指导企业的经营活动，引导企业与时俱进地向前发展。

二、"以人为本"原则

所谓"以人为本"，是指在管理过程中以人为出发点和中心，围绕着激发和调动人的主动性、积极性、创造性展开的，以实现人与企业共同发展的一系列管理活动。具体而言就是尊重人、相信人、激励人，使人能动地发挥其无限的创造力。坚持"以人为本"的管理，主要是要坚持以下三项基本原则：

（一）重视人的需要，将企业管理的重心转移到如何做人的工作上来

坚持以人为本的管理思想，是公司管理实践者必须遵循的一条客观规律。企业管理的基础是员工，必须依靠和信任广大员工的智慧和力量，把有效的管理建立在员工群众积极参与管理、自觉服从管理的基础之上，使员工管理产生最大效能。在公司建设中，必须充分尊重员工的主体地位和创造精神，心系员工、情系员工，切实维护员工权益。坚持以人为本的管理理念，充分认识员工在公司发展建设中的基础地位，理解思想和行为的辩证关系，深入细致的思想教育与科学严格的管理相结合，管好思想、引导行为。

（二）以鼓励员工为主，使人的积极性和聪明才智得到最大限度的发挥

员工管理是企业建设的基础，员工是企业建设的直接参与者。利用员工上进心强的优点，引导他们增强自主管理意识；利用员工参与意识强的优点，引导他们争做公司的主人；利用青年员工思想解放、较少禁锢的优点，引导他们争当管理改革的先锋。积极适应形式的发展变化，不断拓宽员工参与的渠道，充分尊重员工的民主管理权利和创造愿望，切实营造集思广益的民主氛围。鼓励员工讲出不同意见，做到事事有回应，件件有着落，调动员工参与管理的积极性，使每一个员工都处于自动运转的主动状态，激励员工奋发向上、励精图治的精神。

（三）尊重员工的权益，切实处理好管理者与员工之间的关系

确保员工在企业管理中的主体地位，充分调动员工的工作积极性，将蕴藏在员工中的聪明才智充分地挖掘出来。为此，应该做到以下三点：第一，必须进一步完善民主管理制度，保障员工的民主权益，使员工能够广泛地参与企业的各种管理活动。第二，改变压制

型的管理方式。变高度集权式的管理为集权与分权相结合的管理；变善于使用行政手段进行管理为多为下级提供帮助和服务的管理；变自上而下的层层监督为员工的自我监督和自我控制。第三，为员工创造良好的工作环境和发挥个人才能、实现个人抱负的条件，完善人才选拔、晋升、培养制度和激励机制，帮助员工进行个人职业生涯的设计，满足员工物质和精神方面的各种需求。

三、共识原则

所谓"共识"，是指共同的价值判断。这是企业文化建设的核心所在。其原因主要有两点：一是，企业文化的核心是精神文化，尤其是价值观。每一个员工都有其价值观，如果达不成共识，企业就可能成为一盘散沙，也就不能形成合力；如果达成共识，企业就会产生凝聚力。二是，当今的企业所面临的内外环境异常复杂且瞬息万变，其内外因素又非常复杂，必须强调共识、全员参与、集思广益，使决策与管理都建立在全员智慧与经验的基础上，才能实现最合理的决策与管理。

（一）发展文化网络

企业文化的形成过程，就是企业成员对企业所倡导的价值标准不断认同、内化和自觉实践的过程。而要加速这一过程，就需要发展文化网络，通过正式的或非正式的、表层的或深层的、大范围的或小范围的各种网络系统，传递企业所倡导的价值观以及反映这种价值观的各种趣闻、故事、风俗、习惯等，达到信息共享，以利于达成共识。

（二）拓宽沟通渠道

企业倡导的价值观只有转化为普通员工的信念，才能成为企业实际的价值观；否则，它不仅对企业没有任何裨益，而且会扭曲乃至损伤企业的形象。企业价值观转化为全体成员的信念的过程，就是让员工接受并能够自觉实施价值观的过程。企业家或企业的管理者要以身作则、言行一致、恪守自己所提倡的价值观。企业管理者应在日常经营中不断地向员工灌输企业的价值观，详细地对员工说明企业的行为准则，通过向企业员工灌输价值观，使员工对企业价值观产生内心的共鸣、达成共识，把企业价值观转化为内心的信念。

（三）建立参与型的管理文化

企业在管理过程中，要逐渐摒弃传统的管理文化，打破权力至上的观念，实行企业必要的分权体制和授权机制，充分体现群体意识，促进企业共识文化的真正形成。

四、创新原则

创新,简单地说就是利用已存在的自然资源或社会要素创造新的矛盾共同体的人类行为,或者可以认为是对旧有的一切所进行的替代、覆盖。创新是以新思维、新发明和新描述为特征的一种概念化的过程。创新一词有三层含义:一是更新;二是创造新的东西;三是改变。创新是人类特有的认识能力和实践能力,是人类主观能动性的高级表现形式,是推动民族进步和社会发展的不竭动力。

企业文化在发展过程中,不可避免地遭遇着新文化与旧文化、组织文化与个人文化、企业主文化与亚文化之间的冲突。这就导致企业文化的建设不可能一蹴而就,只有不断创新发展,对企业文化进行整合,才能保证企业的长远发展。

企业文化创新要以对传统企业文化的批判为前提,对构成企业文化的各种要素(包括经营理念、企业宗旨、管理制度、经营流程、仪式、语言等)进行全方位、系统性的弘扬、重建或重新表述,使之与企业的生产力发展步伐和外部环境变化相适应。

(一)领导者担当企业文化创新的领头人

从某种意义上来说,企业文化是企业家的文化,是企业家的人格化,是其事业心和责任感、人生追求、价值取向、创新精神等的综合反映。他们必须通过自己的行动向全体成员灌输企业的价值观念。这正如某著名公司总裁所说,企业领导者"第一是设计师,在企业发展中如何设计使组织结构适应企业发展;第二是牧师,不断地布道,使员工接受企业文化,把员工自身价值的体现和企业目标的实现结合起来"。企业文化创新的前提是企业经营管理者观念的转变。因此,进行企业文化创新,企业经营管理者必须转变观念,提高素质。

(二)企业文化创新与人力资源开发相结合

人力资源开发在企业文化的推广中有不可替代的作用。全员培训是推动企业文化变革的根本手段。企业文化对企业的推动作用得以实现,关键在于全体员工的理解认同与身体力行。因此,在企业文化变革的过程中,必须注重培训计划的设计和实施,督促全体员工接受培训和学习。通过专门培训,可以增进员工对企业文化的认识和理解,增强员工参与的积极性,使新的企业文化能够在员工接受的基础上顺利推进,除了正式或非正式的培训活动外,还可以利用会议以及其他各种舆论工具(如企业内部刊物、标语、板报等)大力宣传企业的价值观,使员工时刻都处于充满企业价值观的氛围之中。

(三) 建立学习型组织是企业文化创新的保证

企业之间的竞争是人才的竞争，实际上应该是学习能力的竞争。如果说企业文化是核心竞争力，那么其中的关键是企业的学习能力，建立学习型组织和业务流程再造，是当今最前沿的管理理念。知识经济、知识资本成为企业成长的关键性资源，企业文化作为企业的核心竞争力的根基将受到前所未有的重视。成功的企业是学习型组织，学习越来越成为企业生命力的源泉。企业要生存与发展，要提高企业的核心竞争力，就必须强化知识管理，从根本上提高企业的综合素质。

第四节 企业文化建设的内容

一、企业物质文化建设

随着人们物质生活水平的不断提高，企业物质文化建设的内涵也必须适应新世纪人们的心理审美变化。在环境建设上，创造安全、环保、文明、优美的企业环境；在品牌塑造上，多层次、全方位满足顾客的需求，塑造敬业、周到、亲和的服务形象，拥有较高的知名度和美誉度；在企业效益上，经营业绩稳步增长，职工生活水平逐年提高，实现良好的经济效益和社会效益，形成较强的核心竞争力。企业物质文化建设应当遵循品质文化原则、技术审美原则、顾客愉悦原则、优化组合原则和环境保护原则。

(一) 品质文化原则

品质文化原则，即强调企业产品的质量。产品的竞争首先是质量的竞争，质量是企业的生命，持续稳定的优质产品是维系企业商誉和品牌的根本保证。

(二) 技术审美原则

20世纪初，技术美学诞生。技术美学的英文为"design"，其含义既有"设计"的意思，又有"不同寻常""机敏"的意思。因此，"design"常常被理解为"美的设计""不同寻常的、别出心裁的设计"。1991年12月，英国创立了世界上第一个技术美学学会，它标志着工业生产和产品制造的美学问题已引起国际范围的广泛重视，工业产品不仅成为人的使用对象，而且成为人的审美对象，这就要求企业家在组织生产时要兼顾产品的功能价值和审美价值。一场以审美为追求的生产经营革命便悄然来临了。

技术美学原理不仅要贯彻到产品的设计与制造之中，而且还要贯彻到企业环境的总体设计、企业建筑设计、门面设计等方面。企业不仅是在制造产品与提供服务，而且还是在创造一种"情境"。企业通过把产品、商店和广告作为信息提供给消费者，也就是给消费者带来新的生活"情境"。企业要善于调动消费者的各种知觉能力。企业如果能全面调动起消费者的听觉、触觉、动觉、嗅觉、味觉，那么，情境的空间即由单一的知觉空间变为"复合知觉空间"。

（三）顾客愉悦原则

品牌物质文化的建设要有助于增进消费者愉快的情绪体验，而这种情绪体验的强弱取决于品牌能否满足，以及在多大程度上满足消费者的各种心理需求，如追求时尚流行、便利高效、舒适享受、显示地位、威望、突出个性特征等。消费者买到了称心如意的商品，受到了热情周到的服务，这时的情绪体验就是愉快的。比如，消费者购物时，宽敞明亮的大厅，琳琅满目、漂亮、高质量、高品位的商品，营业人员不俗的仪表、优雅的谈吐和热情周到的服务等，都能引起消费者良好的心境、愉快的情绪体验，使消费者产生良好的第一印象，从而产生惠顾心理。

在品牌物质文化的建设过程中，企业通过产品、商店和广告等途径，在企业与消费者之间构造一种愉快关系的场合，一切营销活动不过是构造愉快关系场合的中介。日本学者把"愉快关系的场合"称为"共生圈"。在这个"共生圈"里，企业依靠产品、商店和广告向消费者传递信息，同时又从消费者的需求和感受中捕捉反馈信息，并根据反馈信息为消费者提供新的生活情境。

（四）优化组合原则

企业物质条件的存在与组合包含着一定的客观规律，对这些规律的认识、把握和提炼就成为品牌物质文化的一部分。进行品牌物质文化建设必须遵从这些规律，实现对各种自然资源的科学配置和合理利用。如果违背其中的客观规律，非但不能建设优良的物质文化，还会使物质条件显得不协调、不美观，有时还会造成资源浪费，甚至出现各种事故。

（五）环境保护原则

企业的生产经营要有利于保护人类赖以生存的自然环境，维持生态平衡，减少和避免对自然资源的过度消耗与浪费，实现永续发展。随着世界环保运动的兴起，企业的环保意识日益增强。有的企业已把保护自然资源和生态环境视为己任，只生产无公害、无污染、不含添加剂、包装易处理的绿色商品，尽量减少和禁止污染物的排放。一个过度消耗资源与破坏环境的企业,不会在消费者心中有良好的口碑,因为品牌物质文化必然包含着有利于人类自身健康与发展的文化。

二、企业行为文化建设

企业在塑造自己的行为文化时,必须建立企业行为的规范、企业人际关系的规范、企业公共策划的规范。

(一)企业行为的规范

在企业运营过程中,企业家的行为、企业模范人物的行为以及企业全体员工的行为都应有一定的规范。在规范的制定和对规范的履行中,就会形成一定的企业行为文化。例如,在企业管理行为中,会产生企业的社会责任、企业对消费者的责任、企业对内部成员的责任、企业经营者同企业所有者之间的责任、企业在各种具体经营中所必须承担的责任等问题。承担这些责任就必须有一定的行为规范加以保证。

1. 企业社会责任

企业社会责任(简称CSR)的概念起源于欧洲。这一概念是在20世纪20年代,随着资本的不断扩张而引起一系列社会矛盾(如贫富分化、社会穷困,特别是劳工问题和劳资冲突等)而提出的。企业社会责任的九个方面应涵盖人权保障、劳动者权益保障、消费者权益保障、对社区的责任、对资源环境的责任等等。目前,国际上普遍认同的企业社会责任,对其比较通俗的一个理解是:企业在赚取利润的同时,必须主动承担对环境、社会和利益相关者的责任,最终实现企业的可持续发展。

2. 社会责任与经营业绩

在"企业应不应该承担社会责任"这一问题上有两种不同的意见:一种意见认为企业应该承担社会责任;另一种意见则认为企业不应该承担社会责任。每种意见都有很多理由,我们有必要考察一下社会责任与经营业绩之间的关系。这种考察是有必要的,因为社会上有一些人担心企业承担社会责任会有损其经营业绩。这种担心乍看起来似乎有点道理,因为在大多数情况下,社会责任活动确实不能补偿成本,这意味着有关企业要额外支付成本,从而损害了其短期利益。但从企业长期的发展来看,企业在力所能及的范围内进行一些社会责任活动相当于投资,虽然短期内这种投资或许牺牲了企业的经营业绩,但从长期来看,这种投资由于改善了企业在公众心目中的形象、吸引了大量人才等,可以增加收益,并且所增加的收益足以抵补企业当初所额外支付的成本。从这种意义上来讲,企业在利他的同时也在利己。

（二）企业人际关系的规范

企业人际关系规范的推行是一场意识革命，也是全新价值的创造，它分为对内关系和对外关系两大部分。

1. 对内关系

企业员工的一举一动、一言一行都体现着企业的整体素质。企业内部没有良好的员工行为，就不可能有良好的企业形象。如果员工行为不端，纪律散漫，态度不好，将给企业形象带来严重的损害。

将企业的理念、价值观贯彻到企业的日常运作、员工行为中，最重要的就是确立和通过管理机制实施这些规范。从人际行为、语言规范到个人仪表、穿着，从上班时间到下班以后都严格按照这些规范行事。要做到这一点，在很大程度上依赖于有效的培训，通过反复演示、反复练习，从规矩的学习演变到自觉的行为。培训的目的在于使广大员工自觉地接受这套行为规范，并不折不扣地贯彻到日常工作中。培训的方法有以下几种：①讨论与座谈；②演讲与模范报告；③实地观摩与示范演练；④在实际工作中纠正不符合规范的行为偏差，边检查，边纠正；⑤重复性演示与比赛。

2. 对外关系

对外关系主要是指企业面对不同的社会阶层、市场环境、国家机关、文化传播机构、主管部门、消费者、经销者、股东、金融机构、同行竞争者等方面所形成的关系。其中，处理好与同行竞争者的关系十分重要。企业应联谊竞争对手，在竞争中联合，在联合中共同发展，在竞争中共同发展，任何企业不仅要面对竞争，而且要勇于竞争，要在竞争中树立自己的良好形象。每个企业都应当争取在竞争的环境中广交朋友，谋求公众的支持与合作，最终使企业获得经济效益与社会效益的双丰收。竞争是社会发展和进步的源泉，竞争无所不在、无所不有，竞争的表现形式也是多种多样的。

（三）企业公关策划的规范

企业公共关系活动的主要作用包括以下几个方面：树立企业信誉；搜集信息，从而全面而准确地分析企业所处的人事环境和舆论环境；协调谅解，包括及时处理组织与公众之间存在的矛盾、建立预警系统并实行科学管理、协助处理纠纷等工作；咨询建议，包括提供企业形象、公众心理、公众对企业政策的评价咨询，提出公关工作建议；传播沟通，通过信息传播影响舆论，争取公众，双向沟通以达到与公众协调的目的；社会交往，为企业创造和谐融洽的社会环境。

企业公关策划是一个设计行动方案的过程，在这个过程中，企业依据目前的组织形象的现状，提出组织新形象的目标和要求，并据此设计公共关系活动的主题，然后通过分析组织内外的人、财、物等具体条件，提出若干可行性行动方案，并对这些行动方案进行比较，择优，最后确定出最有效的行动方案。

三、企业制度文化建设

企业制度作为职工行为规范的模式，使个人的活动得以合理进行，内外人际关系得以协调，员工的共同利益受到保护，从而使企业有序地组织起来为实现企业目标而努力。企业家将企业文化制度化，通过制度的方式来统率员工的思想。建立科学的领导体制、精干高效的组织机构、完善的经营管理制度，具有科学、实用的企业决策机制和人力资源开发机制，有力地约束企业和员工的行为，保证企业目标的实现。由于不同企业的工作性质、工作任务、服务对象不同，各项规章制度的要求也就不同，但是在制定企业的各项规章制度时，有几个共同原则必须把握好。

（一）把握效率原则

企业是一个追求效益最大化的经济实体，企业的目的就是要创造更多的经济效益，实现持续、快速、健康的发展。建立各项规章制度与促进企业发展并不矛盾，相反它是提高经济效益的重要生产要素，增强市场竞争力的有效手段，促进企业生存发展的重要方法。这就要求在建立企业的各项规章制度时要遵循"效率优先"的原则，着重处理好三个关系：一是处理好竞争与服务的关系。经济全球化和我国加入WTO的新形势，使我们面对着更加激烈的市场竞争。在生产优质产品的同时，必须提供优质的服务，创造良好的信誉，才能在竞争中掌握主动权，才能赢得市场。二是处理好个人与企业的关系。要把职工热爱岗位、勤学技术作为良好职业道德的主要标准，培养敬业爱岗、遵纪守法、钻研业务、讲求效率、成才奉献的良好品质，在企业生产经营中多做贡献。三是处理好企业与社会的关系。要求职工切实履行职业责任，做到诚实守信、注重行业信誉、服务群众、奉献社会、尽量满足服务对象的要求。

（二）把握公平原则

公平是市场竞争的基本要求，WTO基本规则突出体现的就是公平、公正、公开的原则。如果不解决好公平的问题，企业所有成员在机会面前就难以体现平等，合理利益就难以保证，职工与职工之间、企业与企业之间就难以在一个起跑线上竞争。体现公平的原则要做到以下三点：一是人人都要遵守企业的各项规章制度。要求每一名员工都要自觉遵守，尤其是领导干部要发挥带头作用，要求职工做到的，自己要带头做到；要求职工不做的，首先做到自己不做。再就是对违反规范的人，不管是谁，都要严格处理，保持规范的严肃性。二是竞争要体现公平。企业的全体员工在机会面前应该平等，特别是涉及竞争上岗、利益分配等问题，一定要严格按制度办事。三是实行厂务公开。对企业改革发展中的重大决策、涉及职工切身利益的重大问题以及党风廉政建设情况，要向职工公开，让职工知情，充分体现民主管理、民主监督。

（三）把握诚信原则

诚信是做人之本，也是立企之本。诚信是道德规范的基石，是个人与个人之间、个人与社会之间相互关系的基础性道德要求。从法治的角度来讲，企业在市场中对盈利的追求需要法规的规范和约束；从德治的角度来讲，办企业一定要讲诚信，要受道德约束。我们在制定企业的各项规章制度时，要注重树立诚信的理念，体现顾客至上、诚信为民、奉献社会的服务精神，杜绝假冒伪劣、坑蒙拐骗、损人利己的行为，使个人和企业的行为与社会要求有机地结合起来。要求职工讲诚信、讲信誉、讲道德，做到上道工序为下道工序服务，辅助部门为生产主体服务，机关为基层服务，企业为社会服务。只有企业内部各岗位、各工序、各方面的工作都以诚信为准则，才能使企业的产品或服务最终赢得用户的满意，进而使企业对内增强凝聚力，对外增强竞争力。

（四）把握激励原则

激励机制是企业管理的组成部分和重要原则。采取一定的激励措施就能形成诱发力和推动力，较好地调动职工的主动性和创造性。我们在进行道德建设时，往往通过加强教育引导来提高职工对本职工作的价值意义以及对职业责任的认识，形成一定的责任感，从而更加热爱本职工作。但仅仅依靠教育引导这一类的"软性"约束是不够的，还需要运用组织纪律、行政措施、规章制度来严格管理职工的行为，促使职工深入理解岗位道德规范的内在要求，强化遵守道德规范的自觉性，最终实现"他律"与"自律"的统一，因此，我们要把各项规章制度纳入竞争上岗机制、干部考核机制、经济责任制和创建工作之中，从而更有效地发挥各项规章制度的激励作用，形成一种是非分明、抑恶扬善的氛围。要大力宣传模范行为，发挥引路人的典型作用，用身边的人、身边的事来教育和影响职工，使职工自觉地向先进、模范人物看齐，从而使职工队伍整体的道德水平得到明显提高。

四、企业精神文化建设

企业精神文化建设的实质是要培育以人为本及诚信的企业伦理观。企业家要营造关心人、尊重人的良好企业环境，为员工提供发展平台，将员工个人的发展列为企业发展的目标之一。企业精神文化是支撑企业文化体系的灵魂，企业文化建设的核心就是精神文化建设。精神文化建设被企业外部环境所制约，时代的变化、消费模式的变化都会影响企业文化的发展变化。在当今社会，以什么样的态度和方法对待市场和顾客、以什么样的态度和方法对待效率和效益、以什么样的态度和方法对待员工和社会，已成为塑造企业精神文化的新课题。

（一）利用思想政治工作的大力宣传，实现企业价值理念灌输

宣传手段在企业精神文化建设中的作用是非常巨大的。由于企业精神文化也属于思想的范畴，在进行企业精神文化建设的时候，利用好报纸、书籍、杂志、电影、电视、广播、板报、黑板报、互联网等主要宣传媒体，充分发挥宣传的作用，可以统一广大员工的思想，使员工的价值理念与企业所倡导的价值理念相一致。

宣传形成舆论、引导舆论的功能对企业精神文化建设的效果有着直接的影响。在进行企业精神文化建设的时候，充分利用各种媒介传播企业所倡导的价值理念，多种宣传媒体在连续的时间传播一致的价值理念，就会把人们的注意力吸引到一起，吸引人们按照企业倡导的价值理念思考问题。同时，它有批判对立价值理念或其他价值理念的异己倾向，启发人们从其他价值理念的束缚中摆脱出来。通过不断引导与企业所倡导的价值理念一致的舆论，批判与其不一致的舆论，从而形成统一的价值理念。因此，在企业精神文化建设中运用宣传手段是非常有必要的。

（二）通过评比竞赛法，实现企业价值理念自我培养

评比竞赛法是组织员工相互竞争，激励他们奋发向上的一种方法，因为有一定目标的优劣之争，所以可以激发人争强好胜的心理要求。在思想政治工作中，这是一种常用的方法，通过各种先进的评比、开展各种竞赛，在潜移默化中向员工灌输政治理念，如优秀党员、先进党支部、先进生产工作者的评选等。

企业精神文化建设的工作对象也是人，也就是说，企业精神文化建设的工作对象也具有争强好胜的心理要求，所以在进行企业精神文化建设的时候，也可以并且应该利用人们争强好胜的心理特点，充分利用评比竞赛法的优势，通过评比竞赛法使员工在潜移默化中

接受企业所要倡导的价值理念，使案头价值理念转变为实践价值理念，提升企业精神文化建设的效果。

评比竞赛可采取多种多样的内容和形式，既可以在团体之间开展，又可以在个体之间进行。从内容方面来讲，可进行单项赛，也可以进行综合性评比。

（三）发挥情感激励，投入企业精神文化建设

情感激励是一种以联络人的积极感情为基础的管理方式和管理过程。通过关心人、帮助人、尊重人、协调企业中的人际关系，对调动员工的积极性可以起到较好的作用。在企业精神文化建设的过程中，如果能利用好情感激励的方法，将会对价值理念的转化产生很大的促进作用。

在企业精神文化建设中运用情感激励法，企业管理者通过对员工的情感投入，关心、帮助、尊重员工，必然会拉近管理者与员工的距离，打开他们的心灵大门，使员工在心理上接纳管理者。在心理上调动员工的积极性，管理者所要倡导的价值理念借助感情这种"催化剂"也容易被员工所接受，企业精神文化建设的效果将会更为显著。

（四）引导非正式组织，促进企业精神文化建设

在企业精神文化建设的过程中，引导和控制作正式组织要注意以下几点：

第一，巧妙利用人性化管理的技术。企业是由人组成的，人性则是联结人群的纽带。采用人性化管理，就是合理利用人的心理因素或精神状态来取得最佳的工作效率。企业管理者必须清醒地认识到，企业员工的情绪、心理和人际沟通的方式对管理绩效具有重大影响。经验表明，企业中的信息沟通往往在非官方的场合中交合力更强。也就是说，企业管理者在与员工接触时应多一些人情、人性，真心与员工交朋友，了解员工的疾苦，解决员工在学习、工作、生活中的实际问题。

第二，学会平易近人的交流方式。企业中劳动分工是一种自然方式，并不意味着人的先天能力的不平等。但由行政关系而形成的心理距离，使企业的管理者为员工所敬畏。管理者只有主动与员工接触，才能使员工消除对领导的恐惧、顾虑和防备。这样，才能使管理者更容易加入非正式组织，对员工的种种情绪反应有更真切的了解和把握，从而更容易对非正式组织施加影响。

第三，善于把握"关键人物"，把握住非正式组织的枢纽。首先是中层干部，他们往往都具有自己的一个小集团，对相当一部分人施加着影响，在一定范围内有较大的影响力，放弃他们就等于舍本逐末。其次是秘书与助理，他们不仅对企业业务上的事很清楚，而且对各种传闻及各类事件的来龙去脉也知之甚多，完全可以将他们作为桥梁，起到沟通

作用。当然，若他们试图维护自己的上司，则可轻而易举地通过"闲话网"来传颂上司的感人事件，达到管理者通过自身努力难以达到的效果。最后是非正式组织中的"情绪领袖"，他可能是一个很普通的工人，但他对群众舆论有着极大的影响力，管理者的任何一个不慎之举，都可能招致意想不到的严重后果。因此，认清这种"情绪领袖"，并与之保持沟通是很有必要的，争取在一些棘手问题的处理上得到他们的理解和支持，使他们的作用方向与企业的目标一致。

（五）树立典型，培育企业价值理念

典型示范法是以典型人物、典型事例教育和鼓舞人们，以推动各项工作开展的一种方法，是企业思想工作中最常用的方法之一。在企业精神文化建设中，进一步研究和运用典型示范法，具有极其重要的意义。

在实际工作中，需要培养和树立不同的典型。从典型的主体来划分，可分为个人典型、集体典型；从典型的内容来划分，可分为单项典型、综合典型；从典型的影响面来划分，可分为社会典型、行业典型、单位典型；从典型的价值判断上划分，可分为正面典型和反面典型。

在企业精神文化建设中运用典型示范法，也就是把价值理念的内容寓于典型的人和事中，通过对典型事件和模范人物的宣传，把抽象的价值理念变成具体生动的形象，从而起到转变员工价值理念的作用。典型示范的形象具体、生动直观，便于引起人们在思想感情上的共鸣。任何典型都是个别的、具体的，生活在它周围的人可以直接接触它。有关典型的宣传，很容易得到人们的确认，能够使人们形成较为深刻的印象。同时，人是有感情、有理智的，大多数人的心理情绪总是积极向上的，即使是比较消极落后的人，往往也具有某种程度的积极心理因素。因此，通过生动直观的典型事迹的影响，必然引起人们思想感情上的共鸣。这种共鸣感又将潜移默化地促进人们价值理念的变化。因此，在企业精神文化建设中可以也应当运用好典型示范法。

第五节 企业文化建设的程序

企业文化建设的一般程序，包括"设计""催化"和"实现"三个步骤。企业"设计"出具有本企业特色的企业文化，并采取措施进一步"催化"和"实现"企业文化的发展。因此，企业文化形成整个社会精神财富的有机组成部分。

一、企业文化的设计

企业文化建设的第一步是明确提出本企业的价值观念体系和理想追求,用准确生动的语言把企业精神确定下来,也就是说,要把具有本企业特色的精神财富设计出来,企业文化设计的具体步骤如下:

(一)筛选

现代社会积累了大量的精神产品,有的对企业发展起着促进作用,有的起着阻碍作用。合格的精神财富的标准:一是要能促进本企业经济迅速发展;二是要能促进本企业职工人格健康成长;三是要能增强本企业的内在凝聚力;四是要能加强社会凝聚力。企业从中选取精神财富建设企业文化。

(二)梳理

通过筛选而得到的精神财富,是以一般形态存在的,并不具有本企业的特色。梳理,是对本企业的历史和现状,特别是对企业实践中直接萌发的观念和意识进行系统深入的回顾、调查、分析和研究,为一般精神财富与本企业实际相结合打下基础。

(三)挖掘

挖掘即把梳理得出的企业精神当作一种宝贵的资源来加以开发,任务是找出企业精神的形成机理和进一步发展的生长点。

(四)设计

设计是指根据企业的实际情况,确定与本企业相适应的企业文化理念。设计规划要做到全面与重点相结合、主观与客观相结合、独创性与连续性相结合、计划性与灵活性相结合,对本企业文化进行定位准确、指标明确、内容科学简练、措施切实可行的设计。

完整的企业文化建设,只有在做好筛选、梳理、挖掘的基础上才能形成。因为它必须推出三套内容:第一套,是经过科学论证而又具有本企业特色的价值观念、企业精神、企业信念、企业宗旨、企业理想、行为规范、思维方式等,它们是以理论和口号的形式出现的;第二套,是能够体现这些价值观念、企业精神等的个例说明,最好是本企业的个例,但也可以是外单位的个例,甚至还可以是设想的个例和生动的寓语故事等,目的是要把第一套内容形象生动地表示出来,使广大职工易于了解;第三套,是灌输或实现这些价值观念、企业精神的步骤、设想和可操作性的程序。

二、企业文化的催化

合理催化本企业生产的精神财富，可以视作企业文化建设的第二步。要把企业文化理念贯彻到企业的所有活动中，内化为员工的实际行动，这就是传播执行和实践过程。企业文化的催化主要有以下程序：

（一）正确编写企业文化手册

将企业文化，尤其是企业理念进行详细的诠释，可以附加案例、漫画等，将之编成精美的小册子，以作为企业文化培训和传播的蓝本。

（二）举办企业文化的导入仪式

公司请全体员工、上级领导、重要客户、专家、新闻媒体等参加，并颁发企业文化手册，对企业文化的内容进行发布，启动企业文化传播和建设工程。

（三）强化文化训导

企业领导人向全体员工阐释企业文化尤其是企业理念的含义。企业宣传或培训部门以企业文化手册为蓝本编写教材，对新员工和在职员工进行培训；举办各种文化讲座，争取在较短的时间内使员工对企业文化产生认同，信奉企业文化。

（四）开展文化演讲和传播活动

适时举办员工文化演讲活动，让员工结合工作实际和切身体会，谈谈对企业文化的理解和感受，营造催人向上和感人的氛围。利用企业报纸、广播和电视等媒体，突出文化传播的功能，同时利用会议、宣传栏及墙报等形式，积极宣传企业理念，传扬企业中流传的文化故事和文化楷模的故事，弘扬正气，创造强势文化氛围。

（五）制造重大事件

积极利用企业发展或对外交往中出现的重大事件，如重大的技术发明、企业日常事务中的成功事例或责任事故、质量评比获奖或消费者投诉事件、新闻报道中的表彰或批评事件、积极参与社会公益活动等事件。以此为基础，有意"制造"事件的影响，扩大渲染，给员工带来强烈的心理震撼，让员工在无形之中受到教育和启发，进而接受正确的价值观和行为方式。

（六）建立文化网络，拉近管理者与员工之间的距离

比如，企业定期向员工报告生产经营的基本情况和重大事件；高级主管人员定期深入一线与员工进行恳谈；建立总经理和高级管理人员接待日制度等。

（七）营造文化氛围

企业文化氛围是指笼罩在企业整体环境中，体现着企业所推崇的特定传统、习惯及行为方式的精神格调。它虽然是无形的，但是以潜在的方式感染着企业全体成员，体现出企业的整体精神的追求，对企业成员的精神境界、气质风格的形成十分重要。这就是说，企业要在重视物质氛围和制度氛围的基础上，关心员工的事业与成长，做好思想沟通、感情投资，创造学习环境，倡导员工之间的相互尊重与信任，营造良好的感情氛围，使企业成员对企业产生归属感、增强工作责任感，发展团队合作精神。

三、企业文化的实现

实现已被正确理解为精神财富的"消费"，可以视为企业文化建设的第三步。企业精神财富的"消费"有以下几种途径：

（一）内化

内化是指利用上面所讲的传播执行和实践的过程，让所有员工充分认识企业文化、理解企业文化的真正内涵，推动企业发展、员工进步，营造内部团结、和谐发展的整体氛围。

（二）外化

外化即在职工的可见行为、企业的可见产品或物质中，以及在企业的一切有形物如厂房、内环境、外赞助等方面。将崇高的企业理想、企业精神、价值观念体现出来。

（三）风俗化

风俗化即将本企业的价值观念、精神状态等变成全体职工自发地加以遵守的风俗、习惯、舆论、仪式等，这是一个极其漫长的"消费"过程。

(四) 社会化

社会化即企业通过向社会提供体现本企业特有精神的优质服务和优良产品,向社会介绍本企业的英雄模范人物,向社会展示并扩散本企业的风俗习惯等形式,形成全社会赞美的企业形象。

在实施过程中,及时了解信息,保证信息渠道畅通,对执行情况和实施效果进行衡量、检查、评价和估计,防止信息误差,调整目标偏差,避免文化负效应,扩大文化正效应,使企业文化建设朝着正确、健康、稳定的方向发展。评估调整要注重实效,建立理想化的参照系。对评估结果要正确分析,避免调整的盲目性和突变,建立激励机制保证调整顺利进行。

企业文化建设的三步是相互联系的有机整体。没有第一步,就不能够迈出第二步和第三步,若强行迈出第二步和第三步就会走上邪路。例如,没有正确的价值观念和理想追求,却大谈要加强企业凝聚力,结果只是用奖金把职工捆绑在一起。这种做法,形似加强群体意识,实则与企业文化建设背道而驰。只走出第一步,而不走第二步和第三步,也谈不上企业文化建设。如果仅仅具有本企业特色的精神财富,如正确的价值观念体系、崇高的理想追求等,还不能说就是企业文化,只要它们还没有在实际的市场竞争中发挥文明功能,还没有结出文明的果实,它们就只是纯粹的精神财富。

第七章 企业形象与企业文化

第一节 企业形象概述

一、企业形象的内涵

(一) 企业形象的含义

1. 形象的含义

从心理学的角度来看,形象就是人们通过视觉、听觉、触觉、味觉等各种感觉器官在大脑中形成的关于某种事物的整体印象,简而言之是知觉,即各种感觉的再现。有一点认识非常重要:形象不是事物本身,而是人们对事物的感知,不同的人对同一事物的感知不会完全相同,因而其正确性受人的意识和认知过程的影响。由于意识具有主观能动性,因此事物在人们头脑中形成的不同形象会对人的行为产生不同的影响。

2. 企业形象的含义

企业形象(CI)也可称为企业形象文化,是指企业内部员工、社会公众,包括消费者,以及与企业有关的各部门与单位对一个企业的各个方面所给予的整体性评价和一般认定,包括对一个企业的企业行为、企业的各种活动成果的看法。企业形象是由企业理念识别、企业行为识别与企业视觉识别三部分构成的。企业形象是企业精神的外在表现、是企业精神的延续和表象化。

从这个定义中可以看出,企业形象是对企业特征和状况抽象化认识和反映的结果,这种结果就是公众对企业的印象。因此,企业形象是通过公众的主观印象来表现的。这就不可避免地带有浓重的主观色彩,一个企业的企业形象在不同个体看来可能基本一致,也有可能相去甚远。比如,某企业人们对其印象都不错,而有一个消费者就对其评价很不好,原因是他买了该企业的产品,质量不好,去退货又碰壁。这就是企业的产品形象和营销服务形象不过硬,影响了其在公众心目中的形象。不要小看这一个消费者,每个人都有其生活交际圈,一个人对企业的形象可能会联系到几十个人甚至更多。对一个企业而言,其企业形象的任何一点瑕疵都可能是致命的。一个小失误可能会一传十、十传百影响很多人,最终让企业付出巨大的经济代价。因此,我们可以看出,企业形象是一种和评价相联系的观念状态,这种观念状态就是公众对企业的态度和舆论状况。因此,企业形象更进一步来说又可以通过公众的态度和舆论状况来衡量。

(二)企业形象的特点

1. 整体性与多样性

(1) 整体性

整体性,也可以说成是综合性。企业形象是个综合性的概念,它是由企业内部诸多因素构成的统一体,而这些因素的某一或某几个方面不能构成一个企业的整体形象。现代社会工业不断向前发展,现代化生产技术日趋普及,在这样的情况下,同一类产品之间的品质差异越来越小,企业间的竞争也早已不仅仅局限于产品竞争,而是延伸到广告形象、营销服务水平、经济实力展示、员工素质形象等方方面面。与此相适应,企业形象也不仅包括产品质量,而且包括职业道德、广告效应、产品标志、服务水平等各方面,成为一种整体性的观念。在涉及的各方面中,任何一方面出现缺陷,都会对企业形象整体造成灾难性的损害。各方面需要齐头并进,又需要重点突破,这就给企业领导者们提出了较高的要求。

(2) 多样性

这一点与企业形象的整体性特点并不矛盾,整体性是从企业形象的总体、全局来看的,而整体性的特点又通过企业形象的每个方面和不同的社会公众一一表现出来,呈现出多样性的特点。一方面,企业形象涉及面广,包罗万象,这就使得企业形象从各方面体现出来,体现其多样性;另一方面,企业形象既然是公众对企业的一种认同,不同的公众对同一企业也会有不同的形象感受,这与不同个体的经历、习惯、教育程度等都有着密切的关系,这就从主观方面体现出企业形象的多样性。

2. 相对稳定性与易变性

（1）相对稳定性

所谓相对稳定性是指公众对一个企业的印象一旦形成，就会在一定时期内保持一种心理定式，从而不容易改变。在激烈的市场竞争中通过大浪淘沙，一些名牌企业赢得了其良好的企业形象，这种良好的企业形象成为一笔巨大的无形财富，支撑着企业的发展。

（2）易变性

企业形象虽然具有相对稳定性，但不等于它就永远或轻易不会改变。事实上，企业不是一潭死水，静止不动，孤立不变，而是一个动态的实体，处于不断运动之中，也就处于不断变化之中。而企业行为的不断变化，也导致企业形象随之发生着点滴的变化。我们说企业形象相对稳定，又易变，那就是说企业形象在不断的量变之中，一旦量变聚集到一定的程度，发生质的飞跃时，企业形象又在另一层面上相对稳定。另外，企业形象由许多个体的印象整合而成，对单个个体而言，其对企业的看法也是很容易改变的，今天听朋友说某个企业不错，心里跟着认同，明天又听同事讲述经历，说该企业很差，心里又跟着发生怀疑，这也是很自然的。

3. 社会性与个体性

（1）社会性

企业形象不是某个人对企业的印象，它是社会概念，任何一个个体的感觉无不构成一个企业的企业形象。企业形象需要得到社会的认同，而企业要获得良好的社会评价，必须依靠其自身良好的社会行为和外在表现，企业向整个社会展示它的形象，一旦得到整个社会的认同，就轻易不会改变。

（2）个体性

企业形象虽然具有社会性的特点，但社会毕竟是由许许多多的个体构成的，社会性由个体性所支持，社会评价也是个体评价的综合反映。不要以为某个个体的意见就可以忽略，一个个体可能要联系几十个甚至上百个，一个个体的意见通过其复杂的社会关系网可以传给许多人，这一连串的反应会对企业产生重大的影响。好的看法为赢得或巩固良好的企业形象添砖加瓦；坏的意见为企业形象蒙上污点，影响企业的进一步发展。

以上这三组特点并不是孤立存在的，不但每组之中的两个特点相依相伴、互相支持，而且三组间也有内在的联系、互相影响着。因此，必须注意特点之间的关联性。

（三）树立良好企业形象的作用

在了解了企业形象的含义、特点和内容后，树立良好的企业形象的作用就显得很好理解了。总的来说，树立良好的企业形象就是为了提高企业的知名度和美誉度，从而使企业获得良好的经济效益。

1. 良好的企业形象有助于吸引顾客，使企业产品占领市场

对消费者而言，在购买商品的过程中，付出商品的价值，换回商品的使用价值，既然购买商品的最终目的是为了使用，买何种品牌本质上并不重要，而消费者却并没有在同种性能的一类商品中随便拿走一个就走，而是需要经过一番比较、鉴别，在同类商品中选择哪一品牌，天平偏差的砝码往往就是厂家的企业形象。知名度高、形象好的企业当然吸引顾客。

企业生产着产品，而良好的企业形象为该企业产品或服务创造出一种消费信心，消费者购买这样企业的产品，不仅对质量、性能、款式和售后服务等放心，而且能因买到这种商标品牌的产品获得心理上的满足、充满喜悦之情。这一点在年轻人中体现得尤为明显。同样的产品，名牌总是价格更高一些，即使是这样，在经济允许的范围内，人们总是愿意购买名牌产品。消费者在购买商品的同时，也买"放心"、买"品位"、买"名牌"。

良好的企业形象有助于吸引顾客，被顾客认可的企业在市场上当然具有较高的竞争力。如果企业形象好的品牌企业与一个默默无闻的街道小厂同时推出一种新产品，即使两家推出的产品性能并无明显差异，甚至街道小厂的新产品更好一些，人们都往往选择企业形象好的企业推出的新产品，可见在新产品抢占市场份额的过程中，良好的企业形象也是至关重要的。

2. 良好的企业形象有助于企业增强其筹资能力

一个企业要正常运转，就要不断扩大生产规模，扩大生产规模需要大量的资金。一直保持原有生产规模，维持原有的利润，不进行扩大再生产，那是简单商品经济阶段的做法，不能适应今日的经济社会，而企业要发行股票，要吸引资金，要获得贷款，就要给股民、投资者、银行等以信心。这份信心从哪里获得，还是凭借良好的企业形象。

投资方选择投资对象首先考虑的是该对象能否带给自己可观的经济效益，而一个企业形象良好、拥有较高声誉的企业会让人感觉它有较高的经营管理能力，足以获得投资者的信赖。而充足的资金对一个企业来说是至关重要的。

现在越来越多的人加入了股民的行列之中，股民将手中闲散的资金投向何方，他们信任的是哪个企业，也取决于该企业的企业形象如何。企业形象不佳、声誉不够好、市场份额小的企业很难让股民对它产生信心。而反过来，如果一个企业的产品深入千家万户，随处可见，口碑极佳，股民当然信任它。

3. 良好的企业形象有助于增强企业的凝聚力，对企业的员工产生重要的心理影响

良好的企业形象可以激发企业员工的自豪感，使企业员工对本企业产生强烈的归属感。企业员工在社会中能够感受到企业形象给他们带来羡慕的目光，这非常有助于企业员工珍视本企业的荣誉，与企业休戚与共。而这样的员工在工作中才能干劲十足，真正做到"爱厂如家"，充满创造力和责任心。

良好的企业形象会赋予企业员工一种信心，使他们坚信企业和个人的前途是美好的，从而自觉地把自己的命运同企业的命运联系在一起，产生强烈的使命感和责任感。这种主人翁的精神使得企业员工注意自己的一言一行，不给企业抹黑，而良好的员工形象正是企业形象的一部分内容，是企业形象的缩影，反过来又促进了企业形象的完善。

另一方面，具有良好企业形象的企业对内往往表现为尊重员工、关心员工，充满人情味，把增强企业凝聚力视为己任。因此，在这样的企业中，心理环境相对宽松，有助于个人才能的发挥，开发出员工潜在的创造力来，也使企业员工人人关心企业的经营运转，把自己和企业视为一体，产生"这是我的企业，我要对它负责"的心理。

总之，良好的企业形象大大增强了企业的凝聚力，使企业员工紧密团结在一起，使企业具有强大的向心力。

4. 良好的企业形象有助于企业吸引人才，增强企业的发展实力

每年都有大批高校毕业生走向社会，每年都有许多人才在"跳槽"的观望之中，这些人选择怎样的工作单位，在很大程度上看中的都是该单位在社会上所树立起来的公众形象。一个企业不可能十全十美，但总要有自己独特的吸引人之处，或待遇优厚，或工作环境宽松，或充满人情味，或鼓励竞争、不论资排辈，等等。这样才会给人以深刻的印象，为吸引人才加上重重砝码。

人才是一个企业的无价之宝，他们为企业带来新思维、新产品，最终给企业带来不可限量的经济效益。因此，就一个企业而言，树立良好的企业形象，就等于种下了茂盛的梧桐树，引得凤凰翩翩而至。

5. 良好的企业形象有助于企业获得社会的支持

一个企业不能孤立存在于世，它需要获得整个世界的理解和支持。企业要和众多的政府部门打交道，企业要同所在社区密切联系，企业有困难要靠顾客、银行、政府等的支持渡过难关，而良好的企业形象将为这一基本建设打下坚实的基础，为企业获得社会的支持赢得保证，从而能够使企业立于不败之地。

一个企业在激烈的市场竞争中生存，应该有一种危机感。即使是运营状态很好的企业也应居安思危,协调各种关系,不骄不躁,小心谨慎。

良好的企业形象为企业获得政府的信任提供了可能。企业以国家利益为重,遵纪守法,形象健康,效益良好,这些都使企业能够获得政府的重视和帮助。这样的企业如果遇到暂时的困难,政府就愿意在财政、政策上给予倾斜和支持,有助于企业重振雄风。

企业总要建于一定的社区之中,社区成员不自觉地对企业进行着宣传,并且给企业提供生活服务上、人才上、精神上的支持,社区还直接是企业产品的消费地之一。因此,企业与社区的关系也非常重要。良好的企业形象使企业获得社区成员的好感,获得许多的方便。

企业与其他相关企业不断发生着关系,它需要其他企业提供原料、能源,需要其他企业购买它的产品,需要同行业企业协调关系、共享市场份额,需要获得其他企业的理解,在资金暂时不到位时给予通融,这些都要以良好的企业形象做保证。

总之,企业在社会上立足,就要时时与社会各界发生着关系,企业形象的好坏直接影响着社会对其的认可和企业的竞争力。

二、企业形象的基本内容

(一)企业产品与服务形象

1. 产品形象

产品形象是指企业产品的质量、性能、造型、设计、商标、包装、标志、价格等在消费者和社会公众心目中的整体形象。产品形象是企业形象的一个重要组成部分,良好的产品形象可使企业获得社会公众的充分信任,从而形成稳定的市场,保证销、供、产渠道畅通,有效地树立起良好的信誉。

2. 服务形象

服务形象是指企业员工在产品的销售过程中,包括售前、售中、售后和技术服务的过程中所表现出的服务态度、服务方式、服务质量、服务水准,以及由此引起的社会公众对企业的客观评价。企业的服务方式越广泛,服务态度越好,服务水平越高,服务风格越突出,社会公众对企业的亲切感就越强。从企业家提出的"消费者是上帝"到企业开展的"CS 活动"(Customer Satisfaction,顾客满意)都是企业从服务态度角度去把握市场的体现。这一活动的开展,要求企业的所有行为均"让顾客满意",就是企业在争取顾客的好感与认同,以形成良好的服务形象,提升美好的企业整体形象。

(二) 企业员工形象

企业员工形象是企业员工的仪表装束、言谈举止、工作能力、科技文化水平、精神风貌、工作效率等给社会公众的整体印象。员工形象包括企业领导者形象和企业职工形象两层含义。

1. 企业领导者形象

企业领导者通常是企业管理者，是企业的法人代表，是常常抛头露面的人物。在公众场合，企业领导者所展示的形象不仅仅代表了自身的素质，更重要的是代表了整个企业的形象。也就是说，领导者是企业形象的设计者和塑造者，他们的思想性格、文化修养、处世态度、交际方式、办事能力、专业水平等由于他们的特殊地位，也会对内对外产生一种辐射作用，对企业形象产生直接影响。

2. 企业职工形象

企业职工给顾客留下的第一印象，对企业形象的树立起着举足轻重的作用。企业形象好坏的关键因素取决于企业员工的素质。现代企业管理，主要是对人的管理，即以人为本的管理。企业要获得优质产品，要开展优质服务，要得到用户的选票，靠的是员工对企业的热爱与忠诚，靠的是员工娴熟的操作技术和服务能力，靠的是员工一丝不苟、精益求精的质量意识。一个成功的企业，它的员工非常清楚：企业的精神是什么，倡导何种文化，生产什么，满足消费者什么，什么是该做的，什么是可倡导的，什么是应反对的。当企业精神、企业文化、企业的管理风格、员工的行为规范被全体员工所认同，其整体的力量必定能在市场竞争中取胜。企业职工作为社会的一员，与外界有大量的沟通。在这种沟通中，员工形象体现着企业整体形象，潜移默化地在人们心中形成或良好或低劣的形象。因此，企业要树立全体员工一起维护企业整体形象的意识，时时处处塑造、重视良好的个人形象。

(三) 企业环境与公关形象

1. 企业环境

企业环境是指企业从事生产经营活动所存在和影响的空间和条件，是影响企业生存和发展的各种因素的总和。任何企业都是处在一定的社会环境之中的，企业环境对企业的生存和发展具有促进或阻碍的作用。

2. 公关形象

公关形象是指企业在开展公关活动的过程中给社会公众及员工所留下的整体印象与综

合评价。公关形象包括三个方面：公关队伍形象、公关手段形象和公关文化形象。

所谓公关队伍形象是指企业中从事公关活动的员工队伍的素质、结构、能力等因素给社会公众所留下的整体印象，它是构成企业公关形象的主体，从一定侧面反映了员工的素质。

公关手段形象是指企业在从事公关活动的过程中所采用的方法、方式、技术、技巧等给公众所留下的整体印象，它是构成企业公关形象的客体，在一定程度上显示了企业的水平、风尚和道德。

公关文化是指企业在长期从事公关活动的过程中所形成的一种独特的公关文化氛围，积极的公关文化氛围有利于企业积极开展公关活动，树立良好的公关形象；反之，则会影响企业树立良好的公关形象。

第二节 企业文化与企业形象的理念识别

一、企业形象理念识别的内涵

（一）企业理念识别的内涵及地位

企业理念识别（MI）是企业识别系统的核心和灵魂。它在 CI 所包含的三个子系统中，位于最高决策层，是 CI 的策略层，又有"策略识别"之称。它显示了企业独具特色的经营理念，是企业生产经营过程中设计、科研、生产、营销、服务、管理等经营理念的识别系统，是企业对当前和未来一个时期的经营目标、经营思想、营销方式和营销形态所做的总体规划和界定。MI 主要包括：企业精神、企业价值观、企业信条、经营宗旨、经营方针、市场定位、产业构成、组织体制、社会责任和发展规划等。

（二）企业理念识别的分类

企业的差别首先来自企业不同的理念，企业不同的理念定位决定了企业不同的形象定位。因此，企业理念内容的差别化是企业差别的根源。从目前企业的现实状况来看，可将企业理念分为以下几类：

第一类，抽象目标型。这一类型的企业理念浓缩目标管理意识，提纲挈领地反映企业追求的精神境界或经营目标、战略目标。这类企业理念往往与企业生产经营目标联系起来，直接地、具体地反映在企业口号、标语之中。

第二类，团结创新型。提炼团结奋斗等传统思想精华或拼搏创新等群体意识。

第三类，产品质量、技术开发型。强化企业提高商品质量，或开发新技术的观念。

第四类，市场经营型。注重企业的外部环境，强调拓宽市场销路，争创第一流的经济效益。

第五类，文明服务型。突出为顾客、为社会服务的意识。

综上所述，企业理念是得到普遍认同的、体现企业自身个性特征的、促使并保持企业正常运作的、为企业长足发展而建构的、反映整个企业明确的经营意识的价值体系。由此可见，企业理念是企业文化的集中体现。

（三）企业理念识别的功能

确立和统整企业理念，对企业的整体运行和良性运转具有战略性功能与作用。企业理念识别的功能和作用可分为企业内部功能和企业外部功能。

1. 企业内部功能

（1）导向功能

企业理念，就是企业所倡导的价值目标和行为方式，它引导员工的追求。因此，一种强有力的企业理念，可以长期引导员工为之奋斗，这就是企业理念的导向力。企业理念的导向功能主要表现在两个方面：一方面是直接引导员工的人格、心理和行为；另一方面是通过员工的整体价值认同来引导员工的观念与行为。良好的企业理念，可以使员工在潜移默化的过程中形成共同的价值理念，并通过对企业理念的认同，共同朝一个方向奋斗。

（2）激励功能

企业理念既是企业的经营宗旨、经营方针和价值追求，又是企业员工行为的最高目标和原则。因此，企业理念与员工价值追求上的认同，就构成了员工心理上的极大满足和精神激励，它具有物质激励无法真正达到的持久性和深刻性。

（3）凝聚功能

企业理念的确定和员工的普遍认同在一个企业中必然形成一股强有力的向心力和凝聚力。它是企业内部的一种黏合剂，能以导向的方式融合员工的目标、理想、信念、情操和作风，并造就和激发员工的群体意识。企业及员工的行为目标和价值追求，是员工们行为的原动力，因而企业理念一旦被员工认同、接受，员工自然就对企业产生强烈的归属感，企业理念就具有强大的向心力和凝聚力。

（4）规范行为

这里的行为指的是受思想支配而表现在外的活动，包括企业行为和员工行为。

2. 企业外部功能

（1）创造个性

就企业形象识别系统的整体而言，本质特征是具有个性。

（2）确保同一性

同一性是指企业上下内外须保持在经营上、姿态上、形象上的高度一致性。

（3）稳定功能

强有力的企业理念和精神，由于其强大的导向力和惯性力，可以保证一个企业绝不会因内外环境的某些变化而使企业衰退，从而使一个企业具有持续而稳定的发展能力。就是说，企业理念的稳定力，是通过全体员工对企业经营宗旨、经营方针和价值观的内化而形成的，并通过自我控制和自我约束来实现，因此，保持企业理念的连续性和稳定性，强化企业理念的认同感和统整力，是增强企业稳定力和技术发展的关键。

（4）辐射功能

企业理念一旦确定并为广大员工所认同，就会辐射到企业整体运行的全过程，从而使企业行为系统和形象表征系统得以优化，提升企业的整体素质。不仅如此，它还会产生巨大的经济效益和社会效益，向更加广泛的社会领域辐射，变成一笔巨大的社会财富。

二、企业理念识别系统的价值体系

企业理念识别系统的价值体系主要包括下面三个要素：企业存在的意义（企业使命）、企业的经营理念（经营战略）和企业的行为规范（员工的行为准则）。企业使命是企业的最高原则，由此决定企业的经营理念（经营战略），而经营理念又决定企业每一个员工的行为准则，这三者之间是环环相扣、密不可分的，共同构成一个整体。

（一）企业使命

企业使命是指企业依据什么样的使命在开展各种经营活动。企业使命是构成企业理念识别的出发点，也是企业行动的原动力。没有这个原动力，企业将会处在瘫痪状态，企业即使在营运，也将是没有生气的，逐渐走向破产的边缘。

对企业而言，企业使命至少有两层含义。其一是功利性的、物质的要求。也就是说，企业为了自身的生存和发展，必然要以实现一定的经济效益为目的。如果企业丧失了这一使命，就失去了发展的动力，最后逐步萎缩直至破产。其二是企业对社会的责任。因为企业作为社会的一个构成、一个细胞、一个组成部分，它必须担负着社会赋予它的使命。企业如果只知道经济效益、追求利润，而逃避社会责任，必然遭到社会的报复，直至被社会所抛弃。

（二）经营理念

企业的经营思想，即企业的经营战略，是企业经营理念的最核心的部分。经营战略，简单地说，就是企业根据自己的内部条件和外部环境，来确定企业的经营宗旨、目的、方针、发展方向、近远期目标的规划，以及实现经营目标的途径。

企业经营战略，是指导一个企业全部经营活动的根本方针和政策，是企业各方面工作的中心和主题。它规定企业的经营方向和业务活动范围，从而确定企业的性质和形象，规定企业的经营目标、长远发展目标和中短期目标，提出达到经营目标的战略方针、途径和重点，还决定具体的行动计划和实施方案。

（三）行为规范

理念识别的第三个要素就是行为规范。行为规范不仅指企业的行为规范，而且包括企业每一个员工的行为准则。作为企业的行为准则，它体现了企业对员工的要求。具体来讲，是指在正确的经营理念的指导下，对员工的言行所提出的具体要求，例如"服务公约、劳动纪律、工作守则、行为规范、操作要求"等。

三、企业文化与企业形象的理念识别的关系

（一）从定义看两者的关系

为了弄清楚企业文化与企业理念的关系，有必要梳理一下迄今为止理论界对企业文化的各种表述。

第一种表述：广义的企业文化是指一个企业所创造的独具特色的物质财富和精神财富的总和；狭义的企业文化是指企业所创造的具有特色的精神财富，包括思想、道德、价值观念、人际关系、习俗、精神风貌，以及与此相适应的组织和活动等。

第二种表述：企业文化由两个部分构成，即外显文化和内隐文化，外显文化是指企业的文化设施、文化用品、文化教育、技术培训、文化联谊活动等，内隐文化是指企业内部为达到总体目标而一贯倡导、逐步形成、不断充实并为全体成员所自觉遵守的价值标准、道德规范、工作态度、行为取向、基本观念，以及由这些因素汇成的企业精神。

第三种表述：企业文化是一种与民族文化、社区文化、政治文化、社会文化相对独立而存在的经济文化，反映的是企业经济组织的价值观与目的要求，以及实现目标的行为准

则和习惯。

第四种表述：企业文化由企业的行为文化、心理文化、物质文化三个部分组成，其中心是企业的心理文化，即企业经营管理中形成的浸入企业全体员工灵魂的价值观念和行为准则。

第五种表述：企业文化是由许多文化要素，即企业劳动者所创造的不同形态的物质，所构成的社会学意义上的概念，是通过企业员工主观意志去改造、适应和控制自然物质和社会环境所取得的成果。

第六种表述：企业文化是一种观念形态的价值观，是企业长期形成的一种稳定的文化理念和历史传统，以及特有的经营风格。

第七种表述：企业文化是受企业经济活动及外界文化因素影响的、由企业员工所创造的物质财富、精神产品、内部组织结构和规章制度。

第八种表述：企业文化是在一定社会历史的环境条件下，企业及其员工在生产经营中逐渐形成的价值体系和各种观念文化的总和。

第九种表述：企业文化是企业群体在长期生产经营活动中创造的适合于员工自身发展的一种生活模式，是企业哲学、企业精神、企业行为方式的内在统一。

第十种表述：企业文化是在企业生产经营中形成的某种文化观念和优秀传统。

西方学者对企业文化的定义，大都指一个组织，例如，企业、公司内形成的独特的文化观念、价值、历史传统、习惯、作风、道德规范和生产观念，并依赖于这些文化组织各种内部力量，统一于共同的指导思想和经营哲学之中，如美国学者彼得斯和沃特曼把企业文化定义为：汲取传统文化精华，结合当代先进管理思想与策略，为企业员工构建一套明确的价值观念和行为规范，创设一种良好的环境气氛，以帮助整个企业进行经营活动。他们都强调企业文化的内涵主要是价值观。

据初步统计，关于企业文化的定义有一百多种，经归纳，国内外学者最有影响力和最有代表性的有以下三种：

第一种是"总和说"。认为企业文化是企业中的物质和精神文化的总和，是企业管理中硬件和软件的结合。硬件，是指企业的外显文化，包括厂房设施、原材料、工艺、产品等；软件，是指企业的隐形文化，是以人的精神为寄托的各种文化现象，包括企业管理制度、行为方式等。

第二种是"同心圆说"。认为企业文化包含三个同心圆。外层同心圆是物质文化，指企业内部的机器设备和生产经营的产品等；中层圆是制度文化，包括人际关系、企业领导制度；内层圆是精神文化，指企业内的行为规范、价值观念等。

第三种是"精神现象说"。认为企业文化是指一个企业以物质为载体的各种精神现象。

它是以价值体系为主要内容的企业精神、思维方式和行为方式，是企业全体成员在生产经营活动过程中形成的一种行为规范和价值观念。

从企业文化的诸多定义中，可以看出企业文化与企业理念的关系。

首先，企业理念是企业文化的核心。几乎所有的企业文化的定义都提到价值观，这里的价值观的概念和企业理念的概念基本是一致的。企业的成功来自成功的企业理念，作为核心地位的企业理念无时无刻不在起指导作用。没有企业价值观，企业理念概括的企业文化起码是低层次的、经不起竞争磨砺的短视文化，也是没有企业特色的。

其次，企业理念统驭企业的行为、经营方向以及企业与外界的联系等，换言之，企业理念指导企业内部与外部的各项工作，指导企业文化的方向，影响企业文化的形成、传播和发展。

最后，企业的外显文化，如典礼、仪式、企业英雄、管理仪式、工作仪式都是企业理念的外化、直观和感觉形象。

此外，企业理念和企业文化一般都强调人本的核心作用。企业英雄作为他人学习的榜样和敬重的对象，他们的一言一行都体现企业的价值观念。英雄是一种象征，同样体现出企业人的完美型理想。有了企业英雄，企业理念所强调的凝聚功能便有了现实的导向。所以，企业英雄也是企业文化的重要内容。

（二）从功能看两者的关系

企业文化的功能是指企业文化发生作用的能力，即企业这一系统在企业文化导向下进行生产、经营、管理中的作用。

首先是导向功能。企业文化对企业员工行为具有导向的功能，体现在规定企业行为的价值取向、明确企业的行动目标、确立企业的规章制度和行为方式。导向功能同时也包括对员工的约束、自控、凝聚，指企业通过制度文化、伦理道德规范约束企业全体员工的言行，使企业领导和员工在一定的范围内活动；企业通过广大员工认可的价值观而获得的一种控制功能来达到企业文化的自我控制；企业文化将企业员工紧紧地联系在一起，同心协力，共同奋斗，具体通过目标凝聚、价值凝聚、理想凝聚来实现。

其次是激励功能和调适功能。激励功能是指最大限度地激发员工的积极性和首创精神，具体包括信任激励、关心激励和宣泄激励。调适功能是指为员工创造一种良好的环境和氛围，给员工以心理调适、人际关系调适、环境调适、氛围调适。

最后是辐射功能。企业文化有不断向社会发散的功能，主要途径有以下几种：

1. 软件辐射，即企业精神、企业价值观、企业伦理道德规范等发散和辐射。
2. 产品辐射，即企业以产品为载体对外辐射。

3. 人员辐射，即通过员工自觉或不自觉的言行所体现的企业价值观和企业精神，向社会传播企业文化。

4. 宣传辐射，即通过具体的宣传工作使企业文化得到传播。

企业文化的功能与企业理念的功能多有重复或相近似，而企业理念作为企业文化的核心，其主导与提携作用是十分明确的。正确的理念是企业存在和运行的精神支柱，是企业发展的动力之源。

与企业文化相似，企业理念为企业行为提供导向作用。

在激烈的市场竞争中，企业如果没有一个自上而下的统一目标，是很难参与市场角逐的，更难以在竞争中求得发展。理念的作用正是将全体员工的事业心和成功欲望化为具体的奋斗目标、信条和行为准则。

企业发展的道路往往不是一帆风顺的，在逆境中，企业要么把挑战当作机会，把困难当作动力，要么悲伤失望、自暴自弃。正确的企业理念，正是给困惑中的企业指引出正确的方向。

企业理念之所以成为企业活力的源泉，成为调动员工积极性的动力，就在于一方面理念能把广大员工的潜力发掘出来，使之服务于该企业共同的事业；另一方面是能使个人目标和企业目标得到统一，减少企业的"内耗"。

在一个企业里，什么样的行为受欢迎，什么样的行为会被禁止，用什么方法比别人得到更多的赞赏，什么样的行为才能为周围的人群所接受，企业理念可以发挥规范性的作用。

企业理念又包括经营理念和行为理念。经营理念是为了实现企业目的、企业使命、企业生存意义所制定出来的企业规范，也是有效地分配经营资源和经营能量的方针，行为理念则是广大员工将企业的生存意义、经营理念转换成一种心态，在平常的言行中表现出来，以明确易懂的组织规范，让员工明了如何共同强化企业力。

一盘散沙的企业与员工关系协调、融洽的企业的经营业绩是大不相同的，两种不同的企业状况反映出两种不同的理念。企业理念不仅使企业领导与领导之间，而且使干部与员工之间产生凝聚力、向心力，使员工有一种归属感。这种向心力和归属感反过来又可以转换成强大的力量，促进企业发展。

企业的理念是个性与共性的统一。普遍性的企业理念具有较强的时代特色，它不仅会在本企业起到很大作用，而且还会通过各种信息渠道渗透、传播到同行业的其他企业甚至不同行业的企业，对其他企业起到楷模的作用。

第三节　企业文化与企业形象的行为识别

一、企业形象的行为识别

（一）企业形象行为识别的内涵

企业行为识别（BI）是企业 CI 系统中的"做法"，也就是说企业行为识别是 CI 的动态识别形式，是企业理念识别系统的外化和表现，它通过各种行为或活动将企业理念贯彻、执行、实施。企业形象取决于企业领导和员工的表现，取决于企业领导与员工对企业理念的理解程度和对企业行为规范的执行程度，企业行为是企业形象中重要的部分，它通过企业内部员工之间的联系和企业与外部相关人员的交往，反映出企业的理念和个性，没有良好的企业行为，企业理念就成了水中之月。

（二）企业行为识别系统的特征

1. 统一性

企业行为识别系统具有统一性。它要求企业的一切活动，无论是对上还是对下、对内还是对外均表现出一致性。首先，它要求企业的全体员工和各个部门在开展各项活动时必须统一目的，以在社会公众面前塑造出统一而良好的企业形象；其次，它要求企业的各项活动表现必须与企业的理念系统相吻合，使其成为企业理念系统的一个动态表现，保证企业的各项活动及其具体内存互相衔接，形成一个完整的有机整体；最后，它要求企业所有工作人员在活动中的表现具有统一性，这包括语言传播的统一性、行为表现的统一性。只有这样，才有利于企业整体形象的再现和社会公众对企业活动的识别与接纳。

2. 独立性

企业行为识别系统具有活动的独立性，即一切行为及活动的识别应体现出企业的精神、企业的个性，显示出与其他企业不同的风格。这种独立的表现形态，是社会公众对企业及其活动识别的基础。如英特尔奔腾处理器的对外传播总是以高科技、领先技术、特殊形象表现与音乐表现来再现一颗活灵活现的奔腾"心"，无论对外传播的内容（不同的产品）发生怎样的变化，这一传播主调不会发生变化。同时，这一传播主调也将企业的风格、精神再现出来，表现出与众不同的基本内涵和目标追求。

3. 动态性

企业行为识别系统具有动态性。企业行为识别的统一性和独立性均经过活动的动态过程得以表现。

(三) 企业行为识别系统的主要内容

企业行为识别系统的具体内容包括两大块：一块为企业内部的行为识别系统；另一块为企业对外的行为识别系统。

1. 企业内部的行为识别系统

(1) 干部教育、培训

干部教育、培训是企业为提高管理人员的基本素质、工作能力以适应时代发展的需要而实施的一项活动。对企业干部进行教育培训的主要内容包括：由企业决策层向管理人员讲授本企业的文化，贯彻一种系统性的企业理念，推动企业文化与理念系统的贯彻、执行；外请专家研究企业的各项战略，为企业设定战略规模与远景规划。由技术专家进行企业技术培训，使管理者既懂技术又懂管理，以更好地适应市场；增强内部各部门和各环节的透明度，让彼此更多地了解与理解、更多地协调与关照，团结一致，奋发向上，共同为企业发展而努力。

(2) 员工教育、培训

员工教育、培训主要是进行技能、操作培训，认同企业文化，讲解理念系统及企业各项制度等。其具体内容有工作态度与精神、服务水准、能力与技巧、各项礼仪、礼貌用语及约束条件、各项岗位操作等。

(3) 组织建设

组织建设是指组织结构的建设，人员职位与岗位的安排，人才的吸纳、任用与提升等。组织建设的目的在于保证组织机构的完善与稳定，调动内部所有人员的积极性，使企业内部团结一致，共同为企业的发展做出更大的贡献。

(4) 管理实施

管理实施是为贯彻企业管理思想、落实企业管理决策而进行的企业各项管理工作。同时，这也是落实企业理念系统，形成企业内部凝聚力与向心力的系统性工作。企业管理工作做得好，是保证企业有序、正常运作的重要手段。

(5) 生产运作

好的产品是制造出来的，而不是检验出来的。企业的生产运作情况可以表现出企业管理水平的高低、生产能力的大小、生产人员的工作态度和生产目标是否能实现等多方面的

第七章　企业形象与企业文化

内容，生产运作得好又是保证满足市场需求、推动企业发展的基础性工作之一。所以，企业的生产运作在企业内部活动中作为企业运作的始点和市场运作的后盾，永远是企业各项活动的重要内容。

（6）产品开发

在当今市场竞争中，一个企业只有了解市场、适应市场、满足市场的需求，才能真正赢得市场。市场的需求千变万化，企业要适应这种不断变化的需求，就必须不断地进行产品的开发、研制与创新，掌握行业内的先进水平，利用先进的科技手段，不断进行产品的改良、改进、革新与创新。只有这样，企业才能适应市场、在市场中发展。

（7）内部关系的协调与沟通

这属于内部公共关系范围的工作，这种协调与沟通主要表现为企业上下级之间的纵向协调与沟通，以及部门与部门、员工与员工之间的横向协调与沟通。

（8）工作软环境的再创造。

在企业内部，硬环境的内容包括厂区、厂房、机器设备、办公环境等。这些内容一旦形成，在一定的时间内很难有大的变化。而企业内部软环境的内容则包括企业内部的氛围，上下级之间、部门之间及员工之间的各类关系，企业文化、企业理念系统对内部工作人员的影响，以及由此形成的人们的精神状态、工作状态和追求目标等。但这并不意味着它可以一成不变。和企业内部硬环境的不同之处在于，企业内部的软环境时时可以调整、处处可以创新，只要它符合企业理念系统的要求，符合企业的发展方向和目标价值，有利于企业的运作，就可以不断地加以修正与调整。

（9）各项方针、政策、制度的制定与实施

每个企业都有自己的规章制度、方针政策等。它们是企业正常运作、约束员工行为的具体规则，是企业管理工作正常运行的依据。这里的要求，首先是制定的方针、政策、制度等必须符合企业一定的发展阶段的水平与特征。制定的目的是为了贯彻、落实，过高的目标与过低的要求对企业的运作与发展均不会产生积极的影响。其次，符合企业发展的方针、政策、制度一旦确定下来，就必须严格地贯彻、执行，并建立健全监督机构将其落到实处，这样才有利于企业内部各项工作的开展、人员积极性的调动和企业目标的实现。

2. 企业对外的行为识别系统

（1）市场调查

市场调查是企业了解市场、把握市场动向的一项具体性工作，市场调查分为日常调查和专项调查。日常调查依赖于企业内部的所有与市场有关的人员，主要是指市场营销人员，市场营销人员每天居于市场之中，对市场的了解可以更细腻、更准确、更可信赖。专项调查是依靠社会上的专项调查机构进行的、确定调查的主题和范围的调查。

通过市场调查，一方面可以掌握大量的有价值的市场信息，把握市场未来的发展方向，知己知彼，充分认识到企业的市场地位；另一方面企业还可以通过市场调查向被调查者获取必要的信息，在一定的范围内让人们了解与认知企业及其产品和品牌。

（2）产品销售

产品销售是企业市场营销工作中的重要环节，它是在产品研制开发、产品价格制定、销售渠道选择的基础之上所进行的一项工作。企业产品销售工作包括企业产品离开生产领域之后，进入消费领域之前在流通领域中的一系列工作，如营销队伍的建立、市场的选择、营销政策的实施以及具体的销售工作等。企业的销售工作检验着企业产品的质量与性能，检验着企业各项工作的水平，以及企业销售工作的好坏，直接影响企业销售目标的实现和企业的发展。

（3）公共关系

公共关系表现为企业与社会公众之间所建立的全部关系的总和。在企业的形象战略中，企业的公共关系不仅要为企业对外进行信息传递以沟通与协调各种关系，而且在于为企业在社会上树立良好的信誉与形象，赢得社会公众的认可、信赖与接纳。为此，企业必须协调好与消费者、供应商、经销商、上级政府、社区社团、金融机构、新闻媒介等各方面的关系，让社会公众更多地了解与理解企业，并在社会上和市场上形成良好的公共关系氛围。

（4）广告宣传

现代市场经济的发展为广告事业的发展提供了一个巨大的市场空间，任何一个企业都必须看到广告的作用，利用广告宣传好自己的产品和企业的形象。广告是企业对外传播的一个窗口，良好的广告宣传不仅会起到推销产品、扩大市场的作用，而且会传递必要的企业信息，让更多的公众认识企业的内涵与产品，企业在运用广告进行对外传播时，一定要量入为出，确定合理的广告预算，选择好合适的媒体，精心地进行广告策划与创意，认真地设计与制作，以期使广告的效果更理想。

（5）促销活动

促销活动是在产品销售活动中所做的营销推广工作，目的在于使企业产品的市场能在一定的期限内得以扩大。现代市场经济的发展使各企业的促销活动花样百出，好的促销活动能够在短期内引起人们的关注，使人们产生购买的欲望。这种购买欲望有时可能不在于产品本身的吸引力，而在于活动对人们的影响。传统的促销活动，如赠品销售、有奖销售、打折销售等已经是人们司空见惯的事情，在竞争激烈的市场中，各企业会不断策划出更能引起人们关注的促销活动并付诸实施。

（6）服务工作

在现代人的消费需求中，产品本身的使用价值固然重要，但产品所能体现出的审美价值和附加价值有时更为重要。顾客购买产品是期望获得一系列的利益和满足，这种利益和满足主要表现为企业为顾客提供的各项服务工作，包括购买前的服务、购买过程中的服务以及购买以后的系列服务。服务工作是让顾客产生满意感的最有效途径，因为服务是由人来提供的，服务人员的语言沟通与行为方式是一种活跃的动态过程，好的服务工作可以使顾客产生即时的满意和情感，并使其念念不忘。事后顾客会将这种满意和情感100%地传递给他人，产生10的3次方的有效传播效果。相反，如果顾客对服务工作不满意，也会产生同样的有效传播效果，从而对企业造成不良的影响。因此，服务是窗口，好的服务可以使企业赢得更大的市场。

（7）社会公益性、文化性工作

企业对外开展的公益性、文化性活动属于大型的公共关系活动。这种活动的特点是：影响大，传播效果好，易产生轰动效果，可以扩大企业的知名度、塑造企业的良好形象。其活动的主要表现形式是参与社会公益性、福利性的赞助活动，主要的赞助对象是体育事业、文化事业、教育事业、社会福利和慈善事业、社会灾难性救助事业等。这里需要注意的是，企业在开展公益性、文化性活动之前，一要把握好主题，选择好机会；二要进行系统的策划工作；三要根据策划的思路认真地实施。只有这样，才能使活动本身产生理想的社会效果。

（8）各项对外协调、传播性工作

除了大型公共关系活动以外，企业在日常的工作中也要不断地开展与社会各界公众进行协调、沟通的工作，向社会公众传播企业的信息，以让人们更多地了解企业、认同企业、接纳企业。这种协调、传播性工作主要表现为：日常的人际沟通，如企业的人士与外界各界朋友的接触；会议沟通，如新闻发布会、产品订货会、经验交流会和各种其他类型的会议等；公众沟通，如企业主要领导者向社会公众中相关人员，通过确定的方式（如报告、讲座、经验介绍等）传播有关企业的信息。企业对外的这些协调、传播性工作可以归纳为正式的传播与非正式的传播。正式的传播是有确定的组织方式的传播，如以会议形式和公众进行沟通。非正式的传播是无确定的组织方式的传播，如日常的人际沟通。无论是正式的传播还是非正式的传播，企业各类传播者均要以企业精神为统帅，以企业统一要求的表现形式为行为准则，通过传播为企业在社会上树立良好的形象而努力。

二、企业形象行为识别的规划及实施

（一）企业形象行为识别的规划

企业行为是企业理念的动态展示，企业行为识别系统包含的内容是非常广泛的，它涉及市场营销学、广告学、公关学、传播学、管理学等多方面的内容。行为识别意在通过各种有利于社会大众以及消费者认知、识别企业的有特色的活动，塑造企业的动态形象，并与理念识别、视觉识别相互交融，树立起企业良好的企业形象。行为识别系统的规划应在总体目标的要求上，综合运用相关学科的思想与技巧，加以整体策划。

建立企业行为识别系统，需要长期的规划和全体员工的共同努力。它不是短期举措就能立竿见影的，因而必须立足长远。建立企业行为识别系统规划的内容有五个方面。

1. 条件分析

条件分析是建立企业行为识别系统的前提。它主要涉及客观方面企业行为管理历史以及实施经费的问题。任何一个有一定规模的企业，都有员工守则之类的行为规范，并曾持续或间断地实施过这种方案。经费条件也是一个重要的问题，在企业状况好的情况下，经费可能比较容易得到解决；企业困难时，或在决策者并不想投资太大的情况下，经费压缩就会给 BI 的推行带来困难。实施行为识别规范管理，必须涉及宣传费用、培训费用等，经费不足可能导致虎头蛇尾，起不到应有的作用。

2. 目标设定

目标需要一个定量化的标准，而一般情况下，运行标准又很难确定。空泛的目标比较好说，比如建立一整套完善的行为识别制度，有效地提高企业的知名度、美誉度、销售额、效益等。但制度好定，效果难测。提高知名度、美誉度如何衡量？提高了销售额、效率和效益，又如何区分是视觉识别还是行为识别的功劳？所以，目标设立必须跟某种考评标准与方法相结合。

3. 培训计划

培训是规划的重要部分。行为识别的规范管理，在很大程度上依赖于有效的培训。它将规范中一些具体的执行细节落到实处，反复演示，反复练习，从学习的规矩到自发的行为。

4. 检查督导

只有培训，没有执行与实施是不行的，只有执行而没有完备的考核督导制度也是不行的。检查、考核、督导的进行，可以发现问题，改善规划，加强薄弱环节，这是一种合理的反馈调节机制。

5. 奖惩制度

奖惩制度对管理的成效具有很大的作用。在 BI 行为识别规范的执行过程中，有必要指定一套合理合情的奖惩制度，以调动广大员工的积极性，使行为识别规范更富有成效。

（二）企业形象行为识别的实施

在 BI 实施过程中，首先要明确实施原则和落实机构，并在整体上加以协调，以最优效率达到 BI 规划设定的目标。在制定实施原则和落实机构中，最重要的是职责说明、控制幅度和授权。

职责说明必须明确：在实施行为识别规范管理的过程中，大到一个部门，小到一个人的职责是什么；他们在什么场合、什么工作中应如何表现；对外服务与交流时，应遵循哪些规范；这些行为规范的恰当含义是什么；在具体执行时应如何把握"度"的合理性，以及他们必须履行的责任的含义和尺度。

控制幅度是指执行单位的负责人的落实及同一负责人管理的员工人数。一般来说，原来企业的部门也就自然成为行为识别规范管理的执行单位。而比较合适的方法是，委托一位部门副职主管专门负责 BI 落实的问题，如销售员的行为规范落实由营销部副经理负责，客房部、餐饮部也应由该部门的副职负责人负责。

授权是指企业最高主管与 CI 专案负责人根据 BI 执行的性质、规模、协调性等授予下属主管人员监督执行 CI 行为识别规范的权力，以期高效率地完成该计划。BI 管理中的授权必须明确；每个 BI 执行单位有效管理的人数限制管理幅距；从企业主管、CI 专案负责机构等组织的顶部向下部署应有明确的授权线即梯状管理；每位具体负责人的 BI 督导职责必须明确说明，大家都清楚地知道自己该做什么；责任与权力必须同时赋予下属负责人；责任不仅包括自己部分行为识别规范的执行，而且应时时注意到企业整体 CI 计划的协调性。

BI 实施还需要经过相当阶段的训练，它将构成员工岗位培训的一部分，培训必须有计划地进行，其计划的内容应该包括：①说明 BI 的意义与行为识别规范的必要性；②确定导入 CI 整体工程中 BI 规范的具体目标；③选择、制订最佳的培训方案；④合理评估 BI 规范培训的成绩。

BI 规范培训不仅要有训练计划，而且要讲究方式方法。方式和方法恰当可以提高培训的效率，否则不但不能达到预期效果，还会造成员工的抵触情绪与负面影响。可选择采用的培训方法有讨论与座谈、演讲与示范演练、纠偏以及重复性演习与比赛。培训的目的在于使广大员工自觉地接受这套行为识别系统的规范，将它不折不扣地贯彻在日常行为之中。

（三）企业文化与企业形象的行为识别的关系

企业文化和企业行为都有规范作用、导向作用和凝聚作用，企业在进行行为识别导入时，必须通过系统的规划，通过营造良好的内部系统和对外系统来展示自己的企业文化和企业形象。

行为科学研究员工的各种需要，要企业千方百计地去满足这些需要，条件是员工必须为企业卖力干活，至于员工的目标和企业的目标是否一致，各个员工之间的目标是否一致，那是不太过问的。企业文化则不然，它把个人目标同化于企业目标，把建立共享的价值观当成管理上的首要任务，从而坚持对员工的理想追求进行引导。

企业文化中的共有价值观念，一旦发育成长到风俗化的程度，就会像其他文化形式一样产生强制性的规范作用。文化的强制作用与法规、规章的强制作用有所不同，对于本文化圈的人来说，一点也不会感觉到文化强制的力量，他们总是极其自然地与文化所要求的行为和思想模式保持一致。对于从外面进入文化圈的人来说，确实会感到文化强制的巨大力量。但是，除直接文化强制之外，间接文化并无具体的强制执行者，而是新来者自己感觉不习惯和不自然，必须经过相当长的一段时间之后，新来者才会完全融合这个文化中。企业文化的规范作用，是一种间接文化强制，因而也是一种潜移默化的力量。

第四节　企业文化与企业形象的视觉识别

一、企业形象的视觉识别

（一）企业形象视觉识别的内涵

企业视觉识别（VI）是企业所独有的一整套识别标志。它是企业理念的外在的、形象化的表现，理念特征是视觉特征的精神内涵。企业视觉系统是企业识别系统的具体化、视觉化。它包括企业标志、企业名称、企业商标、企业标准字、企业标准色、象征图形、企业造型等。

企业视觉识别系统（VIS）是企业识别系统的重要组成部分。它是在理念识别（MIS）

和行为识别（BIS）的基础上，通过一系列形象设计，将企业经营理念、行为规范等，即企业文化内涵，传达给社会公众的系统策略，是企业全部视觉形象的总和，企业视觉识别系统将企业的品牌理念与核心价值通过视觉传播的形式，有组织、有计划地传递给客户、公众和企业员工，从而树立起统一的企业形象。

企业视觉识别系统是企业识别系统的视觉符号，是企业形象的视觉传递形式，它是CIS最有效、最直接的表达。企业视觉识别系统是由体现企业理念、业务性质、行为特点的各种视觉设计符号及其各种应用因素所构成的，是企业理念系统和行为识别系统在视觉上的具体化、形象化。企业通过形象系统的视觉识别符号将企业经营信息传达给社会公众，从而树立良好的企业形象。

根据心理学理论，人们日常接受外界刺激所获得的信息量中，以视觉感官所占的比例最高。而且视觉传播最为直观具体，感染力最强。因而，采取某种一贯的、统一的视觉符号，并通过各种传播媒体加以推广，可使社会公众能够一目了然地掌握所接触的信息，造成一种持久的、深刻的视觉效果，从而对宣传企业的基本精神及其独特性起到很好的效果。

（二）企业视觉识别系统的基本内容

VIS所涉及的项目最多、层面最广、效果最直接、与社会公众的联系最为广泛、密切。归纳起来，可分为基本要素和应用要素两个部分。

1. 企业视觉识别系统的基本要素

VIS设计的基本要素系统严格规定了图形标志、中英文字体形、标准色彩、企业象征图案及其组合彩式，从根本上规范了企业的视觉基本要素。基本要素系统是企业形象的核心部分，包括企业名称、企业标志、企业标准字、标准色彩、象征图案、组合应用和企业标语口号等。

（1）企业名称

企业名称和企业形象有着紧密的联系，是CIS设计的前提条件，是采用文字来表现识别要素。企业名称的确定，必须反映企业的经营思想，体现企业理念；要有独特性，发音响亮并易识易读，注意谐音的含义，以避免引起不佳的联想。名字的文字要简洁明了，同时还要注意国际性，适应外国人的发音，以避免外语中的错误联想。在表现或暗示企业形象和商品的企业名称，应与商标，尤其是与其代表的品牌相一致，也可将在市场上较有知名度的商品作为企业名称。企业名称的确定不仅要考虑传统性，还要具有时代的特色。

（2）企业标志

企业标志是特定的企业的象征和识别符号，是 CIS 设计系统的核心基础。企业标志通过简练的造型、生动的形象来传达企业的理念，具有内容、产品特性等信息。标志的设计不仅要具有强烈的视觉冲击力，而且要表达出独特的个性和时代感，必须广泛地适应各种媒体、各种材料和各种用品的制作，其表现形式可分为三个方面：①图形表现（包括再现图形、象征图形、几何图形）；②文字表现（包括中外文字和阿拉伯数字的组合）；③综合表现（包括图形和文字的结合应用）。

企业标志要以固定不变的标准原型在 CIS 设计形态中应用，开始设计时必须绘制出标准的比例图，并表达出标志的轮廓、线条、距离等精密的数值。其制图可采用方格标示法、比例标示法和圆弧角度标示法，以便标志在放大或缩小时能精确地描绘和准确地复制。

（3）企业标准字

企业的标准字体包括中文、英文或其他文字字体，标准字体是根据企业名称、企业排名和企业地址等来进行设计的。标准字体的选用要有明确的说明性，直接传达企业品牌的名称，要能强化企业形象和品牌诉求力。可根据使用方面的不同，采用企业的全称或简称来确定，字体的设计要求字形正确、富于美感并易于识读，在字体的线条粗细处理和笔画结构上要尽量清晰简化和富有装饰感。在设计时要考虑字体和标志在组合上的协调统一，对字距和造型要做周密的规划，注意字体的系统性和延展性，以适应于各种媒体和不同材料的制作，适应于各种物品大小尺寸的应用。企业的标准字体的笔画、结构和字形的设计也可体现企业精神、经营理念和产品特性，其标准制图方法是将标准字配置在适宜的方格或斜格之中，并标明字体的高、宽尺寸和角度等位置关系。

（4）标准色彩

企业的标准色彩是用来象征企业，并应用在视觉识别设计中所有媒体上的确定色彩。透过色彩具有的知觉刺激于心理反应，可表现出企业的经营理念、多产品内容的特质，体现出企业属性和情感，标准色彩在视觉识别符号中具有强烈的识别效应。企业标准色彩的确定要根据企业的行业属性，突出企业和同行的差别，并创造出与众不同的色彩效果。标准色彩的选用是以国际标准色为标准的，企业的标准色彩使用不宜过多，通常不超过三种颜色。

（5）象征图案

企业象征图案是为了配合基本要素在各种媒体上广泛应用而设的，在内涵上要体现企业精神，起衬托和强化企业形象的作用。通过象征图案的丰富造型，来补充标志符号建立的企业形象，使其意义更完整、更易识别、更具表现的幅度与深度。象征图案在表现形式上简单抽象，并与标志图形既有对比又保持协调的关系，也可由标志或组成标志的造型内涵来进行设计。在和基本要素组合使用时，要有强弱变化的律动感和明确的主次关系，并根据不同媒体的需求做各种展开应用的规划组合设计，以保证企业识别的统一性和规范性，强化整个系统的视觉冲击力，产生出视觉的诱导效果。

（6）企业提出的标语口号

企业提出的标语口号是企业理念的概括，是企业根据自身的营销活动或理念而研究出来的一种文字宣传标语。企业标语口号的确定要求文字简洁、朗朗上口。准确而响亮的企业标语口号对企业内部能激发职工为企业目标而努力，对外则能表达出企业发展的目标和方向，加深企业在公众心中的印象，其主要作用是对企业形象和企业产品形象的补充，以使社会大众在瞬间的视听中了解企业思想，并留下对企业或产品难以忘记的印象。

（7）企业吉祥物

企业吉祥物以平易可爱的人物或拟人化形象来唤起社会大众的注意和好感。

（8）专用字体

专用字体是对企业新使用的主要文字、数字、产品名称结合对外宣传文字等，进行统一的设计，主要包括为企业产品而设计的标志字和为企业对内、对外活动而设计的标志字，以及为报刊广告、招贴广告、影视广告等设计的刊头、标题字体。

2. 企业视觉识别系统的应用要素

企业应用设计要素，是基本要素的一系列应用规范和要求。

（1）办公用品设计

办公用品是企业信息传达的基础单位，办公用品在企业的生产经营中用量极大，扩散频繁，而且档次、规格、式样变化多端，因此，办公用品是企业视觉识别的有力手段，具有极强的稳定性和时效性。企业识别应用系统中的办公用品主要指纸制品和工具类用品。

（2）企业建筑和环境规划设计

企业建筑不仅是企业生产、经营、管理的场所，而且是企业的象征。企业建筑的风格代表了企业的经营风格，企业建筑的外观造型和内在功能共同决定了其对企业形象的传播程度。

办公场所的建筑物，应突出其开放性的一面，还得注重庄重、自尊和克制的特点，充分体现企业与社会和人类环境相辅相成、共存共容的特征；生产型企业的建筑物风格，直接体现了企业的经营目标，宏大的建筑体现出一种追求高远的志向，古朴典雅的楼房则体现了精巧细致的企业文化；规模较大的商业和服务企业应采用连锁经营的模式，采用统一的外观形象，不仅有助于扩大市场规模，而且对建立统一的企业形象具有重要的作用。环境规划对鼓舞员工士气、增加凝聚力具有非常重要的作用。

（3）员工制服设计

员工制服设计要注意以下几点：

①注意适用性原则。首先要考虑员工的岗位，同时要考虑季节因素，应设计多套服装。

②制服的设计要基于企业理念，体现企业特色，表现出企业是现代的还是传统的，是创新开拓的企业形象还是温和亲切的企业形象。

③要基于行业特色，如医院、邮局、学校、宾馆、商业等要表现出已为大众认同的服装模式。

④要考虑视觉效果，通过色彩、标志、图案、领带、衣扣、帽子、鞋子、手套等表现出整体统一的视觉形象。

⑤可以和已设计好的视觉识别基本要素相搭配，在保持整体风格一致的前提下，将企业的标准字做成工作牌或标徽，或直接绣在制服上，并以标准色作为制服的主要色调，以其他不同的颜色区别不同的岗位性质。

（4）交通工具设计

企业的交通工具是塑造、渲染、传播企业形象，特别是视觉识别形象的流动性媒介和渠道，交通工具外观的设计开发，重在企业识别标志和其变体的构成组合，尤其是同车体、车窗、车门构成组合的协调

（5）市场营销设计

企业的市场营销活动对企业视觉识别基本要素应用最广泛的主要体现在四个方面：产品、包装、广告。

①产品。企业应注重塑造产品外观式样的独特个性，赋予其有效的艺术风格，从而以鲜明的设计吸引消费者。产品的外观式样是指产品给予购买者的视觉效果和感觉。

②包装。在进行包装的开发和设计时，企业应考虑诸多影响因素，以做出和企业理念、企业形象、产品特性相符的包装决策。

③广告。从 CIS 的角度来看，广告是实现视觉识别、树立企业形象的重要途径。企业在进行广告决策时，应使广告具备以下几个特点：广告应有极强的明确性和准确性；广告应切合企业的自身实际，真诚并且可以信赖；广告应具有感人的特点。

（6）企业的旗帜、招牌设计

旗帜根据利用方式一般分为氛围悬挂式和撑杆式两种：氛围悬挂式是为了渲染环境的气氛，撑杆式往往挂有企业的名称、企业的象征物、企业的徽标，通常，企业将上述三种旗帜立于一起，以形成统一的识别项目。旗帜内容的设计往往在企业基本要素设计时同时

进行，旗帜的大小应满足标准国旗、团旗的尺寸要求，颜色鲜艳，整体醒目。企业招牌是指引性和标志性的企业符号，是大众首先识别到的企业形象。

二、企业形识别系统设计的功能和原则

（一）企业形象识别系统设计的功能

一个人要想给人以良好的第一印象，取决于他富有特色的容光焕发的仪容仪表；一棵树要想显示其旺盛的生命力，体现在树枝刚劲有力，枝叶茂盛上；一家企业优良形象的树立则需要有能充分展示企业风采，并自始至终贯穿着企业精神理念的视觉识别标志系统。人有时需要美容师为其进行美容装扮；树常常要园艺师为其修枝整叶；而对企业来说，企业视觉识别则是其美容师、园艺师，视觉识别以其独特的"美容术"把企业装扮得充满魅力，形象动人。

VIS 企业的视觉识别系统，是指纯属视觉信息传递的各种形式的统一，是具体化、视觉化的传递形式，是 CIS 中项目最多、层面最广、效果最直接的社会传递信息的部分。V1S 是企业所独有的一整套识别标志，是最外在、最直观的一部分。视觉传达成为企业信息传达的最佳手段，VIS 能将企业识别的基本精神内含的差异性充分表达出来，并可让消费者一目了然地掌握其中传达的情报信息，达到识别认知的目的。从某种意义上来说，企业识别系统的开发是以视觉化的设计要素为整体计划的中心，即塑造企业形象最快捷的方式，便是在企业传播系统模式中建立一套完整独特的符号系统，供公众识别和认同。

视觉识别在树立企业形象上起着比 MIS（Management Information System，管理信息系统）和 BIS（Business Information System，商业信息系统）更为直接的作用，为世界各大跨国公司所推崇。实践证明，它是现代企业成功的营销战略，具备以下几个方面的功能。

1. 识别功能

现代社会商品生活中，各企业的产品品质、性能、外观、促销手段都日趋雷同，企业唯有导人 CIS，树立起特有的、良好的企业形象，从而提高企业产品的非品质的竞争力，才能在市场竞争中脱颖而出，独树一帜，取得独一无二的市场定位，最终在消费者心中取得一致认同，使消费者建立起对品牌的偏好和信心。

CIS 识别的优势在于它把企业作为行销对象，将企业的理念、文化、行为、产品等形成统一的形象概念，借助视觉符号表现出来，全方位地传播，可以让社会公众多视角、多层面地对企业加以鉴别，决定取舍。而不管从哪个角度，哪个方面，所得到的信息是一致的，所得出的结论也必将是一致的，因为，同一性是 CIS 识别的功能。CIS 识别功能包括

如下三个基本的识别要素：

（1）语言识别

语言识别是指企业用象征本企业特征的语言，包括企业精神口号语、企业产品广告语、企业制度宣传语等，达到识别的目的。其中，最富魅力、最具鼓动意义的是企业精神口号语，国外称之为"关键语"，即用简练的语言来表达企业的形象，测定某种象征行为，代表企业的思想、精神。

（2）图像识别

图像识别是指企业用象征本企业特色的图形，如标志、标准字体、标准色等图案、形象达到识别的目的。因为图像识别比语言识别更有效，所以，CIS 传播要配合蓬勃发展的视觉传播媒体，以具有个性的视觉设计系统传达企业精神与经营理念，是建立企业知名度与塑造企业形象的最有效的方法，这也是中外企业导入 CIS 都重视企业标志、标准字体、标准色的原因所在。

（3）色彩识别

色彩识别指企业用象征自己特征的色彩（即企业标准色）达到识别的目的。人们都有这种审美心理，看到漂亮的色彩容易引起愉悦的心理，并能很快记住它。这说明色彩具有非常强的识别性，这是因为：色彩能造成差别，色彩能引发联想，色彩能渲染环境。

2. 应变功能

在瞬息万变的市场环境中，作为一个企业要随机应变。变是绝对的，不变（稳定性）是相对的，企业导入 VIS 能使企业商标具有足够的应变能力，同一商标可以随市场变化和产品更新应用于各种不同的产品。

3. 传播功能

企业形象作为社会公众对企业活动的印象和整体评价，离不开企业信息的传播。如何使信息传递达到准确、有效、经济、便捷，一直是企业家所追求的，CIS 的传播功能在这方面具有无比的优越性。

在 CIS 识别系统运作的过程中，统一性与系统性的视觉要素设计可加强信息传播的频率和强度，并节省广告费用，产生事半功倍的传播效果。企业理念、精神等情报资源，通过统一的设计符码，利用各种各行进行传播，最后为消费者所接受和认同，从而建立起优良的企业形象。CIS 企业视觉识别系统的导入和开发，能够保证信息传播的统一性和独特性。在企业 CIS 战略中，视觉识别的一项重要任务，就是要使企业在市场竞争中，采用一贯的统一的视觉形象设计，并通过所有的媒体扩散出去，才能有意识地造成一个个性化的统一视觉形象，这不仅可以便于公众识别、认知，而且利于为公众所信赖。如美国的可口可乐就是一个成功的典范，可口可乐总部设在美国的亚特兰大，但它的视觉形象却遍布全世界，它那套具有独特风格的视觉识别系统，通过整体的传媒计划、大量的财力投入，使公众头脑中深深地铭刻着可口可乐的良好企业形象。

消费者总是根据自己得到的信息选择动心的商品，形成购买的重要因素，往往正是由形象设计制造的印象而决定的。心理学告诉我们：视觉信息在大脑皮层中记忆的牢固度和回忆度最强。俗语说"眼见为实"，视觉传达的影响力不可低估。公众在各种公共场所对信息的接收首先是眼睛的接触，产品价值观与企业形象如果缺乏外在的视觉形象传达，必然成为认知的障碍。

4. 协调功能

企业导入CIS，有助于信息传递的可信性、真实性和统一性，使企业的公共关系活动得到顺利发展。企业的公共关系通过传递企业的有关信息，协调好与公众的各种关系，直接为企业的经营发展服务。

CIS的推行使企业的传播简单化、差异化，易于公众识别和认同，从而达到最佳的沟通效果，搞好公共关系。同时，CIS本身创造的优良企业形象，也使公共关系的运转有了坚实的基础。

（二）企业形象识别系统设计的原则

进行VIS策划设计必须把握同一性、差异性、民族性、有效性等基本原则。

1. 同一性

为了达成企业形象对外传播的一致性与一贯性，应该运用统一的设计和统一的大众传播，用完美的视觉一体化设计，将信息和认识个性化、明晰化、有序化，把各种形式传播媒体上的形象统一，创造能储存和传播的统一的企业理念与视觉形象，这样才能集中和强化企业形象，使信息传播更为迅速有效，给社会大众留下强烈的印象和影响力。

对企业识别的各种要素，从企业理念到视觉要素予以标准化，采用同一的规范设计，对外传播均采用同一的模式，并坚持长期一贯的运用，不轻易进行变动。要达成同一性，实现VI设计的标准化导向，必须采用简化、统一、系列、组合、通用等手法对企业形象进行综合的整形。同一性原则的运用能使社会大众对特定的企业形象有一个统一完整的认识，不会因为企业形象的识别要素的不统一而产生识别上的障碍，增强了形象的传播力。

2. 差异性

企业形象为了能获得社会大众的认同，必须是个性化的、与众不同的，因此差异性的原则十分重要。

差异性首先表现在不同行业的区分，因为在社会大众心目中，不同行业的企业和机构均有其行业的形象特征，如化妆品企业和机械工业企业的企业形象特征应是截然不同的。在设计时必须突出行业特点，才能使其和其他行业有不同的形象特征，有利于识别和认同。其次必须突出和同行业其他企业的差别，才能独具风采，脱颖而出。

3. 民族性

企业形象的塑造和传播应该依据不同的民族文化。塑造能跻身于世界之林的中国企业形象，必须弘扬中华民族的文化优势，灿烂的中华民族文化，是取之不尽、用之不竭的源泉，有许多值得我们吸收的精华，有助于创造具有中华民族特色的企业形象。

4. 有效性

有效性是指企业经策划设计的 VIS 计划能得以有效地推行运用。VIS 是解决问题的，不是企业的装扮物，因此其可操作性是一个十分重要的问题。

企业 VIS 计划要具有有效性，能够有效地发挥树立良好企业形象的作用，在其策划设计时必须根据企业自身的情况、企业的市场营销的地位，在推行企业形象战略时确立准确的形象定位，然后以此定位进行发展规划。在这点上协助企业导入 VIS 计划的机构或个人负有重要的职责，一切必须从实际出发，不能迎合企业的一些不切合实际的心态。

企业在准备导入 VIS 计划时，能否选择真正具有策划设计实力的机构或个人，对 VIS 计划的有效性也是十分关键的。VIS 策划设计是企业发展一笔必要的软投资，是一项十分复杂而耗时的系统工程，是需要花费相当经费的。要保证 VIS 计划的有效性，一个十分重要的因素是企业主管有良好的现代经营意识，对企业形象战略也有一定的了解，并能尊重专业 VIS 设计机构或专家的意见和建议。因为没有相当的投入，就无法找到具有实力的高水准的机构与个人。而后期的 VIS 战略推广更要投入巨大的费用，如果企业在导入 VIS 计划的必要性上没有十分清晰的认识，不能坚持推行，那前期的策划设计方案就会失去其有效性，变得毫无价值。

三、企业文化和企业视觉识别系统

（一）从两者的内涵来看

企业文化是企业形象和品牌的根基和立足点，企业视觉识别系统是企业形象的具体视觉化表现。也就是说，企业视觉识别系统的核心内容是通过具象的标志、图形和文字等内容展示企业文化的系统工程。它将繁杂、晦涩的企业信息，高度概括成简洁易懂的识别符号，通过外在的形象，在短时间内反映企业内在的本质，以独特的构思、新颖的形象、丰富的文化内涵给大众留下完整、美好、难忘的印象。因此，企业文化和视觉识别系统是互为表里、相辅相成的有机整体。

（二）企业文化建设需要企业视觉识别系统的支持

企业文化是企业的灵魂。它需要企业根据自身的文化修养、价值观念、经营理念和企业内外环境进行科学分析，逐步形成成熟的企业文化。

企业视觉识别系统的导入不但使企业文化传播具有鲜明的时代特色，还能不断提升和强化企业的综合实力，是企业文化建设的重要途径和企业文化传播及扩散的有效手段。因此，企业充分继承固有的优秀传统，总结提炼适应新时代要求的文化要素，通过静态的、具体的传播方式，将企业的精神、思想等文化特质形成一个统一的概念，以视觉形式加以外化，准确地传达给大众，使社会公众一目了然地掌握企业的信息，产生认同感，达到识别的目的。

企业视觉识别系统作为一种文化传播的手段，具有文化的导向性和辐射性。虽然有品牌的产品的功能未必就好，但视觉识别毫无疑问可以在消费者心目中增加产品的价值。这就是视觉识别在潜移默化中使参与者接受共有的价值观，引导价值取向和行为取向的作用。

视觉识别系统通过不同的渠道产生社会影响，树立企业形象，扩大企业的知名度，取得良好的社会效应。

视觉识别能加速文化的渗透，提高企业的凝聚力和感召力。就像炎黄子孙无论在何时何地看到五星红旗时，都会想到自己的祖国，都会有一种自豪感和归属感一样。因为五星红旗所传达的是中国传统文化，传达的是祖国对人民的召唤。同样，优秀的企业视觉识别系统能够形成特定的文化圈，使圈内外围绕中心共识形成一种凝聚力和感召力。

（三）企业视觉识别系统的导入需要企业文化的不断升华

企业形象是企业身份的客观体现。不论在哪个行业领域，有影响力的企业形象，其内在的企业文化和外在的视觉表现总是互为映衬、相得益彰的。企业自我评价与社会公众认知相吻合，这种一致性使企业的经营诉求更容易得到消费者的认同，进而提升企业的影响力。因此，企业在最初建立形象策划和视觉识别系统时，只能简单塑造企业主观所希望具备的形象特征。随着企业不断壮大和发展，新的形象体系必须不断从全局考虑，整体策划使企业形象完整合理。也就是说，企业视觉识别系统的建设是一项长期工程，它是在企业综合实力的不断积累和提升、企业文化的不断升华和提高的基础上不断优化的。

企业视觉识别系统的不断优化和改进，需要企业持之以恒、循序渐进地借鉴和吸收优秀的企业文化，不断强化新的精神内涵，在不断完善自我的过程中实现企业形象的改观，同时赋予企业形象新的文化内涵，实现两者新的和谐统一。

第八章 企业文化的设计及传播

第一节 企业文化设计的原则

一、历史性原则

企业文化不能割断历史,因为文化需要沉淀,没有沉淀就没有厚度。企业文化离不开宏观的文化传统,也无法与企业的历史相割裂。企业文化的设计、完善过程就是不断地对企业的历史进行回顾的过程,从企业的历史中寻找员工和企业的优秀传统,并在新的环境下予以继承和发扬,形成企业特有的文化底蕴。

每个企业都有其特定的发展经历。会形成企业自身的许多优良传统,这些无形的理念已经在员工的心目中沉淀下来,影响着平时的各项工作。我们可以看到一些优秀的文化传统对企业现在和未来的发展都具有积极的作用。因此,我们提炼企业文化时必须尊重企业历史、尊重企业传统。

二、社会性原则

企业生存在社会环境之中,企业与社会的关系是"鱼水关系",坚持企业文化的社会性原则,对企业生存和发展都是有利的。但这不等于说,企业放弃了"以我为主"的思想,去迎合公众。企业的经营活动应确立"顾客第一"的思想,同时体现服务社会的理念,树立良好公众形象,顺应历史大潮,才能永续发展。

企业存在的社会价值,就在于它能够为社会提供产品和服务,满足人们对物质生活和精神生活的需要。企业文化从根本意义上是一种经营管理文化,优秀的企业文化是可以具有导向性的,是可以指导员工的行为的。把社会性原则放入企业文化设计的原则之中,就会促使企业自觉地完成自己的社会使命,从而获得社会的认同和回报。

三、个异性原则

企业文化的活力在于鲜明的个性。企业文化设计的大忌是雷同,即与其他企业相比似曾相识的感觉。众所周知,企业文化具有路径依赖性。每个企业的组织形式、行为习惯、精神风貌、价值取向等许多方面,都会不同于其他企业。在企业文化的设计过程中,既要借鉴、吸收其他企业文化的成功经验,又要坚持企业自身的独特性,才不至于落入俗套。

企业文化建设要突出本企业的特色,要能体现企业的行业特点、地域特点、历史特点、人员特点等方面。要让员工感到本企业的文化具有独特魅力,既与众不同又倍感亲切。这就要求企业文化设计绝对不能照搬照抄,提炼出的语言也要切忌平淡而缺乏个性。

四、一致性原则

企业文化是一个庞大、完整的体系,企业文化的理念层、制度/行为层、符号层要体现一致的价值追求和经营管理理念,三个层次要共同为企业的发展战略服务。企业文化的理念层包含着企业的最高目标和核心价值观,而制度/行为层是使最高目标、核心价值观得到贯彻实施的有力保证。不符合最高目标和核心价值观的制度和行为将阻碍企业文化的发展。

企业文化的一致性表现在企业目标、思想、观念的统一上,只有在一致的企业文化的指导下,才能产生强大的凝聚力。文化的统一是企业灵魂的统一,是企业成为一个整体的根本。其中最为核心的问题是企业文化与企业战略要保持一致,企业理念与制度/行为保持一致。当然,企业的符号层应能体现出企业独有的理念与制度的需要,使企业的外在形象与内在追求相统一。

五、前瞻性原则

企业文化不是一成不变的东西,它是随时代而发展的,所以对企业文化的真正重视,就必须要求企业能够顺应时代的要求,不断调整、更新企业文化。企业文化不但需要建设,还需要不断完善,想方设法破除旧的、跟不上时代的文化,建设新型的企业文化。企业的竞争是综合实力持续而激烈的竞争,企业必须站得高、看得远,企业文化的设计要有更深邃的目光,更长远的考虑,而且不能仅仅盯着眼前的利益,只有这样企业才能在激烈的竞争中脱颖而出。

企业要不断发展，必须面向未来、面向新的挑战，而企业文化又是指导企业发展的重要因素，因此，注重企业文化设计的前瞻性，无疑会对企业有益。企业文化设计要着眼于未来，提出先进的、适应时代潮流的文化建设方向，才能对企业的发展起到指引作用，对员工队伍的建设起到牵引作用。

六、可操作性原则

企业文化不是给外人看的，而是重在解决企业存在的问题。建设企业文化的过程，就是企业发现自身问题、解决自身问题的过程。企业文化建设形成的成果要起到提升企业经营效率、凝聚员工的作用，从而引导员工的前进方向、约束员工的工作行为，实现企业的战略目标。因此，企业文化的设计必须充分考虑可操作性，不可操作的企业文化顶多是一个空中楼阁，对企业经营管理毫无促进作用。

企业文化建设必须渗透到企业的生产、经营的各个领域，为企业提升核心竞争力服务。因为在提炼企业文化时，要确保从现实出发，又要略高于现实，所以必须强调文化的实用性和可操作性，使企业文化通俗易记，实际可行，能对各种业务工作有实际的指导和促进作用。并且要使企业文化建设成为日常管理工作的基础工作，而不能搞花架子和空洞口号，成为无法实施的条文。

第二节　企业文化设计的主要方法

企业文化的层次结构虽然相对固定，但具体内容却千差万别，反映出不同企业的鲜明个性，这正是企业文化的魅力所在。在设计企业文化时，要尽量采用以下主要方法，注意把握各层次、各要素的内在逻辑关系，有所侧重，有所取舍，避免交叉重复。

一、个性化语言的反复提炼

企业文化是不同企业之间的本质区别，因此设计企业文化最忌讳照抄照搬。企业文化的反复提炼，关键是突出企业的基本矛盾，用个性化的语言表达企业理念。

有些企业在表述企业文化时，不是"团结""开拓""进取"，就是"认真""务实""创新"，完全看不出自身特色。而另一些企业则不同，例如平安保险提出"以心感人，人心归"的理念，大唐集团的"同心文化"，都具有显著的企业个性，也给人留下深刻的印象。如何提炼个性化语言呢？一是挖掘和运用企业历史传统，并赋予新的时代内涵；二是对于相同或相近的企业文化内容，采用与其他企业不同的表述；三是对文字表述提出不同方案，充分讨论，反复修改。

二、价值观念的准确概括

以企业文化建设为管理中心工作的文化管理模式，不是依赖严格的制度去约束员工，而是注重用价值观潜移默化地教育和引导员工。为此，国外学者把文化管理又叫"基于价值观的管理"。由于核心价值观是企业最重要的价值观念，在企业价值观念体系中居于支配地位，因此确立核心价值观就是企业文化设计的重中之重。

那么，如何确立核心价值观，并以之为主导形成企业价值观体系呢？一般可以通过关键事件访谈或问卷作初步调查，再根据企业发展要求进行选择。企业价值观可以是一两条，也可以是一系列观点。企业可根据重要性，选择出最具自身特色的价值观念作为核心价值观。例如，某企业曾经提倡过许多观念，包括学习、实干、安全第一、精益求精、服从大局、追求完美等。由于企业领导者都是从基层提拔上来的，十分务实，同时企业内部有崇尚先进的传统，经常搞一些评比活动，大家相互学习、争创一流的风气很盛。为了进一步引导员工向更高目标迈进，企业领导班子决定把学习、务实、进取作为核心价值观。

三、群众智慧的思想升华

人的正确思想是从哪里来的？是从天上掉下来的吗？不是，只能从实践中来。企业文化是企业发展实践的产物，是广大员工劳动的结晶。广大员工是物质财富的创造者，也是企业文化的创造者。因此，设计企业文化固然离不开企业主要领导者和咨询专家的深入思考和系统研究，但是从根本上说只能是来自员工群体的创造性劳动。把广大员工的好思想、好观念、好做法加以总结、提炼和升华，是企业文化设计的一个重要方法。

四、行为规范的典型总结

企业文化不仅是广大员工的思想观念，更是员工群体的行动指南。共同行为习惯将使内部沟通和协调变得容易，对增强企业凝聚力、提高运行效率有很大帮助。于是，很多企业把制定和实施"员工行为规范"作为企业文化设计的基本内容。

制定什么样的行为规范，应考虑企业管理的实际需要。比如，出于鼓励奉献精神而提出的"无私奉献""爱国爱厂"；出于塑造合作精神而提出的"和谐相处""坦言相告""真诚公正"；出于维护企业形象而提出的"我是企业，企业是我"；出于产品质量要求提出的"精益求精""追求完美"；出于鼓励技术创新而提出的"博采众长""兼收并蓄"

"不断学习"。这些内容既有对优秀员工行为的总结,又有对其他企业成功经验的借鉴,都可以概括为典型总结。

典型总结要立足现在、放眼未来,须从三方面入手:一是总结企业内部的优秀传统;二是总结成功企业的典型行为;三是总结传统文化的精髓。同仁堂从典型事例中,总结出生产员工的行为规范——严守"三真"信条,即下真料、行真功、讲真情,很好地体现了"修合无人见,存心有天知"的古训。平安保险公司从儒家文化中提炼出"仁、义、礼、智、信、廉"6字作为员工行为规范,用"仁"倡导和睦相处;用"义"宣传忠于职守;用"礼"规范举止言行;用"智"引导革故鼎新;用"廉"提倡克己奉公。运用典型总结的方法,可以帮助企业找到适合本身实际的行为规范。

第三节 企业文化设计的关键程序

一、对传统文化的扬弃

企业文化是一种亚文化,它生长在宏观文化的土壤里。因为各个国家和民族的传统文化是宏观文化的重要组成部分,所以设计企业文化,就应该深刻地认识其所在地传统文化的性质和特点。

中国的传统文化,具有五千年的悠久历史和丰富多彩的内涵。作为东方文明的重要发端,中华文明不仅哺育了中华民族、大和民族、高丽民族等占世界人口1/4的黄种人,而且对整个人类文明产生了深远的影响,成为人类文明宝库的重要组成部分。正确地对其进行剖析、评价,对建设有中国特色的优秀企业文化不仅有益,而且是必要的。

中国民族文化的内涵极其丰富,其中,我们认为对我国企业文化建设有积极意义的主要是以下几种传统观念。

(一)入世精神

所谓入世精神,就是积极地关心社会现实的人生态度。中国的传统文化是积极入世,作为中国主导文化的儒家思想,不论是先秦的孔孟之道,还是两汉以后的儒学,乃至程朱理学,其主旨都是经世致用、教民化俗、兴邦治国。其主要信条,如"内圣外王""修身、齐家、治国、平天下""正德、利用、厚生""要言妙道不离人伦日物"等所宣扬的都是这种思想。儒家思想的基本精神要求将内在的修养外化为积极的事功;道家文化,看似玄虚奥妙、消极遁世,而其实质却是注重积聚自身的力量,最终实现"以柔克刚""以弱胜强""以少胜多""以后争先"的目的,以"不争"作为"争"的手段,"无为"的背后是"无不为";至于法家文化,奖励耕战,富国强兵,厉行法治,德刑并用,强调积极地治理社会,大胆地追求功利,具有更明显的现实精神。总之,以儒、道、法三家为主体的中国"黄色文明"的传统,其精髓是积极的入世精神,正是这种积极的人生态度,几千年来激励着中华民族在艰苦的环境中,创造灿烂的古代文化,锤炼出自尊自强的民族精神。

这种入世精神极大地影响着我国的企业文化,从20世纪50年代的"孟泰精神",20世纪60年代的"铁人精神",20世纪80年代的"二汽精神"(艰苦创业的拼搏精神,坚持改革的创新精神,永攀高峰的竞争精神,顾全大局的主人翁精神),到20世纪90年代的"海尔精神"(敬业报国,追求卓越)等,都贯穿着一条主线——不怨天,不尤人,发愤图强,艰苦创业,勇攀高峰,无所畏惧。它构成了我国企业文化拼搏向上的基调。

(二)伦理中心

从春秋战国时代开始,孔子便提出了以"仁"为核心的思想体系。他说:"克己复礼为仁。"这里的"礼",便是君、臣、父、子的等级秩序。"礼"作为宗法等级制度,具有外加的强制性;而"仁"的学说,则是要把"礼"的约束建立在道德教育的基础之上。到了后来,则演变成"三纲五常",即君为臣纲、父为子纲、夫为妻纲,以及仁、义、礼、智、信五德。"忠"和"孝"是维护"礼"的最重要的道德标准,而其特点则是服从。这种为封建等级制度服务的伦理道德,严重地束缚、压制个人的主动性,泯灭了人们的平等意识,其消极影响至今犹在。在企业中,这种封建伦理道德的表现是,各级管理干部与职工之间,随着在管理组织系统"金字塔"上位置的不同而产生的等级观念及其副产品——上级对下级的专横傲慢,下级对上级的盲从讨好。这成为我国企业文化建设的消极因素。

然而,这种伦理中心主义的传统,又有其合理的方面,即重视维系人际关系的伦理纽带,有利于社会关系的稳定与和谐。它要求人们把自己看作家庭、社会的一员,并且时刻意识到自己在其中的责任;它把个人、家庭和国家的命运较为紧密地联系起来,使爱国主义和民族的整体感有了坚实的基础,有助于中华民族凝聚力的加强,成为树立社会责任感、提高民族凝聚力、发扬民族精神、促进社会稳定、建设优良企业文化的有力思想武器。

(三)重义轻利

重义轻利的义利观,是中国几千年的传统观念之一。孔子说"君子喻于义,小人喻于利",孟子进一步主张"仁义而已矣,何必曰利",董仲舒则提出"夫仁人者,正其谊不谋其利，明其道不计其功"。这种耻于讲利的"义"有一定的虚伪性，是为维持封建统治服务的，而且也成为阻碍中国资本主义萌芽的思想束缚。

重义轻利的义利观，也有其积极的一面。它提倡在物质利益面前要"克己""寡欲""见利思义，义而后取"；它鄙弃"嗟来之食"，不取"不义之财"这种"先义后利"的主张，有其积极的社会意义。特别是在今天，若将义的内涵更新为社会主义的道德规范，便值得大力提倡。

（四）中庸之道

中庸是中国民族文化中一个十分重要、独具特色的观念。孔子说："中庸之为德也，其至矣乎！民鲜久矣。"（《论语·雍也》）可见，儒家把中庸看作是最高的道德。什么叫中庸？孔子并没下过精确的定义。汉朝郑玄这样注释《中庸》的题义："中庸者，以其记中和之为用也。"朱熹说："中者，不偏不倚，无过不及之名。庸，平常也。"现代有学者研究认为：孔子的中庸，是对矛盾两极均为"非"的事物的三分法，即此类矛盾发展有三种可能——过、中、不及，在这三种可能中，人们应该取"中"。所谓中庸，就是要经常地坚持常理、常规、理想状态。

中庸之道有两重性：一方面，它反对过与不及，不走极端，重视和谐，有辩证法的因素；另一方面，它忽视对立面的斗争，主张维持现状，否定变革，所以又是反辩证法的。对中庸之道，我们不能做简单的否定或肯定。在管理矛盾中，有的矛盾，其对立双方中的一方为"是"，另一方为"非"，对此，我们应该是非鲜明、坚持真理的；而有的矛盾，则对立双方均为"非"或不完全"是"，对此，就不能简单地肯定一方而否定另一方了，必须把双方协调起来，这就用到了"中庸之道"。后一类矛盾在现代管理中是十分常见的，如学习外国经验与坚持中国传统、物质激励与精神激励、赏与罚、严格管理与宽松管理等。因而，把握中庸之道的思想实质，对于体现管理的艺术性、建设优秀的企业文化是必不可少的一步。

中庸之道的积极一面还体现在群体观、社会观上，这就是与其相通的"和"的观念。但是，由于反对变革和更新，中庸之道在人们的思想上、在现实中也造成了极大的消极影响，这突出表现在维护旧制、反对变革上。作为一股巨大的历史惰力，它几乎成为世代相传的心理定势。"祖宗之法不可变""先王之制不可变""三年无改于父之道"等，被视为亘古不变的真理。这种守旧思想，仍然是目前改革所遇到的最大的心理障碍。任何改革措施的出台，总会遇到强大的抵抗。"没有先例""风险太大"，常常成为拒绝改革的借口；"宁稳勿乱""不为人先"，常常成为徘徊观望的理由。视传统为当然，视变革为歧途，这种心态一天不改变，中国的改革便一天难推进。

（五）重视名节

重视名节是与重义轻利密切相关的另一个中国民族文化的特点。孟子有一段名言："生，亦我所欲也；义，亦我所欲也。二者不可得兼，舍身而取义者也。生亦我所欲，所欲有甚于生者，故不为苟得也；死亦我所恶，所恶有甚于死者，故患有所不避也。"在中华民族的传统文化中，民族、国家的尊严和荣辱、个人的人格、信念和操守，被看得重于一切。这种思想，凝铸成中华民族的浩然正气。"人生自古谁无死，留取丹心照汗青"，文天祥的《正气歌》和他为国捐躯、视死如归的伟大精神，正是我们民族精神的写照。

这种民族精神，在日常生活中表现为珍惜荣誉、崇尚气节、讲究廉耻、高度自尊、时穷节乃见等。"富贵不能淫，贫贱不能移，威武不能屈""士可杀不可辱"，表现出为了捍卫自己的信念、节操和名誉，为了维护民族和国家的尊严，敢于蔑视强暴，甘愿忍受贫苦，甚至不惜牺牲自己生命的精神。

重视名节向坏的方向发展，就是追求虚荣、大讲排场、死要面子等。这种贪图虚名、奢侈浪费的不良习气，在当今仍存在。有些企业，文过饰非，报喜不报忧，甚至花钱买荣誉，而不在实干上下功夫；有些企业，亏损严重，但在与上级主管部门或"关系户"打交道时，为了争本企业的面子，或者为了给对方面子，照样大摆宴席，花公款如流水。这种恶性的企业风气，势必腐蚀企业的肌体，甚至把企业推向破产倒闭的边缘。

（六）勤俭传统

勤劳节俭是中华民族的传统美德。自古以来，我们民族就以勤俭为大德、奢侈为大恶，主张"克勤于邦，克俭于家"（《尚书》）。唐代诗人李商隐在《咏史》诗中写道："历览前贤国与家，成由勤俭败由奢。"这种克勤克俭的传统，在社会主义时代，得到了最充分的弘扬，发展为艰苦创业的民族精神。勤劳节俭、艰苦奋斗的精神，在鞍钢、大庆、一汽、二汽、首钢、攀钢等大型骨干企业的企业文化中，一直占有十分重要的地位。在这种情况下，迫切需要恢复和发掘勤劳节俭、艰苦奋斗的企业文化传统。近年来，许多企业正式认定"勤奋""俭朴""艰苦奋斗""艰苦创业"为企业文化的主要内容，大兴艰苦奋斗、艰苦创业之风。

（七）廉洁意识

在中国悠久的历史中，人们总是把官吏划分为清官与贪官，颂扬廉洁公正的清官，贬斥腐败昏庸的贪官。这种廉洁意识融进了民族的传统文化之中，具有十分深刻的内涵。古人云"公生明，廉生威""公则民不敢慢，廉则吏不敢欺"，只要清除掉此话中以官治民的消极一面，我们便不难发现其中廉洁公正意识的历史价值。这种廉洁意识，在社会主义时代，与为人民服务思想相结合，升华为一种高尚的公仆意识，注入企业文化的传统之中。

（八）家庭观念

"黄色文明"发端于农耕社会，社会的基本细胞是家庭，这与"蓝色文明"的源头西方工业社会不同，在那里，社会的基本细胞是个人。子从父、妻从夫、兄弟友爱、姐妹互助，这种家庭观念既包含有整体感、骨肉情，又包含有家长意识和服从意识。在中国几千年的历史中，家庭伦理是社会伦理的基础，家庭观念推而广之，渗透到社会关系的各个领域。

当然，家庭观念也有消极的一面，那就是企业领导者的家长意识和职工的盲目服从意识。它不利于企业内部民主管理制度的完善和落实，也不利于企业主要负责人与职工之间的平等沟通，往往造成命令主义的倾向，导致独断专行的恶果。在某些企业中，企业负责人的家长制作风，已经成为挫伤职工积极性的主要问题，这乃是根深蒂固的家庭观念消极一面恶性膨胀使然，应该引起企业家们足够的重视。

（九）任人唯贤

由于伦理中心主义的影响以及长期文官统治的历史，我国自古十分重视人事。"知人善任"历来被认为是"治国平天下"的必备才能。中国古代的人事思想十分丰富，这成为我国管理文化的重要历史遗产，其中一个核心的内容就是"任人唯贤"。

我国历史上一直存在着两种用人路线"任人唯亲"和"任人唯贤"。从总体上看，大凡有成就的英明君主及其谋士，总是倡导"任人唯贤"路线的。《韩非子》中提出"宰相必起于州郡，猛将必发于卒伍"，主张任用有实践经验和成绩突出的人才，并指出："术者，因任而授官，循名而责实，操生杀之柄，课群臣之能者也，此人主之所执也。""诚有功，则虽疏贱必赏；诚有过，则虽近爱必诛。"用这种赏罚分明、循名责实的办法，造成任人唯贤的开明局面。

（十）辩证思维

"黄色文明"是龙的子孙们在几千年与天斗、与地斗、与人斗的过程中形成的。在复杂的斗争中，成功和失败两方面的深刻启示，使中华民族逐渐形成了朴素的辩证思维方法，这在《老子》《易经》《孙子兵法》等典籍中有集中的表现。我国朴素的辩证思维方法，首先表现在思维整体观方面。中国人与西方人在思维上的重大差别是：中国人习惯于从整体到个体,从整体中把握个体;而西方人则习惯于从个体到整体,从个体角度审视和对待整体。比如在信封上写地址,中国人的顺序是国家、城市、区、街道、门牌号码,而大多数西方人的书写顺序则恰恰相反。中国画以"写意"为主,即注重整体意味的把握,并不注重细节的真实,而西洋画则以"写实"为主(当然,印象画派等现代画另当别论)。再如,西医以人体解剖为基础,强调对症治疗;而中医则从人体的总体上进行分析,强调辨证治疗。这种不同的思维方法在企业文化中也鲜明地表现出来。华人的企业习惯于从国家和企业的总体上去考虑问题,包括个人的进退升降。

二、对企业现实文化的升华

对企业文化进行升华,首先要对现有企业文化有一个较为清醒的认识。过去对企业文化的评价,多是从文化体系的具体内容出发,将文化分为先进文化和落后文化,或者是优秀文化和不良文化。许多国外学者通过大量调查,总结出许多优秀企业的文化特点,优秀企业文化应该具有这样的特征:贵在行动、紧靠顾客、鼓励革新、容忍失败、以人促产、深入现场、以价值观为动力、不离本行、精兵简政和辩证处理矛盾这 10 个特点。既然企业文化是一套管理体系,就不该单纯从内容上评价先进还是落后,只有把企业文化与实际情况结合起来,才能判断它是否对企业发展有促进作用。

那么,如何对本企业的企业文化进行评价呢?评判企业文化最好的办法是从企业运行和经营结果来判断,没有一般意义上好与坏的评判。我们可以从三个方面来分析企业文化的建设情况,即企业文化本身是否健全、企业文化对绩效是否有促进作用、企业文化对社会进步是否有积极影响。我们对企业文化本身的分析,主要集中在体系的完整性、结构层次的清晰性、内容的一致性、文字表达的艺术性等方面,通常的方法主要有访谈法和资料分析法。企业文化对绩效的促进作用,主要分析企业文化对企业绩效的影响、对个人业绩的影响、对企业核心竞争力的影响、对企业氛围的影响、对客户满意度的影响、对员工满意度的影响等方面,主要的方法是财务分析、用户满意度调查、绩效考核档案、专项绩效调查、组织氛围调查、员工满意度调查等方法。企业文化对社会进步的影响分析,主要是从人类文明和社会角度来考察企业文化的社会进步性,主要通过内外部调查、企业美誉度调查等方面来分析。

在对企业现状进行分析的时候,要全面、深刻、准确地分析,既要有战略的高度,又要深入分析,挖掘问题的根源。在这个过程中,企业家可以借助外脑协助分析,避免出现当局者迷的情况,并且要善于运用群众的智慧。一般的思考过程包括:分析企业的经营环境和特点,分析管理水平和特点,分析企业文化的建设情况和特点,逐项分析企业文化的内容并得出总体结论。在得出企业文化的分析结果后,要根据现有水平和未来需要,着手企业文化的设计和变革,在原有基础上提升企业文化水准。

以一些传统国有企业为例,许多企业缺乏市场意识和竞争意识,普遍认同的是"一切以生产为中心",重要性排序是"产、供、销",全力为生产一线服务的思想比较盛行。在这种理念指引下,管理模式必然是典型的生产企业管理模式,围绕生产任务开展各项工作,责权比较清楚,但针对市场的快速反应并没有到位,大家的危机感和应变能力明显不足,人浮于事、大锅饭、关系网导致效率低下。在这种情况下,应该加强"以市场为导向""以改革为动力"的理念变革,使大家对"市场是中心,效益是核心,竞争出活力"有所认识,以利于企业的长远发展。

第四节 企业文化设计的基本技术

一、对企业未来文化的把握

对企业未来文化的把握,主要是指企业文化要与企业战略发展相一致,与社会发展相一致。公司战略的目标定位、战略选择都会对企业文化产生一定的影响。比如,某一种生产导向的经营理念,无法迎接日益激烈的市场竞争;另一种纯技术路线,也很难在市场上立足。企业文化还需要企业家结合自身的战略目标和对未来竞争态势的判断,进行相应的企业文化建设。

企业文化的理念层是全体员工的基本信念、核心价值观、道德标准以及企业应该提倡的精神风貌,它集中表明企业对未来的判断和战略选择,从这个意义上讲,理念层设计是企业文化的灵魂。从未来着眼是理念层设计的关键,企业家要注意以下几个重大理念设计:

(一)企业愿景设计

企业愿景设计也称企业理想或共同目标,它表明企业全体员工的共同追求,它既是一切活动的目标,也是凝聚人心的根本,所谓"志同"才能"道合"。在企业愿景表达方面,立意要高,谋虑要远,仅仅表达出企业在经济方面的奋斗目标是不够的,还要有对企业社会价值的认识和未来企业的定位。

(二)企业宗旨设计

企业宗旨又称使命设计或企业责任,它表明企业存在的价值和对企业各方面的责任义观是企业目标定位的坐标原点，也是引导生产经营以及企业一切行为的无形的地图，因此它是构成企业文化观念层次的一个最重要元素，对观念层次的其他要素都有十分重要的影响。设计和形成企业价值观，也就成为企业文化设计和建设的基石。

3. 企业哲学的设计

哲学是关于世界观的学说，是自然知识和社会知识的概括和总结。企业哲学是从企业实践中抽象出来的、关于企业的一切活动本质和基本规律的学说，是企业经营管理经验和理论的高度总结和概括，是企业家对企业经营管理的哲学思考。

企业哲学到底要回答什么基本问题？企业运行的基本的、深层次的、带普遍性的规律和原则有哪些？简言之，到底要把哪些东西作为企业哲学的内容？企业哲学必须回答的基本问题是"企业如何赢得竞争优势""企业基本的思维方式"等问题。

4. 企业经营理念的设计

"经营理念"一词最早来自日本企业。其内涵可归纳为四个方面：第一，经营理念是对企业使命、宗旨的价值规范，它规范了企业作为特殊社会组织的责任；第二，经营理念是企业发展目标的指南，它指明企业前进的道路和发展方向；第三，经营理念是企业经营决策的指导思想和思维方法；第四，经营理念是企业文化的重要组成部分，是企业经营的价值取向，是凝聚和统率企业员工行为的经营价值观。

5. 企业管理理念的设计

企业文化是管理文化。最能体现企业文化的管理属性的，就是企业的管理模式。管理模式是对企业管理思路的高度概括，是企业管理特色的集中反映。选择什么样的管理模式，是企业观念层次设计的重要内容。

6. 企业精神设计

人活着，就要有一点精神。企业成员也应该有一种精神——企业精神。企业精神是随着企业的发展而逐步形成并固化下来的，是对企业现有观念意识、传统习惯、行为方式中积极因素的总结、提炼和倡导，是企业文化发展到一定阶段的必然产物。因此，设计企业精神，首先要尊重广大员工在实践中迸发出来的积极的精神状态，要恪守企业共同价值观和最高目标、不背离企业哲学的主要原则，要体现时代精神、体现现代化大生产对员工精神面貌的总体要求。以此为指导思想设计出来的企业精神，方能"既来源于生活又高于生活"，成为鼓舞全体员工，为实现企业最高目标而奋斗的强大精神动力。

7. 企业道德设计

企业道德是社会道德理念在企业中的具体反映。企业道德所调节的关系的复杂性决定这种道德理念不是单一的观念和要求，而是具有多方面、多层次的特点，是由一组道德观念因素组成的道德规范体系。由此，企业道德的设计要符合中华民族的优秀传统道德，要符合社会公德及家庭美德，更要突出本行业的职业道德特点。

（二）制度/行为层的设计

企业要有先进的企业文化观念层，更重要的是将这些企业文化观念要素在实践中加以贯彻和实施——这就必须依赖企业文化制度层的保证作用。系统地设计企业文化的制度层，形成科学合理的企业制度体系，是企业文化设计的一项重要任务。

企业文化制度层的设计也包括很多内容，主要是制度体系、企业风俗和员工行为规范。其中，企业制度体系又由工作制度、责任制度和特殊制度三部分组成。

1. 企业一般制度的设计

企业的一般制度包括：企业的工作制度和企业的责任制度。

（1）工作制度设计

工作制度是指企业对各项工作运行程序的管理规定，是保证企业各项工作正常有序地开展的必要保证。工作制度具体有法人治理制度、生产管理制度、设备管理制度、财务管理制度、生活福利工作管理制度、奖励惩罚制度等等。

（2）责任制度设计

大庆油田是新中国企业中比较早地建立岗位责任制的大型企业，他们的做法引起了许多企业的重视。后来，舞钢市大河钢铁继承和发展了大庆岗位责任制的经验，创建了内部经济责任制，从岗位经济责任制、专业经济责任制，进而发展到纵横连锁的企业内部经济责任制网格体系，较好地解决了企业和员工的关系。目前，各种形式的责任制度逐渐成为我国企业加强内部管理的重要制度，是构成企业制度体系不可缺少的一个方面。是否具备完善合理的责任制度，已经成为衡量企业管理水平高低的一个重要标准。

2. 企业特殊制度的设计

特殊制度是企业文化建设发展到一定程度的反映，是企业文化个性特色的体现。与工作制度、责任制度相比，特殊制度更能体现企业文化的精神层。不同企业在实践中形成了不同的特殊制度，要简单地概括特殊制度设计的一般原则和方法是非常困难的，因此这里只能选取一些有代表性的特殊制度加以介绍。

（1）员工民主评议干部制度的设计

这一制度不但在国外一些先进企业里有，而且是我国许多国有企业或国有控股公司共有的一些特殊制度。其具体做法是定期由员工对干部、下级对上级进行评议，评议的结果作为衡量干部业绩、进行奖惩以及今后升降任免的重要依据之一。

民主评议的内容主要包括工作态度、工作能力、工作作风、工作成效等几个方面。根据不同企业和干部岗位分工的实际，评议内容可以提出更明确具体的项目。民主评议一般采取访谈、座谈、问卷调查等形式，其中无记名的问卷形式较能准确客观地反映员工的真实看法。对于民主评议的结果，尤其是普遍反映不佳的干部，应该进行认真的处理，包括进行末位淘汰。但是，也应考虑到一些特殊情况，例如，有些干部坚持原则、敢讲真话、敢于要求，往往因此得罪人而不能得到很好的评议结果。

干部接触最多的是下级干部和普通员工，对干部进行民主评议的结果往往能比较全面地反映一名干部的真实能力和表现。员工民主评议干部，是群众路线在企业管理工作中的集中体现。

（2）干部"五必访"制度的设计

"五必访"制度在一些企业里也叫"四必访""六必访"，指企业领导和各级管理人员在员工生日、结婚、生子、生病、退休、死亡时要访问员工家庭。

"五必访"制度体现了以人为本的管理思想，是感情激励的一个重要组成部分，是员工之间真诚关心、团结友爱的表现，对增强企业凝聚力有着十分巨大的作用。

（3）员工与干部对话制度的设计

干部与员工之间通过对话制度，相互加强理解、沟通感情、反映问题、交换意见、增进信任，是企业领导和各级干部与员工之间平等相待的体现，也是直接了解基层情况、改善管理的有效措施。这在西方企业，叫作"有效沟通"。像IBM、GE、HP等跨国公司，都设计了行之有效的沟通制度，如"开门政策""走动管理""市政议会"等。

在中国企业中，对话制度有不同的具体形式，常见的有：①企业领导干部定期与员工举行座谈会的制度；②厂长（经理）接待日制度；③厂长（经理）热线电话制度。

（4）干部对员工进行家庭访问制度

很多企业都在这方面采取了一定的措施，建立了必要的制度。例如，有的企业老总在每年年底都要亲自和每一位员工单独谈话一次，时间短则半小时、长则一两个小时，分别听取员工一年的工作体会和对企业工作的意见建议，并充分肯定每个人的优点，指出其不足和努力的方向。这样的交谈，缩短了员工和总经理的距离，大大增强了员工对企业的归宿感，激发了员工更加努力上进、做好工作的内在动力。

3. 企业风俗的设计

企业风俗是企业长期相沿、约定俗成的典礼、仪式、习惯行为、节日、活动等。由于企业风俗随企业的不同而有所不同、甚至有很大差异，因而成为区别不同企业的显著标志之一。尽管一些企业风俗并没有在企业形成明文规定，但在企业制度体系中占有很重要的地位，对员工和员工群体有很大的行为约束和引导作用，往往被称为"不成文的制度"。

(1) 风俗的类型、特点及作用

由于分类标准的不同，可以将企业风俗划分为下列不同类型。

按照载体和表现形式可以划分为风俗习惯和风俗活动。企业风俗习惯是指企业长期坚持的、带有风俗性质的布置、器物或约定俗成的做法。例如，有一些企业每逢年节都要在工厂门口挂上灯笼（彩灯）、贴上标语或对联、摆放花坛。风俗活动则指带有风俗色彩的群众性活动，如一年一度的团拜会、歌咏比赛、运动会、春游等。

按照企业是否特有，可分为一般风俗和特殊风俗。一些企业由于行业、地域等关系而具有相同或相近的企业风俗，这些相同或相近的企业风俗就是一般风俗，如厂庆、歌咏比赛就是许多企业共有的。特殊风俗是指企业独有的风俗，如20世纪80年代郑州亚细亚商场每天早晨在商场门前小广场举行的升旗仪式及各种表演，引起了不小的轰动。

按照风俗对企业的影响，可以分为良好风俗、不良习俗和不相关风俗。良好风俗指有助于企业生产经营以及员工素质提高、人际关系和谐的企业风俗，我们前面提到的多数企业风俗都是良好风俗。不良习俗是指对企业或员工带来不好影响的企业风俗，如个别企业赌博盛行。不相关风俗对企业的生产经营和员工没有明显的好或不好的影响。正确区分以上三种类型，对于设计企业风俗是很重要的。

(2) 分析企业风俗的影响因素

企业风俗在萌芽和形成的过程中，受到来自企业内外的复杂因素影响。这些因素对不同企业风俗的影响角度不一样，但都在不同程度地发挥着各自特有的作用。

①民俗因素

民俗是指企业所在地民间的风俗、习惯、传统等，它们在当地群众中具有广泛而深刻的影响。许多企业风俗都是来自民俗（常常要经过必要的改造），或是受到民俗的启发而形成。

②组织因素

企业风俗一般限在一家企业范围内，参与者又几乎以本企业成员为主，因此企业或企业上级组织对企业风俗有决定性的影响。组织因素可以促使一个新的企业风俗的形成，也可以促使改变，甚至促使其消亡。中华人民共和国成立以来，许多企业风俗都是在组织因素的作用下长期坚持而逐渐巩固，并最终形成的。组织因素对企业风俗的影响，主要是企业理念的主导作用，有时也辅以行政力量的调控作用。例如，政府部门组织下属企业进行的劳动技能比武，后来就成为不少国有企业的一项风俗。

③个人因素

企业领导者、英雄模范人物、员工非正式团体的"领袖"等人由于在企业生活中具有特殊的地位，他们的个人意识、习惯、爱好、情趣、态度常常对企业风俗有着较大的影响。个人因素中企业领导者的影响尤为显著，领导者的提倡、支持或积极参与可以促进企业风俗的形成和发展，领导者的反对或阻止可能导致企业风俗的消失，领导者的干预则可以使得企业风俗改变。因此，企业领导不应忽视企业风俗，而要在企业中倡导良好风俗、改造不良习俗，并努力把企业理念渗透到其中。

（3）企业风俗的设计与培育

企业风俗的设计和培育包括两方面内容，一是设计和培育新的企业风俗，二是对现有风俗的改造。在一般企业里，要么还未形成比较成熟的企业风俗，要么企业风俗并无明显的优劣高低之分。在这样的情况下，企业主动地设计和培育优良风俗就显得特别重要，但也要遵循循序渐进、方向性、间接引导和适度原则。

（4）对现有企业风俗的改造

一般而言，当企业领导者和管理部门感受到企业风俗的存在、认识到它的作用时，企业风俗肯定已经在企业中基本形成、甚至完全形成了。企业对已存在的企业风俗往往有优劣高低之分，同一企业风俗中也有积极面和消极面之分；同时，由于企业风俗是企业在长期发展过程中自发形成的，其中每一种风俗都必有其萌芽和发展形成的主客观条件，当企业内外环境不断变化时，企业风俗也会随之出现从内容与形式的部分甚至全部不适应。因此，有必要主动进行企业风俗的改造，促进企业文化的建设。

改造企业风俗，前提是对企业风俗进行科学全面的分析。缺乏分析的改造，是盲目外加的主观意志，不但难以促使不良风俗向优良风俗转变、企业风俗的消极因素向积极因素转化，而且可能适得其反。对现有企业风俗的分析，应坚持三个结合：结合企业风俗形成的历史，正确地把握企业风俗的发展趋势和未来走向；结合企业发展需要，不仅考虑企业的现实需要，而且要结合企业的长远需要；结合社会环境，从社会的宏观高度来考察和认识企业风俗的社会价值和积极的社会意义。

4. 员工行为规范的设计

一些重视管理的企业看到了共性行为习惯的重要性，有意识地提出了员工在共同工作中行为和习惯的标准——员工行为规范。这种行为规范的强制性虽然不如企业制度，但带有明显的导向性和约束性，通过在企业中的倡导和推行，容易在员工群体中形成共识和自觉意识，从而起到促使员工的言行举止和工作习惯向企业期望的方向和标准转化的目的。目前，员工行为规范的作用逐渐被越来越多的企业所认识，先后制定出台。并且，员工行为规范已经成为很多企业的制度体系中不可缺少的一项内容。

（1）员工行为规范的主要内容

根据企业运行的基本规律并参考很多企业的实际，我们认为无论是什么类型的企业，从仪表仪容、岗位纪律、工作程序、待人接物、环卫与安全、素质与修养等几个方面来对员工提出要求，都是必不可少的。

①仪表仪容

这是指对员工个人和群体外在形象方面的要求，它可再具体分为服装、发型、化妆、配饰等几方面。从实际情况来看，新员工在企业的成长变化是一个从"形似"（符合外在要求）到"神似"（具备内在品质）的过程。而要把一名员工培养成为企业群体的一员，最基础、最易达到的要求就是仪容仪表方面的规范。因此，从企业形象的角度看，对仪容仪表方面的规定往往被企业作为员工行为规范内容的第一部分。

②岗位纪律

这里所讲的岗位纪律一般是员工个体在工作中必须遵守的一些共性的要求，其目的是保证每个工作岗位的正常运转。纪律是胜利的保证，严格合理的工作纪律是企业在严酷的市场竞争中不断取胜、发展壮大的根本保证。岗位纪律一般包括作息制度、请销假制度、保密制度、工作状态要求和特殊纪律五方面。

③工作程序

这是对员工与他人协调工作的程序性的行为规定，包括与上级、同事和下属的协同和配合的具体要求。工作程序是把一个个独立的工作岗位进行关系整合、使企业成为和谐团结的统一体，以保证企业内部高效有序地运转。

④待人接物

由于现代企业越来越多地受外部环境的影响，企业对外交往活动的频率、形式和内容都因此有较大增加，对员工待人接物方面的规范性要求不仅是塑造企业形象的需要，而且也是培养高素质员工的必要途径之一。待人接物规范涉及的内容比较复杂，主要包括礼貌用语、基本礼节、电话礼仪、接待客人、登门拜访等方面。

⑤环卫与安全

第一，环卫方面。企业在环境保护方面对员工提出一定的要求，不仅有利于营造和维护企业的良好生产、生活环境，而且对于塑造良好的企业视觉形象有直接帮助。保护环境规范主要有办公室、车间、商店、企业公共场所方面的清洁卫生以及保护水源、大气、绿化等要求，需要根据企业实际需要而定。

第二，安全方面。根据马斯洛的需要层次理论，安全需要是员工基本的需要之一，维护企业生产安全和员工生命安全是一项重要的工作内容。因此，在这方面对员工行为提出要求，帮助大家树立安全意识也是员工行为规范应该包含的部分。针对不同企业的情况，安全规范有很大的差别。

（2）员工行为规范的设计原则

要成功地设计员工行为规范，应该充分考虑下列原则。

①一致性原则

一致性是指员工行为规范必须与企业理念要素保持高度一致并充分反映企业理念，成为企业理念的有机载体；行为规范要与企业已有的各项规章制度充分保持一致，对员工行为的具体要求不得与企业制度相抵触；行为规范自身的各项要求应该和谐一致，不可出现自相矛盾之处。坚持一致性原则，是员工行为规范存在价值的根本体现。

②针对性原则

这是指员工行为规范的各项内容及其要求的程度，必须从企业实际、特别是员工的行为实际出发，从而对良好的行为习惯产生激励和正强化作用，对不良的行为习惯产生约束作用和进行负强化，使得实施员工行为规范的结果能够达到企业预期的改变员工行为习惯的目的。

针对性的另一层含义是对不同的职务类型，制定不同的行为规范，如"领导干部行为规范""中层经理行为规范""生产人员行为规范""销售人员行为规范""研发人员行为规范""办公室文员行为规范"等。

③合理性原则

这一原则指出，员工行为规范的每一条条款都必须符合国家法律、社会公德，即其存在要合情合理。通过研究一些企业的员工行为规范，常常可以看到个别条款或要求显得非常牵强，很难想象企业为什么会对员工提出这样不合理的要求，也就更加难以想象员工们是如何用这样的条款来约束自己的。坚持合理性原则，就是要对规范的内容进行认真审度，尽量避免那些看起来很重要但不合常理的要求。

④可操作性原则

行为规范要便于全体员工遵守和对照执行，其规定应力求详细具体，这就是所谓的可操作性原则。如果不注意坚持这一原则，规范要求中含有不少空洞的、泛泛的提倡或原则甚至口号，不仅无法遵照执行或者在执行过程中走样，而且也会影响整个规范的严肃性，最终导致整个规范成为一纸空文。

⑤简洁性原则

尽管对员工行为习惯的要求有很多，可以列入规范的内容也有很多，但每一个企业在制定员工行为规范时都不应该面面俱到，而要选择最主要的、最有针对性的内容，做到整个规范特点鲜明、文字简洁，便于员工学习、理解和对照执行。如果一味追求"大而全"，连篇累牍，洋洋洒洒，反而不具使用价值。同时，在拟定文字时，也要用尽可能简短的语言来表达。

（三）符号层的设计

在企业文化的三个层次中，符号层是最外在的层次，也叫作表层。人们认识一个企业的企业文化，往往首先感受和了解到的是它的符号层内容。企业文化符号层的内容非常丰富，如企业标志、企业环境、企业旗帜（服装、歌曲）、企业文化传播网络等几个方面，我们就重要的部分做一些概括性的介绍。

1. 企业标识的设计

企业标识通常指企业名称、企业标志、企业标准字、企业标准色四个基本要素以及各种辅助标识。

我们经常有这样的经历：有的企业名称只要听过一次，就能铭记在心；而有的名字则很难记住。很大原因就是在设计上。

2. 企业环境的设计

良好的企业物质环境，不但能够给置身其中的员工以美的享受，使他们心情舒畅地投入工作，而且能够充分反映企业的文化品位。因此，对企业物质环境的设计和改造，是企业文化符号层设计中不可忽视的内容。物质环境设计包括：企业所处的自然环境，建筑布局和建筑风格，厂房（车间、办公楼、商店）的装修和布置，建筑雕塑，等等。

（1）企业自然环境与建筑布局设计

企业的自然环境与建筑的布局总是紧密地联系在一起的。人虽然不能违背自然规律，但却可以选择、利用自然环境，通过认识自然规律来改造和优化自然环境。企业建筑布局既是对自然环境的适应和利用，又是对企业自然环境的影响和改造，更是大自然与人类社会活动的一个结合点。因此，该设计应该在不破坏生态环境的前提下，尽可能地起到安全、美化的目的。

（2）厂房环境设计

厂房是指工业企业的生产车间及其辅助用房。这里的厂房设计，主要不是从建筑工程和结构工程的角度，而是从文化的角度来进行分析和介绍。生产力的主体是人，只有从文化的角度来进行厂房设计，才能促使人的内在主体与外在客体在心理上的和谐统一，促使管理学与美学的有机结合，充分调动员工的劳动热情、激发其内在的创造能力。

3. 办公室环境设计

对于企业管理人员、行政人员、技术人员而言，办公室是主要的工作场所。办公室的环境如何、布置得怎样，对置身其中的工作人员从生理到心理都有一定的影响，并会某种程度上直接影响企业决策、管理的效果和工作效率。办公室设计主要包括办公用房的规划、装修、室内色彩灯光音响的设计、办公用品及装饰品的配备和摆设等内容。无论哪方面内容，都要确保经济适用、美观大方和独具品位的目标。根据目标组合，无论是哪类人员的办公室，在设计上不仅要符合企业实际与行业特点，还要符合使用要求与工作性质。

在任何企业里，办公室的布置都应该因其使用人员的岗位职责、工作性质、使用要求等不同而有所区别。由于企业决策层的董事长、执行董事，或正副厂长（总经理）、党委书记等主要领导的工作对企业的生存发展有着重大作用，因此，他们的办公室在设计时要做到相对封闭、相对宽敞、特色鲜明且方便工作。通过这样良好的日常办公环境可以确保决策效果、管理水平质量，也能反映企业形象。对于一般管理人员和行政人员，许多现代化的企业常采用大办公室、集中办公的方式，其目的是增加沟通、节省空间、便于监督、提高效率。

会议室、接待室（会客室）、资料室等作为办公的配套用房，也会因其不同的设计而对企业效率、员工心理带来不同的影响，企业也应酌情考虑其设计。

除了上述几个方面，符号层还有企业旗帜、服装、歌曲、文化传播网络的设计等，这些内容虽然没有介绍，但作为符号层的组成部分，也是对企业文化的形象表现，企业管理者也不能忽视。

第五节 企业文化传播模式的构建

一、企业文化传播的内涵

企业文化建设的最高境界是让文化理念融入思想里、沉淀在流程中、落实到岗位上、体现在行动中。因此，企业文化建设的关键在于"落地生根"，无法"落地"的企业文化只是口号，只有倡导者的激情，却没有响应者的行动更像是空中楼阁，即使建构起健全的文化架构体系，它也只能悬在空中。因此，企业文化建设需要通过有效的方式传播，将理念转化为认知与行动，从而确保企业文化的"落地"生根。

企业文化的传播是通过不同的工具和途径，将已设计出来的企业理念、核心价值观等有针对性地、有计划地呈现出来，并为企业内部和外部所认知、认同。

企业文化只有通过有效地传播，才能真正地对企业的发展起到促进作用，企业的理念和价值观才能真正融入企业的生产和经营管理中。传播企业文化的具体意义表现在：一是为企业的发展创造良好的环境；二是为企业创造文化品牌，提升产品或服务品牌的附加值；三是增强客户或消费者对企业和品牌的忠诚度和依赖感；四是以文化的感召力影响社会。

企业文化的传播首先必须在企业内部进行有效的传播。内部传播一般通过企业文化的专题培训、规章制度的制定与学习、内部刊物、企业网站、各种会议、活动和内部人际关系等载体来实现。通过内部传播，使企业文化在企业内能够深入人心，并使内部成员产生认知与认同，从而使内部成员形成自觉行为，为企业文化有效地进行外部传播提供基础。

二、企业文化传播的要素

传播过程中的各个要素是构成传播模式的"点"，而各个要素之间的内在联系则是构成传播模式的"线"。

（一）传播者

传播者处于信息传播链条的第一个环节，应具有权威性、可信性、接近性、熟知性等特质因素，在企业文化传播中，传播的主体主要分为以下几类：

1. 企业领导层

某种意义上，企业领导者对文化传播所起的作用最大。一方面，在一定的条件下，企业主要领导的形象，也就代表着企业的形象；另一方面，从微观上看，任何群体意识总是先在个别头脑（主要是企业领导）中萌生，然后依靠所在系统的各要素间的相互作用，成长为真正的文化。他们能在企业文化传播中发挥作用，主要来自于两大因素：领袖魅力和权威性。

（1）领袖魅力

它是构成传播者可信性的一个重要因素。领袖的魅力基于两种条件：一是领袖力挽狂澜的能力；二是公众对其领导能力的接受。

马克斯·韦伯（Max Weber）对于领袖魅力曾做深入研究，并归纳出领袖魅力作为一个可信性因素的五大特征：一是领袖魅力程度依赖于追随者的信念。当追随者接受领袖时，其魅力增加。二是领袖魅力是在环境中体现出来，在企业出现危机时方能显示领袖魅力。三是领袖的魅力来自使命感。四是领袖的魅力是通过传播活动传递的。五是领袖魅力具有相对不稳定性。随着时间的推移和环境的改变，领袖魅力的特征会有所改变。

（2）权威性

它是指传播者具有使受众者相信、听从的力量。通常，传播者越有权威性，其传播的影响力就越大，受众就越信从。传播者的权威性主要表现在权力和地位上。传播者的权力越大，地位越高，受众就越容易接受其影响。特别是传播者的权力和地位是通过个人的奋斗，并且是在为社会做出相当的贡献和个人的威信积累到相当的程度后得来的，这时公众的信任往往发自内心。

2. 专职进行文化传播的宣传机构和部门

（1）广告部门和公关部门

广告部门主要通过产品介绍等方式来提高企业产品的知名度，从而使企业的社会影响扩大。公关部门是以组织内外形象塑造为核心内容的组织边界延伸者。公关人员的工作不仅是对企业外部的形象塑造，还在于对企业内部关系的协调，从而使企业成员加强凝聚力。另外，公关部门对内的工作同样发挥着对外效益，它使企业与环境的传播活动显示出企业独特的形象地位，发挥了组织形象边界延伸的作用。

（2）传播顾问和解说者

在企业文化传播中，传播顾问担当着重要角色。解说人也称说客，负责企业政策与策略的宣传解释工作，在文化传播中也有不可忽略的作用。

在传播活动中，只要传播者多露面、增加与受众接触次数和信息互动的频率，就会使受众产生"熟人"印象，形成亲近的倾向。让受众经常看到其信息可以增强熟知性，直接与公众接触更有助于增强熟知性。当然，这并不意味着无限度地增加接触就一定带来好感程度的不断增加。传播学研究表明：传、受两者的接触保持在一定的限度内才会有好的效果，接触一旦超过限度，受众厌烦的感觉就会出现。而且，如果第一次接触的印象十分恶劣，以后无论怎样频繁接触也难以奏效。

另外，这部分专职传播者的权威性主要是表现在知识特长和信息掌握上。研究表明，如果传播者在受众的心目中是有关问题的专家，那么，在特定问题上，这位传播者就会比不具有专门知识的人更容易取得较好的传播效果。

3. 英雄模范人物

企业英雄是企业文化建设成就品质化的最高体现，又是企业文化建设进一步深入开展的最大希望所在。企业英雄使得职工在理智上明确工作方向，感情上奋发向上，行为上有所模仿。从企业文化传播的角度来看，企业英雄具有以下作用：

（1）具体化的作用

英雄群体是企业精神和企业价值观念体系的化身，从而向职工具体展示了精神和观念上的内容，客观上起到灌输价值观念和培育企业精神的作用。

(2) 品质化的作用

企业英雄群体，把企业价值观念体系和企业精神，内化成自身的品质，从而使一个企业具有价值的东西得以保存、积累并传递下去。

(3) 规范化的作用

企业英雄群体的出现，为全体职工树立了榜样，使全体职工知道自己应当怎样行动，从而规范了职工行为，而且这种规范是自然而然的，是被英雄事迹所感动、所鼓舞、所吸引而形成的，因而是文化规范。

(4) 凝聚化的作用

每个英雄都有一批崇拜者，所有的英雄又都环绕着领袖型英雄，从而使整个企业成为紧密团结的、有文明竞争力的组织。

(5) 形象化的作用

企业英雄群体，是企业形象的一个极其重要的组成部分，外界可通过企业英雄来了解和评价企业。

4. 普通职员

从一定意义上说，组织设立的所有部门及全体成员都具有边界延伸传播者的意义，而且延伸者的作用发挥也并非只通过业务行为加以表现，它实际上集中在几乎所有的组织行为之中。任何一个职员，总会参与一定的社会活动。因此，每个职员的素质及其外观，实际上都会参与企业形象的客观传播，如零售企业的收银员、导购员、用户服务修理人员、电话总机接线员、门卫等。他们的负责精神、友好态度、热情作风、无时无刻不在给企业形象增添光彩。相反，他们若不负责任、态度生硬、待人冷淡，就会对企业形象造成伤害。

5. 意见领袖

意见领袖又叫舆论领袖，是大众传播中的评价员、转达者，最早出现于英国传播学者拉扎斯菲尔德（Paul Lazarsfeld）等三人的《人民的选择》一书中提到，在信息传播中，信息输出不足全部直达普通受传者，而足有的只能先传达到其中一部分人，而后再由这一部分人把信息传递给他们周围最普通的受众。有的信息即使直接传达到普通受众，但要他们在态度和行为上发生预期的转变，还须由意见领袖对信息做出解释、评价和在态势上做出导向或指点。

意见领袖作为传播过程中的"中介"，在企业文化内部传播中首先扮演着企业文化的受传者，他们接受企业文化后，在企业内部二次传播企业文化，同时扮演了员工中的意见导向人物；在企业文化的外部传播中有一部分忠实受众，其中向外进行企业文化、服务经验等宣传的受众，就是企业文化外部传播的意见领袖。

（二）受传者

受众是信息产品的消费者、传播符号的"译码者"、传播活动的参与者、传播效果的反馈者。企业的文化传播目标是满足受众需要，这体现了受众需要的重要性。

企业文化外部传播是指企业文化尤其是客观企业形象，在企业之外的社会环境中对社会公众进行传播。社会公众与本企业人员不同，一般来说并不会去对一个企业做长期、全面的观察和研究，而只是就他们和企业发生关系的那个方面去认识企业，并形成关于该企业的印象。因此，全面、准确地对外展示、传播本企业的形象，最终在社会公众心目中留下一个优美的，兼具文明度、知名度和美誉度的企业形象至关重要。企业文化外部传播的受传者不仅仅是顾客，还应包括相应的政府管理部门、供应商等和企业有联系的群体。

在企业文化内部传播中，普通员工要充当两种角色。由于企业文化是体现在企业活动方方面面中的一种看不见且具有强大影响的力量，所以在员工之间的互动认同和相互传播过程中，员工一方面作为企业文化的接受者，另一方面又作为反复传播强化的基层实践者，具有双重身份。

（三）信息

"信息=意义+符号表征"。意义是人对自然事物或社会事物的认知，是人给对象事物赋予的含义，是人类以符号的形式传递和交流的精神内容。符号表征，即信息的外在形式或物质载体，是信息表达和传播中不可缺少的一种基本要素。

企业文化传播的信息就是以符号为载体，以媒介为渠道进行的传播，传播的内容就是企业文化。企业文化可以从多个层面上来解析，一个完整的企业文化体系包括两个重要的层面，即企业文化的思想体系层面和企业文化的媒介层面。因而，企业文化传播的信息也可以分为两个层面的内容。

1. 企业文化的思想体系，即企业的共有价值观念和行为准则

价值观念是关于正确评价状况或事件的基本意识和信念。行为准则体现为习惯、道德原则和理想规则；道德原则主要的规定与技术指令有密切联系；理想规则并非表达应该做什么，而是表达事物和状态应该怎样，要求知道理想事物或理想任务具有的某些特征，它是与良好状态的价值观念密切相关的。

2. 企业文化的媒介：象征

象征是指"各种有意义的符号"，是企业文化表述和传播的重要媒介，它有利于在企业内部形成关于价值观念和行为准则的共同认识。企业文化传播媒介是丰富多样的，企业

的礼仪、欢庆仪式、故事、小说、歌曲、漫画、影视作品、戏剧、榜样、文体活动、实物等都是向员工、公众传达深层次的企业价值观和思维方式的有效媒介。

（四）传播载体

传播载体是介于传播者与受传者之间的用以负载、传递、延伸、扩大特定符号的实体，是各种物化的和精神的形式承载，是企业文化得以扩散的重要途径与手段，具有实体性、中介性、负载性和扩张性等特点。

企业文化传播载体的具体形式有以下几点：

（1）企业组织载体：指以整体组织存在的企业、企业内部各种正式的和非正式的组织团体以及全体员工。

（2）企业环境载体：指视觉环境和精神环境。视觉环境有办公环境、营业厅环境、基站环境、施工现场环境等；精神环境指人际关系、学习风气、职员素质、精神面貌、社会形象、客户口碑等。

（3）文化活动载体：指企业生产经营服务过程中的业务技能比武、知识竞赛、客户参观体验、客户联谊、公益活动等活动，以及表彰庆典大会、演讲会、故事会、歌咏会、文化研讨会、文化培训会、运动会等富有知识性和趣味性的活动。

（4）文化媒介载体：传统的媒介有企业标志标语、企业之歌、企业报纸、宣传板、办公用品、工作服、企业文化手册等；新兴的媒介载体有企业网站、论坛、电子邮件、班组博客、总经理信箱、视频广播、电子屏幕、电子期刊、手机报、手机短信、手机彩铃、QQ、飞信、微信等借助网络优势的信息化手段，全方位、立体化建立起企业文化传播的长效机制。

（5）文化设施载体：指教育培训设施、标志性建筑物、文化场馆与娱乐设施等。

三、企业文化传播的过程

企业文化传播的过程包括内传播、外传播、由内向外传播三种循环过程。

（一）企业文化的内传播

在企业文化的内部传播中，企业领导层、宣传部门、意见领袖扮演了传播者，他们首先自己接受本企业的文化，成为本企业价值观的忠实信徒，才开始向普通员工灌输企业价值观和企业精神，全方位传播本企业的文化。这些传播者将企业文化的思想体系，即企业的共有价值观念和行为准则通过一些传播渠道如企业分工角色及其角色意识、正规的或企业自身的教育体系等方式传递给员工。

在这一传播过程中,噪声是无时无刻不存在着的,其体现在传播渠道简单、传播主客体的个人素质差异等多个问题上。而企业的反馈机制是降低噪声的重要渠道,企业成员对企业文化的认同度、执行度并不完全相同,接受或不接受将通过态度、行为传递给传播者,它使企业文化内传播以连续闭合形式呈现,使传播过程形成一个小循环。这一过程使得企业的文化传播在企业内部的循环反复传播中不断调整改进,并有利于企业文化在企业内部的不断传播和发展。

(二) 企业文化的外传播

在企业文化的外传播中,企业宣传部门和员工成为传播者,宣传部门将企业文化信息,即企业文化的精神和企业形象,通过企业文化语录、标记、口号等传播途径,传递给主要受传者顾客。信息在传递过程中会受到理解、认知等个人接受的偏差,而顾客接受企业通过产品、服务等方式传播的企业文化时会产生不同的意识,通过提出意见、不购买行为或是美誉、口碑等正负两方面传播效果将信息反馈给传播者。这一过程将企业文化外传播贯穿为一个闭合的循环系统,也就是第二个循环。

企业文化的外传播效果取决于企业外部形象塑造的成功与否。有效的企业文化传播是创建优秀品牌的外在推动力。企业文化通过各种方式的外部有效传播,无疑将推动用户加强对品牌核心价值的认知、理解和信任。

现今已进入了网络的视觉传播时代,消费者如果想了解某种产品、某种品牌,一般都是直接去网上查找。很多企业都拥有自己的官方网站,企业文化可以在官方网站上拥有专门的板块,还可以通过网站平面设计、广告语、服务方式等内隐方式进行传播。

(三) 企业文化从内传播到外传播的循环

企业文化外传播的传播者——企业成员,首先是作为企业文化内传播的受传者。在接受并认同企业文化后,企业成员将企业文化内化为一种信念和行为准则,通过提供企业所要求的标准服务,或与顾客进行直接或间接的接触等传播渠道,将企业文化信息传递给顾客,并接受顾客直接的反馈。而顾客对这一传播的反馈会通过多种方式,如直接反馈给员工或者反馈给企业其他对外部门。

企业文化内传播循环中的传播者——员工,对企业文化外传播循环中的受传者——顾客进行传播,形成新的传播主客体关系。因此,企业文化的内传播效果还作用于企业文化的外传播效果。这两条线索使企业文化内传播系统和企业文化外传播系统有机地联系起来,使之成为一个系统的整体。

参考文献

[1] 陈少峰，陈安娜. 互联网企业文化研究［M］. 杭州：浙江工商大学出版社，2019.

[2] 赵高斌，康峰，陈志文. 经济发展要素与企业管理［M］. 长春：吉林人民出版社，2020.

[3] 刘彬，邱胜. 传统文化与企业管理［M］. 北京：金盾出版社，2017.

[4] 魏杰. 文化经济学［M］. 北京：企业管理出版社，2020.

[5] 易晓芳，陈洪权. 企业文化管理［M］. 武汉：华中科技大学出版社，2016.

[6] 康芳，马婧，易善秋. 现代管理创新与企业经济发展［M］. 长春：吉林出版集团股份有限公司，2020.

[7] 王道平，李春梅，房德山. 企业经济管理与会计实践创新［M］. 长春：吉林人民出版社有限责任公司，2020.

[8] 郑俊生. 企业战略管理：第2版［M］. 北京：北京理工大学出版社，2020.

[9] 厉以宁. 文化经济学［M］. 北京：商务印书馆，2018.

[10] 刘素军. 现代企业管理［M］. 青岛：中国海洋大学出版社，2019.

[11] 罗铭，吴杰，蒋建国. 文化企业经营与管理［M］. 合肥：中国科学技术大学出版社，2014.

[12] 彭艳，马娅，吴成雨. 现代企业管理［M］. 南昌：江西高校出版社，2019.

[13] 宁凌，唐楚生. 现代企业管理：第2版［M］. 北京：机械工业出版社，2019.

[14] 蔡世刚. 企业管理［M］. 西安：西安交通大学出版社，2017.

[15] 杨爱华，梁朝辉，吴小林. 企业管理概论［M］. 成都：电子科技大学出版社，2019.

[16] 胡海升. 从企业文化走向企业文明［M］. 北京：群言出版社，2018.

[17] 吴丹. 企业战略管理［M］. 南京：河海大学出版社，2017.

［18］王晓平，尚猛，李瑶．企业管理的创新模式［M］．北京：煤炭工业出版社，2018．

［19］吕振威，李力涛．企业经济管理模式规范化与创新研究［M］．长春：吉林科学技术出版社，2021．

［20］李涛，高军．经济管理基础［M］．北京：机械工业出版社，2020．

［21］王远．环境经济与管理［M］．中国环境出版集团，2020．

［22］陈莉，张纪平，孟山．现代经济管理与商业模式［M］．哈尔滨：哈尔滨出版社，2020．

［23］姜晓琳，韩璐，杨硕．财务会计基础及经济管理研究［M］．北京：文化发展出版社，2020．

［24］王宛濮，韩红蕾，杨晓霞．国际贸易与经济管理［M］．北京：航空工业出版社，2019．

［25］陈建明．经济管理与会计实践创新［M］．成都：电子科技大学出版社，2017．

［26］唐娟，周海荣，朱靖华．企业经济管理的信息化研究［M］．长春：吉林文史出版社，2017．

［27］席雯．企业经营：战略、革新与组织文化的层级认知［M］．上海：上海交通大学出版社，2020．

［28］王德胜．基于持续竞争优势的企业文化作用机理研究［M］．济南：山东大学出版社，2020．

［29］李少惠，崔吉磊．企业文化［M］．上海：上海财经大学出版社，2013．

［30］徐景德．基于企业文化的安全管理模式研究［M］．北京：应急管理出版社，2020．